부의 역발상

부의 역발상

원칙과 상식을 뒤집는
부자의 10가지 전략

Blue Collar Cash

켄 러스크 지음 | **김지헌** 옮김

유노
북스

잘 버는 데에는
남다른 발상이 있다

당신은 누구이며 왜 이 책을 읽고 있는가? 이미 책을 읽고 있는데 무슨 이상한 질문인가 싶겠지만 이 질문의 대답은 당신이 그동안 해 왔던 무수한 대답 중 가장 중요하다. 대답을 생각하는 동안 다른 질문 몇 가지를 더해서 앞으로 읽을 내용을 살펴보도록 하자.

당신이 19살이든 50살이든, 쳇바퀴를 도는 햄스터처럼 끊임없이 일하며 먹고살기에 급급해하는 삶이 지겹지는 않은가? 애초에 먹고살기 바쁘다는 말이 대체 무슨 뜻인가? 아마 당신은 4년제 대학에 진학할지, 아니면 직업 학교에 들어가 기술을 배울지 하는 선택들 사이에서 고민하고 있을 수도 있다. 대학교를 졸업했지만 생각보다 팍팍한 취업 시장에 좌절하고 있는가? 아니면 자녀가 과연 대학을 다닐 만큼의 인재인지 걱정되는가? 혹은 지금 안정된 직장을 포기하고 당신의 진정한 열정을 좇고 싶지만 불확실한 미래에 두려운 마음이 앞서는가?

이 물음 중 하나라도 그렇다고 대답했다면 계속 읽기 바란다. 이 책은 당신을 위해 쓰였다. 저 물음 중 하나라도 당신의 상황에 해당한다면 시작하기 전에 미리 축하를 전하고 싶다. 앞으로 당신이 나아갈 행보에 가슴이 설렌다! 당신의 길은 가족이나 친구들의 기대와 다른 길일 수도 있다. 이게 무슨 뜻이냐고? 앞으로 흘러갈 인생을 생각해 볼 때, 우리는 무수한 갈림길에서 힘든 결정을 내려야 한다. 누군가는 이 행위를 '선택'이라고 부른다.

우리의 선택들이 모여 우리의 인생을 이룬다. 산더미 같은 빚을 지고 대학에 진학하는 일일 수도 있다. 이는 다들 잘 아는 선택지다. 대학에 가고, 학자금 대출을 받고, 무사히 졸업해서 주 40시간 근무하는 사무직을 얻고, 시장경제를 위해 일하고, 승진을 위해 노력하는 것 말이다.

이런 전형적인 미래의 모습이 딱히 매력적으로 들리지 않는다면 내가 하고 싶은 말은 하나다. 당신이 옳을지도 모른다. 나도 당신과 똑같이 생각했었다. 지금부터는 당신이 처한 상황과 상관없이 당신의 내일이 어떻게 펼쳐질지 생각해 보자.

이 책은 당신이 꿈꾸는 인생이 손만 뻗으면 닿을 거리에 있다는 걸 알려주기 위해 쓰였다. 그게 어떤 인생이냐고? 수년 간 진지하게 고민한 결과 내 인생의 최종 목표는 편안함(Comfort)과 평온함(Peace), 금전적 자유(Freedom)라고 할 수 있겠다. 하나만 고르는 게 아니라 3가지 모두 필요하다. 이 부분은 후에 더 설명하겠다. 이 책은 당신이 직접 이 3가지 필수 요소를 포함한 인생을 설계하고, 건설하고, 통제할 방법을 보여 줄 것이다. 가장 중요하게는 그 인생이 화려한 대학 졸업장 없이도 충분히 가능하다는 것을 보여 주겠다.

많은 사람이 내게 물었다. 왜 이 책을 쓰는가? 가끔은 나도 그 이유가 궁금했다. 하지만 곧 아주 중요한 해답들에 다다랐고 그중 가장 중요한 이유는 당신이었다. 그렇다, 바로 당신. 나도 당신과 같기 때문이다. 나는 이 책을 이 세상 모두를 위해 썼다. 나이가 많든 적든 자신이 가진 재주, 기술, 특별한 재능을 최대치로 발휘하지 못한다고 느끼는 모든 이를 위해, 마음 깊은 곳에서 세상이 말하는 보편적인 길과 회사 생활이 자신과 맞지 않는다고 생각하는 사람들을 위해 썼다.

자신이 좋아하는 일을 하는 것이 낫다고 생각하지만 지금 몸담은 직장이 주는 안정감을 뒤로하기 두려운 사람들을 위한 책이기도 하다. 무엇보다 이 책은 미래의 가능성을 보고 편안함, 평온함, 금전적 자유를 포함한 진정한 성공의 의미를 정의하고 그 성공을 향한 참신한 방법에 다가서도록 도울 것이다. 나는 벤치에서 경기에 투입되기만을 기다리는 심정의 이들에게 뚜렷한 방향을 조금의 희망과 함께 제시하고자 이 책을 써낸 것이다.

당신의 사고방식을 당신이 가려는 길에 도움이 되는 방향으로 재편성하는 것이 각 장의 목표다. 각 장에서 당신이 직업을 생각하는 방식을 개선하는 데 힘썼다. 통찰력 있는 일화들을 읽고 다른 시각으로 인생을 바라보는 법을 배울 때 눈앞의 기회를 발견할 수 있다. 세상에는 오로지 당신만을 위해 비추는 빛이 있음을 깨달을 것이다.

나는 보편적이지 않은 길로 가도 성공할 수 있다는 사실을 보여 주고 싶다. 지금은 블루칼라(Blue Collar, 생산직에 종사하는 육체노동자. 푸른 작업복을 입는 데서 유래한다) 시장에서 오는 가능성과 기회와 성취감을 다 함께 기념할 때다! 몸 쓰는 일이 필요한 직업들, 블루칼라 직군은 오늘날 수많은 미국인의 생활을 책임지고 전 세계적으로도 높은 수익의 일자리를 만들어 내고 있다. 기억하자.

"진로는 꿈꾸는 인생을 보조하기 위해 설계하는 것이며, 그 반대가 아니다."

당신이 벽을 마주한 기분을 느끼거나, 삶이 어디로 향하고 있는지 혼란스럽거나, 일상과 직장 생활에 자극이 필요하다고 생각할 수 있다. 나는 당신에게 새로운 사고방식 하나면 지금보다 더 나아질 수 있는 간단한 방법이 분명히 있다고 말해 주고 싶다. 열심히 일할 의지만 있다면 성황을 이루는 블루칼라 시장을 최대한 활용하라.

디스커버리 채널에서 방영하는 리얼리티 쇼〈더러운 직업들(Dirty Jobs)〉의 마이크 로우(Mike Rowe)는 존엄성, 명예, 노력의 보상 같은 주제로 그만의 차별화된 이미지를 만들었다. 마이크와 마찬가지로 당신이 무슨 직업을 선택하든 자신의 인생, 목적, 미래를 계획하고 통제할 수 있다고 믿기 바란다. 나는 당신이 원하는 성취로 가는 길을 설계하는 데 도움이 되고 싶다.

대학에 진학할지 고민하는 사람, 경력에 큰 변화를 고려하는 사람, 혹은

부의 역발상

스스로 무엇으로 먹고살지 전혀 모르는 사람들이 자기 안에 분명히 존재하는 무한한 가능성을 찾는 것이 내 소원이다. 당신이 꿈꾸는 그 직업은 당신이 그 꿈을 깨닫기만을 기다리고 있다.

부와 성공은 반듯한 액자 안의 상장에서 오는 것이 아니며 정장을 입거나 사무실 칸막이 안에 갇혀 일하면 오는 것은 더욱 아니다. 성공에 1가지 길만 있지 않듯이, 잘 계획되고 헌신적인 삶에서 비롯되는 자유도 세상이 인정하는 1가지 선택으로만 얻는 게 아니다. 다들 걱정을 멈추자. 스스로를 빚더미에 빠져 대학에 가야만 경력을 쌓을 수 있다는 말은 다 엉터리다.

나는 대학 자체에 반대하지 않는다. 고객들의 자산 관리, 변호, 외과 수술 등의 직업군은 당연히 그 분야에 정통해야만 한다. 나는 그저 대학은 모든 사람이 가야 하는 곳이 아니며 그랬던 적도 없었다고 말하고 싶다. 인생을 원하는 방향으로 살아가는 방법을 몰라 난감했다면 안심하기 바란다. 무리하게 빚을 지며 대학에 나오지 않아도 성공할 수 있다는 사실이 자신감을 부여하고 블루칼라만큼이나 마음을 편안하게 해 줄 것이다(단어 블루칼라(Bluecollar)의 Blue(파란색), Cool(차분한)을 이용한 언어유희).

이 이야기는 당신을 위한 것이다. 꿈꾸는 당신, 모험하는 당신, 내면의 소리에 귀 기울이는 당신, 안락하고 평온하고 자유로운 삶을 누릴 자격이 있음을 믿고, 또 알고 있는 당신을 위한 것이다.

나는 지금부터 내 개인적인 일화나 일에 관련한 이야기뿐만 아니라 자기만의 특별한 인생을 개척하고 부를 쌓은 무수한 성공담을 공유할 계획이다. 이 과정에서 세상에 존재하는 흥미로운 사람들을 알게 되고 점점 보기 드문 노력의 가치를 배울 수 있을 것이다.

흥미롭게도 이 사람들은 전부 원칙과 상식을 뛰어넘는 전략을 지녔다. 이들이 어떻게 이 특징들을 활용해서 부자의 인생을 얻었는지 보여 줄 수 있어 영광으로 생각한다. 이들이 나의 직장 동료이자 내 가족과 친구라는 것이 자랑스럽다. 중대한 도전들로 가득 찬 이들의 일화에서 당신은 삶과 삶의 거의 모든 요소를 당신이 생각하는 것보다 잘 통제하고 있다는 사실을 깨달을 것이다.

여기 좋은 소식이 있다. 우리는 이미 부자의 특징을 갖고 있다. 정말이다! 우리 중 한 사람도 빠짐없이 이 특징들이 있고, 나는 당신이 이것을 발휘할 수 있도록 도울 것이다. 이 상황을 아직 입지 않고 옷장에 모셔 둔 옷에 비유할 수도 있겠다. 그 옷들을 입어 볼 이유가 필요하다면 이 책이 그 이유를 제공할 것이다.

≪베이비 붐 세대의 사업가들(The Baby Boomer Entrepreneur)≫의 저자 안드레아 J. 스텐버그(Andrea J. Stenberg)의 연구에 따르면 새로운 개념이나 아이디어를 자신의 가치, 믿음, 정체성으로 소화하기 위해서는 그 대상을 적어도 7번 이상 듣거나 봐야 한다. 그러니 나와 계속 이 특징들을 살펴본다면 남다른 부의 통찰력을 갖게 될 것이다.

이 책을 다 읽을 즈음에는 성공을 향한 여러 갈랫길에서 당신만을 위한 특별한 길을 발견할 수 있을 것이다. 마음을 열고 내면을 들여다보자. 그곳에 존재하는 실마리로 성공을 향한 가상의 길을 만들어 내고 또 그 길을 걸어갈 의지가 있다면 자신의 운명을 개척하는 일은 어렵지 않다.

나는 이 세상에 개인의 상상력이 지닌 힘과 그 상상을 실현하려는 의지보다 더 강력한 것은 없다고 믿는다. 이 책이 당신에게 가르쳐 주고 싶은 것이 바로 그것이다. 당신에게 내재한 힘을 깨닫고 올바르게 썼을 때 불가능한 일이란 없다. 이 2가지를 잘 기억하자. 첫 번째, 누구에게나 자신이 되고 싶은 사람이 될 능력이 있다는 것. 두 번째, 당신 말고는 아무도 당신의 부와 성공을 책임지지 않는다는 것. 자, 이제 시작해 보자.

차례

Blue Collar Cash

_ 역발상 10

나누면 배가 되는
부의 역설

Blue Collar Cas

'어떻게' 벌까 말고
'얼마'를 벌까

얼마를
벌고 싶은지
잊지 마라

나의 첫 번째 목표는 당신이 돈과 성공, 미래와 인생을 보는 방식을 바꾸게 하는 것이다. 지금으로부터 1년, 3년, 5년, 10년, 그리고 20년 후의 자신의 모습이 정확히 어떨지 생각하는 것부터 시작해 보자. 당신이 상상하는 멀지 않은 날의 평안과 평온, 자유의 순간도 좋다. 앞으로 펼쳐질 풍족하고 안락한 미래를 상상하려면 우선 마음의 눈으로 그려 낸 명확한 그림에서부터 시작해야 한다.

스스로 질문해 보자. 주차장에서 차를 빼서 기어를 바꾸고 출발할 준비가 다 됐는데 목적지를 잊어버렸던 적이 있는가? 자신의 장기적인 미래를 보는 방식은 절대 이래서는 안 된다. 이것은 앞으로의 몇 십 년을 바라보는 방식을 바꾸는 첫 번째 단계다.

이 장에서는 당신이 '일'과 '개인 생활'의 균형을 어떻게 생각하는지 알아볼 것이다. 우리가 이 두 개념을 얼마나 중요하게 생각하는지 살펴보자. 두 개념이 서로에게 각각 어느 정도의 영향을 미치는지도 살펴보자. 재미있는 점은 우리 대부분이 아주 일관된 행동을 보이면서 그 사실을 아예 모르기도 한다는 것이다.

여기서 스스로 물어야 할 가장 중요한 질문은 '나는 나 자신을 어떻게 바라보는가?'이다. 더 나아가 '나를 타인에게 어떻게 서술할 것인가?'이다. 나는 그동안 운이 좋아 아주 뜻깊은 조언들을 많이 얻었는데, 당신과 그중 몇 가지를 함께 나누고 싶다. 아주 간단하고 어쩌면 전에 들어 본 적이 있을지도 모르겠다.

"일하기 위해 살지 말고 살기 위해 일하라."

잠시 생각해 보자. 당신은 '무슨 일을 하며 사는지'보다 '그 일로 무엇을 하는지'가 더 중요하다는 개념을 이해할 수 있겠는가? 이를 충분히 이해하고 설명을 들어 보자. 오늘날 노동에 필요한 지식과 의지, 그중에서도 '가장 중요한 능력'을 갖춘 사람들이 갈수록 줄어들고 있다. 나의 목표 중 하나는 육체노동에 대한 당신의 생각을 바꾸고 거기에서 오는 다양한 기회를 찾을 수 있도록 만드는 것이다.

부의 역발상

당신의 '성공'은 어떤 모습인가?

나는 15살 때부터 육체노동을 했다. 1986년도에 6명의 직원으로 건설 회사를 설립했고, 32년이 흐른 지금 회사는 성장해서 200여 명의 직원으로 운영되고 있다.

그동안 나는 수천 명에 달하는 지원자들의 면접을 보고 고용했다. 건설은 고된 작업이다. 배수로를 파내고, 착암기로 땅을 뚫고, 타르와 콘크리트 작업을 하고, 자갈이 수북한 덤프트럭을 숨 쉬듯 써야 한다. 아무나 할 수 있는 일이 아니므로 사람을 고용할 때는 특히 더 신경을 쓴다. 그래서 내가 지원자들에게 묻는 첫 번째 질문은 이런 점들을 모두 고려한 말이다.

"여기 왜 지원하셨습니까?"

지원자들의 답변은 거의 항상 똑같다.

"직업이 필요하니까요."
"그래요. 그래서 여기 왜 지원하셨습니까?"
"돈을 벌어야 해요."
"어디에 쓸 돈이 필요한가요?"
"생활비가 필요해요."
"어떤 생활비를 말씀하시는 건가요?"
"밀린 공과금도 정리하고, 음, 성공하고 싶어요."

지원자가 대답하면 나는 계속 물어본다.

"당신에게 성공이란 어떤 거죠?"

"…를 살 수 있고, …를 배울 수 있고, 좋은 곳으로 집도 옮길 수 있는 일이에요."

"그렇군요! 이제야 좀 대화를 할 수 있겠네요!"

내가 말한다. 이제 우리 모두 다음 페이지에서 이야기를 계속해 보자.

원하는 삶을
똑바로
직시해라

내 목표는 당신이 이번 주 금요일, 혹은 매주 금요일이 어떤 날이 될지 생각하는 것부터 시작해서 인생을 장기적으로 바라보게 만드는 것이다. 이제부터 재미있어진다. 모든 것은 크레욜라(Crayola, 크레용으로 유명한 미국의 미술용품 회사) 크레용 한 박스에서 시작됐다. 이 간단하면서도 효과적인 '크레용 계획법'은 30년 전 어느 날 사무실에서 떠올랐다. 그 당시에는 그저 우연이었지만 이 계획법은 곧 우리 회사의 일상으로 자리매김했다. 왜냐고? 실제로 효과가 좋기 때문이다.

사람들은 항상 내게 꿈꿔 왔던 인생을 사는 비법이 무엇인지 묻곤 한다. 내 대답은 항상 같다. 그 꿈에 이름을 붙이면 된다. 꿈이란 정확히 무엇인가?

사전적 정의는 '잠자는 동안이나 깨어 있을 때 보고 듣는 일련의 이상, 심상, 생각, 열망'이다. 심상과 이상, 이 두 단어를 더 자세히 들여다보자.

한마디로 꿈은 '당신에게 보이는 것'이다. 당신이 가장 열망하는 것에 초점을 둘 때 당신의 무의식은 열망으로 당신이 바라는 인생을 그린다.

나무보다 숲을 보는 지혜

만약 인생에서 무엇을 하고 싶은지, 어디에 재능이 있는지 잘 모르겠어도 용기를 잃지 말기 바란다. 내가 장담하건대 이상은 태어날 때부터 쥐고 나오는 게 아니다. 이상을 그리는 데에는 연습이 필요하다. 누구나 목표를 세우고 미래를 상상할 수 있다. 우리 모두가 이상을 그려 낼 기량을 갖고 있지만 그중 몇몇은 남들보다 미래를 상상하는 능력이 뛰어나다.

다 허물어져 가는 집을 사고 "이 집의 골조를 봐! 정말 굉장하다. 얼마나 멋진 집이 될지 상상되지 않아?"라고 말하는 사람이 있다. 정작 당신은 너덜거리는 천장과 바닥을 바쁘게 뛰어가는 쥐들밖에 상상이 되지 않는데 말이다. 그 사람은 우리가 '이상'이라고 부르는 것을 가진 사람이다. 그런 사람은 자신이 처한 현재 상황을 넘어서서 실현 가능한 미래와 그 미래를 위해 무엇을 해야 하는지 알고 있다.

미래를 그려 보기 위해 대학 학위가 필요한 것도 아니고, 신통력을 얻거나 선불교(禪佛教, 중국 불교 종파 중 하나)의 지도자가 될 필요도 없다. 뚜렷하게 시각화할 수 있고 아침에 일어나 가장 먼저 떠올릴 수 있는 목표를 세우면 된다. 꼭 허황되거나 불가능한 목표가 아니어도 된다. 작은 것부터 시작하자. 일단 배워야 계속 실천이 가능한 법이다. 멀지 않은 날 당신은 자신이 얼마만큼 해낼 수 있는지 감탄할 것이다.

이 과정을 설명하기 위해 내가 가장 먼저 들려줄 이야기는 우리 회사의 한 직원의 이야기다. 나는 32년 전에 직원 6명으로 회사를 차렸다. 그중 하나였던 젊은 청년 팀 데스포스의 이야기다.

내가 팀을 만난 건 1988년 1.3평 정도의 내 사무실에서였다. 당시 겨우 20살이었던 팀은 체격이 크고 인상이 험악했지만 일에 열심이었고 항상 더 배우려 했다. 그는 가족들에게 충분히 경제적인 지원을 받을 수 있었지만 본인의 손으로 생계를 꾸리며 스스로 할 수 있는 일을 고민했다. 나는 그의 그런 점을 정말 존경했다.

팀과 나는 공통점이 많았다. 둘 다 새로운 일터에서 새로운 직책을 맡았고 대학에 다닌 적이 없었으며 신기하게도 어렸을 때 생긴 얼굴의 흉터까지 똑 닮아 있었다. 내 흉터는 선천성 구개 파열을 교정하는 수술에서 생겼고 팀의 경우는 집 뒷마당에서 생긴 비극적인 사고 때문이었다. 형과 장난치며 놀던 어린 팀은 마당의 모닥불에 랜턴의 오일을 쏟았다. 팀은 치솟은 불길에 화상을 입어 수술을 6번이나 해야 했다.

우리는 서로의 비극을 웃어넘기면서 이야기할 수 있었다. 하지만 어느 날 사무실에 찾아온 팀의 얼굴을 보자마자 이번에는 그가 가벼운 이야기를 하러 온 게 아니라는 것을 알아챘다. 팀의 표정은 그가 얼마나 진지한 이야기를 하러 왔는지 말해 줬다. 그는 지금 겪고 있는 곤란한 상황을 설명했다.

목표가 빚 청산이었던 사나이

그의 아내는 최근에 받은 장 수술로 오랫동안 회복기를 가져야 했고 병원비가 점점 밀리기 시작했다. 곧 수천 달러의 빚이 쌓였고 어디에도 빠져나갈 구멍이 보이지 않았다. 그 덩치 크고 강인한 사내가 손에 얼굴을 파묻고 내 앞에 앉아 있었다. "어떻게 해야 할지 모르겠어요." 그가 조용히 말했다. 팀은 평소에 감정을 드러내지 않고 본인의 사생활에 대해서도 말이 없던 사람이었다. 그랬던 그가 이런 이야기를 공유한다는 것은 그에게도, 나에게도, 우리 둘의 관계에도 큰 전환점이었다.

그 시절 나는 신설 회사의 사장으로서 하루하루 버티기 급급했다. 미래를 계획해야 한다는 생각은 안중에도 없었다. 날마다 고객, 준공 검사관, 은행, 수금원들과 씨름하느라 당시 절실했던 창의적인 사고 능력은 기대도 할 수 없었다. 말 그대로 내 코가 석 자였다.

하지만 그날 팀과 나는 한 발짝 걸음을 내디뎠다. 우리는 하루 종일 마주 앉아 이 곤경에서 어떻게 빠져나갈 수 있을지 머리를 맞대고 의논했다. 어떻게 하면 빚을 다 청산하고 일상으로 돌아갈 수 있을지, 모든 것을 포기해야 하는 최악의 상황을 피할 수 있을지 아주 진지하게 고민했다. 포기란 있을 수 없는 일이었다. 그는 맹렬하게 적군의 기지를 점령하는 소대장처럼 이 상황을 이겨 내리란 믿음에 한 치의 의심도 없었다.

그가 했던 말이 지금도 자주 생각난다.

"저는 제가 원하는 바를 이루기 위해 열심히 일할 준비가 돼 있습니다.

그러니 제가 무엇을 해야 하는지만 알려 주시면 그대로 해내겠습니다."

그때부터 팀에게는 아주 뚜렷한 이상이 있었던 것이다. 그는 빚에서 해방되고 싶었다. 빚이 주는 무거운 부담감에서 해방되고 싶었다.

빈털터리에서
새집을
장만하기까지

이 마음가짐으로 우리는 한 계획에 착수했다. 우리는 팀의 꿈에서부터 시작했다. 지금 당장은 병원비가 벅차게 느껴지지만 사실 일시적인 문제일 뿐이었다. 우리는 병원비를 넘어 다른 쪽에 시선을 돌렸다. 큰 그림을 그리기 위해 먼저 낙서에 가까운 그림을 끼적이기 시작했다. 종이 한 장에 아무렇게나 대충 그린 그림이었다. 팀의 꿈과 포부와 마음속의 이미지는 무엇이었을까?

팀의 꿈은 새 트럭을 사는 것이었다. 그의 아버지는 제너럴 모터스(General Motors Corporation) 자동차 공장에서 근무한 덕분에 항상 새 차만을 운전했다. '다 좋아, 좋은 시작이야, 그래도 조금만 더 밀어붙여 보자'고 나는 생각했다. 팀에게는 언젠가 그와 그의 아내가 꾸릴 가족을 위해 땅을 사고 그 위에 집을 짓겠다는 큰 계획이 있었다. 20살 젊은이의 아이디어치고는 아주 훌륭했다. 최종 목적지부터 시작하는 계획에 대해서는 다른 장에서 더 깊게 이야기할 것이다.

팀이 큰 그림을 그리는 데 집중하도록 만들고 싶었지만 일단 코앞에 다가온 병원비를 해결해야 했다. 1시간 정도 흐른 뒤 계획이 떠올랐다. 물론 몇 년 동안 팀이 받을 상여금을 모두 반납해야 했지만 너무 걱정할 필요는 없었다. 팀은 병원에 양해를 구해 매주 봉급에서 일정 금액을 덜어 병원비를 조금씩 갚을 계획을 세웠고, 그 결과 빚을 다 갚게 될 정확한 날짜까지 달력에 표시할 수 있었다.

빚을 청산하고 화물차를 구입하다

그에게는 이상이 있었고 그것을 기반으로 계획을 세웠으며, 그 계획을 달성하기 위해 실제로 노력했다. 엄청난 빚을 졌던 팀은 자신도 모르는 사이에 성공의 가도를 달리고 있었다. 2년 후 모든 병원비를 청산했을 때 그는 자신감에 가득 차 있었다.

그는 곧바로 다음 목표를 세우기 시작했다. 팀은 항상 크고, 반짝이고, 새까맣고, 끝내주는 제네럴 모터스 화물차를 갖고 싶었다. 키 190센티미터에 몸무게 108킬로그램에 달하는 이 거구의 청년에게 딱 맞는 차였다. 우리는 다시 새로운 계획에 착수했다. 차를 사려면 계약금이 필요했다. 그는 또다시 봉급에서 얼마만큼의 금액을 언제까지 저금해야 계약금을 마련할 수 있는지 계산했다. 쉬운 일은 아니었지만 10개월 동안 매주 50달러씩 저금했고, 곧 자동차 대리점에서 새 화물차를 뽑을 수 있었다.

팀이 화물차를 회사에 처음으로 몰고 온 날의 모습은 인생에서 손꼽히는 중요한 순간이었다. 일하고 있던 다른 감독들이 믿기지 않는다는 듯이 화물차만 쳐다봤다. 그중 한 명은 "팀, 너 진짜 운이 좋구나!" 하며 말을 건넸다. 빚을 청산하고 새 화물차도 장만할 만큼 5년에 가까운 시간을 죽도록 일하고 노력한 사람이 들을 만한 말은 아니었다.

"운이 아니었어, 이 친구야." 팀이 말했다.

"나는 이 화물차를 몰 자격이 있어." 팀이 정말 하고자 했던 말은 이거다.

우리가 세운 계획이 처음부터 끝까지 계획대로 실현되리라 확신했기에 가능한 일이었다. 팀에게는 똑바로 걸어갈 명확한 길이 있었다.

팀은 2개의 이상과 계획을 실현하고부터 완전히 목표 지향적인 사람으로 탈바꿈했다. 이러한 변화는 4명의 아들과 함께 살 집을 꾸리고 싶은 그와 그의 아내 메리에게도 분명 좋은 변화였다. 집은 이제 단순히 목표가 아닌 필수품이었다. 팀은 다시 새 이상을 그렸다. 가족들이 편히 쉴 수 있는 마당이 딸린 집을 원했다.

그는 몇 주 만에 시골에 위치한 약 6,100평의 택지를 찾아냈다. 키가 큰 소나무가 우거지고 연못이 자리한 탁 트인 공터로 집을 짓기 딱 좋았다. 팀이 다시 한번 꿈을 향한 길을 설계하고 이뤄 낸 것이다.

큰 그림을 그리면 큰 성취를 이룬다

집터는 앞서 이룬 목표보다 값이 비쌌기 때문에 더 신중하게 계획을 세워야 했다. 하지만 팀이 자신의 꿈을 분명히 밝히고 그에 따른 계획을 세우자 재미있는 일이 일어났다. 당시 팀은 우리 회사에서 5년밖에 근무하지 않았음에도 그 짧은 시간 동안 인부들의 우두머리에서 현장 주임으로, 현장 주임에서 현장 감독으로 승진했다.

알고 보니 그의 목표 지향적인 태도가 평소의 개인적인 언행뿐만 아니라 사회적, 직업적 행보에도 반영된 것이다. 그렇게 생각하니 팀이 그동안 배운 기술을 토대로 빠르게 승진의 기회를 노린 것은 딱히 놀라운 일도 아니었다. 팀은 눈 깜짝할 사이 생산 부서의 책임자가 됐다.

팀은 회사에서 근무한 지 8년이 되던 해에 새집으로 이사했다. 그는 4명의 아들을 데리고 건축 현장에 자주 들러 그날 새로 설치한 건축물과 자재들을 점검하곤 했다. 재미있게도 오랫동안 고대한 꿈이 눈앞에서 현실이 될 때는 새 문고리나 수도꼭지, 심지어 창문조차 사람을 들뜨게 했다. 그 누구도 팀보다 자랑스러운 아버지나 남편일 수는 없었다. 팀과 메리는 새집에서 아이들을 키우며 전보다 편안한 생활을 영위할 수 있었다.

이게 벌써 20년 전 일이고 팀은 그동안 융자금 상환과 저축을 병행했다. 현재 팀은 갚을 빚 하나 없이 아이들이 대학을 졸업하고 독립하는 모습을 지켜보며 은퇴 자금을 모으고 있다. 흙을 파헤치는 내 건설 회사에서 일하면서 말이다.

당연한 소리지만 팀의 이상은 여기서 끝나지 않았다. 얼마 전 그가 새로운 꿈을 회사의 목표 게시판에 적었다. 아이들은 모두 장성했고 팀과 메리는 이제 인생의 다음 단계를 계획하고 있다. 그들의 다음 계획에 4명의 아이가 없는 지금의 집은 필요하지 않았기 때문에 팀은 은퇴하고 쉴 수 있는 집을 마련할 계획을 세웠다. 그의 새로운 이상이 어떤 모습으로 실현될지 아주 기대하고 있다.

팀의 이야기는 내가 이 책을 쓸 수 있게끔 영감을 줬다. 그가 내 사무실에 찾아온 날은 내가 처음으로 누군가에게 미래를 상상하고 꿈을 찾도록 도와줬던 날이다. 팀에게는 이미 돈을 벌어야 할 이유가 있었다. 그리고 '이상'이라는 성공 요소가 있었다. 그가 이상을 현실로 만드는 연습이 필요했던 것처럼 충분히 연습한다면 당신도 빚을 갚고 차를 사고 더 큰 집으로 옮길 돈을 벌 수 있다.

인생의
걸림돌을
치워라

배수구 건설 작업을 할 때 20리터들이 양동이를 많이 쓴다. 그걸로 흙과 콘크리트 조각들을 나르고, 지하나 마루 밑 같은 현장에서 나오는 자재들의 잔해도 치운다. 우리 회사 인부들은 공사 기간 동안 보통 200에서 300여 개 정도 사용되는 이 양동이를 아주 귀하게 여긴다. 15개에서 20개 정도의 반듯한 새 양동이를 지급할 때면 그들은 아주 비싼 점심을 대접받은 듯한 표정을 짓곤 한다. 그렇다. 우리 모두 양동이에 이상하지만 뗄 수 없는 애착을 느끼는데, 얼마 전 함께 일하는 인부들이 이 양동이를 가득 채우는 모습을 보며 나는 생각에 빠졌다.

'미래를 또렷하게 볼 수 있는 능력을 방해하는 생각들은 얼마나 빨리 채워질까?'

이런 생각의 흐름을 봤을 때 인간의 의식이 20리터들이 양동이와 비슷하게 느껴지는 것도 무리는 아니다.

나는 우리의 뇌가 양동이처럼 일정 용량을 갖고 있다고 생각한다. 터무니없는 소리처럼 들릴 수도 있고 이 주장을 뒷받침할 의학 연구가 있는 것도 아니지만, 이론만으로는 내게 면허가 있다 치고 한번 들어나 봐 주길 바란다. 당신이 이해할 수 있도록 잘 설명해 보겠다.

누구나 갖고 있는 20리터들이 양동이

나는 4리터에서 8리터까지는 뇌가 단순히 삶을 유지하는 데 쓰인다고 믿는다. 다시 말해 DNA를 만들고, 세포 분열과 발달을 책임지고, 튼튼한 뼈를 만들고, 근육을 회복하고, 면역 체계와 백혈구를 생성해 외부 감염원을 공격하는 등 생존에 관련된 일에 쓰인다고 생각한다.

이 최초의 8리터는 적혈구를 보조해 몸에 필수 영양소를 전달해서 자율 신경계 활동인 호흡을 유지하고 심장을 뛰게 하는 역할도 한다. 이런 놀라운 활동들 대부분은 겉으로 보이지 않는다. 다행스럽게도 이런 활동들은 우리가 아무 생각을 하지 않아도 저절로 일어난다. 그러나 혹시라도 이 양동이에 어떤 의학적인 문제가 일어나는 순간 몸의 나머지 부분은 제 기능을 잃어버리고 만다.

그다음 4리터는 신체의 움직임과 배치, 보호와 생존을 담당한다. 걷기, 손으로 사물 잡기, 사물이나 사람들 사이에서 적절한 거리 유지하기, 우리 안에 탑재된 내비게이션 이용하기, 외부의 요소로부터 몸 방어하기, 배고픔과 목마름을 인지하고 영양분 공급하기, 물건 들어 올리기, 도구 사용하기, 그외 운동 기능 등이 해당한다. 여기까지가 12리터다.

그다음 4리터부터는 정보가 입력되기 때문에 점점 재미있어진다. 대부분 학습하기로 결정한 모든 정보를 말하는데, 텅 비어 있던 뇌의 하드 디스크에 정보를 입력하는 것과 같다.

우리가 태어나 사물의 형태와 숫자를 익히고 읽고 쓰는 법과 더하고 빼는 법, 판단하고 창작하는 법을 배우기 위해 존재하는 부분이며 우리가 후천적으로 배우는 기술들이 여기에 속한다. 보다시피 굉장하다고 할 수 있다. 경계도 없고 한계도 없는, 가장 중요하게는 다른 양동이들과의 경쟁도 없는 조직적이고 체계적이고 과정 지향적인 장소다.

마지막 4리터. 여기부터는 조금 까다로워진다. 이 부분에는 감정이 담긴다. 어떤 감정은 긍정적이면서 가볍고, 어떤 감정은 부정적이면서 무겁다. 감정은 한곳에 고여 있지 않고 빠르게 움직이므로 마지막 4리터의 영역은 항상 바쁘다.

당신이 자신감과 긍정적인 태도를 유지하고 주어진 일에 집중하고 싶다면 이 마지막 4리터를 가볍고, 긍정적이고, 힘을 북돋는 기운으로 채워야 한다. 항상 깔끔하고 열린 상태여야 한다. 당신의 양동이는 이미 마지막 4리터를 제외하고는 꽉 차서 무거운 상태다. 마지막 4리터를 분노, 질투, 스트레스, 공포, 불만, 실망감 같은 무거운 감정으로 채운다면 홍분, 행복, 갈망, 사랑, 편안함, 평온함, 자유 같은 긍정적인 감정이 들어설 자리는 없는 것이다.

부의 역발상

긍정적인 감정으로 채우는 일이 말만큼 쉽지는 않다. 마지막 4리터는 말 그대로 가장 마지막에 채워지므로 표면으로 보인다는 뜻이다. 당신에게 보인다면 다른 사람도 볼 수 있다. 이 영역은 당신의 뇌 중 가장 눈에 띄게 활동적인 부분이기도 하다.

양동이에는 뚜껑이 없기 때문에 우리는 어느 감정이든 가리지 않고 계속 채워 넣을 수 있다고 생각한다. 감정은 외부의 사건에 대한 몸의 반응이나 인식에 불과하지만 마치 제멋대로 구는 아이처럼 한 치 앞을 예상할 수 없다. 더 큰 문제는 우리의 양동이가 모든 감정을 한꺼번에 담을 수 없다는 것이다. 뇌도 한계가 있기에 우리는 어떤 감정을 받아들이고 어떤 감정을 내칠지 쉴 새 없이 결정을 내려야 한다.

보통 두 종류의 감정이 자주 분쟁을 겪는다. 원래 그 자리에 있던 감정과 비집고 들어오려는 감정이다. 앞서 말했듯이 긍정적, 부정적 감정은 아주 강력해서 끊임없는 영역 다툼에 휘말린다. 이 두 집합은 공존할 수 없기 때문이다.

다가오는 고지서의 만기일이 떠오르면 자녀들과의 단란한 산책 계획을 취소할 수도 있다. 연봉 협상이 잘 풀리지 않아 주말 골프 모임에서도 자신감이 사라질 수 있다. 친구보다 벌이가 적다는 자격지심 때문에 교회로 봉사 활동을 나가려던 마음을 접을 수도 있다. 갑작스러운 지출 때문에 사랑하고 고마운 사람에게 그 마음을 표현할 기회를 놓칠 수도 있다.

사람들은 이런 감정들을 통제할 수 없다고 생각하지만 사실 이것들은 자발적으로 만들어졌다. 믿기 힘들겠지만 우리에게는 선택권이 있다. 끊임없이 다양한 사건, 사고에 어떤 감정으로 반응할지는 매 순간 당신의 선택에 달렸다.

긍정이 들어갈 자리를 남겨라

오롯이 당신만이 양동이에 무엇을 채워 넣을지 결정할 수 있다. 부정적인 감정 하나를 들이면 긍정적인 감정 하나를 버려야 한다. 부정적인 감정을 여럿 담으면 긍정적인 감정이 들어갈 틈이 없어진다. 당신이 스스로에게서 보고 싶었던 감정들, 다른 사람들이 봐 줬으면 했던 감정들 말이다. 다음에 부정적인 감정의 구렁텅이에 빠지게 된다면 입 밖으로 소리 내어 스스로에게 물어보자. 이게 정말 내가 느끼기로 선택한 기분인가? 내가 정말 이 감정을 느끼기로 결정한 게 맞나?

요약하자면 우리의 뇌에도 한계가 있다는 소리다. 너무 많이 채우면 너무 무거워 들기조차 힘들어진다. 틀림없이 넘치게 된다. 하지만 적당히 채우면 힘쓰지 않아도 번쩍 들리는 법이다. 이 이론은 우리 회사의 직원들이 근무 중에 일어난 같은 문제에 각각 어떻게 대처하는지 지켜보며 떠올린 것이다.

하루는 현장 주임 둘에게 초과 근무를 부탁하는 대신 주말을 포함한 3일의 연휴를 약속했다. 한 명은 뛸 듯이 기뻐하며 일감을 가져갔고 3일 동안 쉴 수 있음에 감사했다. 다른 직원의 반응은 달랐다. 그는 화를 내며 억울해했고 더 일해야 한다는 사실에 중압감을 느꼈다. 나는 이 흥미로운 현상을 더 이해하고 싶었다. 두 직원은 봉급도 같고 업무도 같았지만, 업무를 향한 태도와 접근 방식은 반대였다.

두 사람을 알아 갈수록 그 이유를 짐작할 수 있었다. '긍정적인' 직원은 양동이에 여유가 있었다. 그의 20리터들이 머리는 끝까지 채워져 있지 않았다. 새로운 정보를 흡수할 공간이 충분했다. '부정적인' 직원에게는 그런 여유가 없었다. 양동이가 이미 걱정과 문제와 불안과 스트레스로 가득 차 유연한 사고가 불가능했다.

그에게는 3일 연휴라는 보상이 보이지 않았다. 말 그대로 머리에 연휴를 집어넣을 여유가 없었다. 하지만 잘 생각해 본다면 그것이 변명이 될 수는 없다. 그의 양동이는 언제 어디서나, 누구도 아닌 바로 그 혼자만의 책임이다.

자기 자신 말고는 이런 부정적인 감정을 떨쳐 내거나 노동이 주는 긍정적인 결과물을 대신 느끼게 할 수 없다.

행복을 선택할 권리를 누려라

분노는 선택이다. 당신이 의식적으로 만드는 선택. 질투는 선택이다. 원망은 선택이다. 절망감도 선택이다. 인생이 원하는 대로 흘러가지 않는다고 느끼는 것도 선택이다. 당신은 가장 중요한 마지막 4리터를 무슨 감정으로 채울 것인지 선택하고 있다. 그러니 스스로가 선택의 주체라는 점을 깨닫는 순간 상황은 바뀔 수 있다.

물론 신용 카드 명세서는 계속 날아오고, 안 되는 일은 계속 안 되고, 짜증 나는 직장 동료는 당신을 계속 괴롭힐 수도 있다. 하지만 약간의 계획을 갖추고 목표를 향한 뚜렷한 길을 찾는다면 곧 당신이 감정의 주체임을 깨달을 것이다. 당신에게는 당신이 하는 일을 사랑하고 좋은 점을 찾아내기로 결심할 선택권이 있다. 당신에게는 지금까지 해 온 일을 계속하며 '만약 다른 길을 갔다면 인생이 어떻게 바뀌었을까?' 하고 후회하지 않을 선택권도 있다.

지금 걷는 인생의 길에서 행복하기로 마음먹는 일이 행복 지수를 결정한다. 불행하기로 마음먹는다면 불행해진다. 돈벼락이나 직장에서의 운 좋은 성공만을 기다린다면 결코 행복해질 수 없다. 행복과 긍정, 새로운 도전에 준비된 마음가짐을 선택하는 것이 편안함, 평온함, 그리고 자유를 향한 길이다.

평생
꿈으로
남기고 싶지 않다면

당신의 인생을 바꿀, 이상을 시각화하는 짧은 활동 하나를 소개하려 한다. 우선 최대한 맑은 정신으로 미래에 대한 가능성에 마음을 활짝 열어야 한다.

'우리 마음을 열고 이 주제를 논의해 봅시다.'

살면서 많이 들어 본 말이다. 이때 '마음을 연다'가 무슨 뜻인지 생각해 본 적이 있는가? 지금 상황에 가장 잘 맞는 정의는 다음과 같다. 마음을 연다는 것은 '새로운 생각을 받아들일 자리를 만드는 것'이다. 너무 많은 정보를 받아들이는 우리의 뇌에는 새로운 발상이 뿌리를 내리고 자랄 수 있는 공간이 부족하다. 그러니 지금 당장이라도 우리의 마지막 4리터를 비워 내야 한다. 최대한의 창의력을 발휘해 보자. 조용한 장소에서 깊은 심호흡을 하고 감정으로 가득 찬 양동이를 쏟아 버리자. 준비됐는가?

아마 어렸을 적 말고는 크레용을 만져 볼 일이 없었을 수도 있다. 아무래도 좋다. 당신은 이제 여행을 떠날 참이다. 당신이 직접 그려 내는 여행이다. 이 여행으로 당신은 색을 칠하고 그림을 그리고 '선 밖으로 삐져나오지 않게 칠하는 법'을 배웠던 어린 시절로 돌아가는 동시에 미래의 모습을 그릴 수 있게 된다. 이 활동은 당신이 간절히 바라는 인생, 평안하고 평온하고 자유로운 인생을 만드는 데 꼭 필요한 경이롭고 중대한 첫 단계다.

이 활동은 나와 내 직원들이 수년 동안 실천해 왔고 우리 모두에게 아주 의미 있는 경험을 선사했다. 제대로 따르기만 한다면 미래의 이상을 구체적으로 그려 볼 수 있다. 이 활동은 누구나 쉽게 할 수 있으니 모두가 경험해 보기를 바란다. 이제 시작해 보자.

꿈이 현실이 되는 크레용 계획법

우선 매일 사용하는 물건 몇 가지가 필요하다. 대부분은 집에서 찾을 수 있다. 크면 클수록 좋은 하얀 종이 한 장이 필요하다. A1 정도 사이즈의 종이면 더 좋다. 크레용 한 박스도 필요하다. 색이 많으면 많을수록 좋다. 이제 생각하고, 꿈꾸고, 그리기 좋은 조용한 장소를 찾아보자. 제대로 시작하기 위해 최소한 1시간은 투자하자. 준비됐는가?

　노파심에 말하자면 이 활동을 할 때만큼은 최대한 이기적으로 변해야 한다. 이것은 당신이 캔버스에 그려서 안고 갈 '당신의 인생 계획'이고, 길을 가는 동안 성공적인 완주를 위해 끊임없이 검토해야 한다. 그러니 지금은 나 자신만 생각하자. 당신의 이상, 혹은 당신이 생각하는 이상적인 편안함, 평온함, 자유는 어떤 모습인가?

　당신의 인생을 바꿀 중요한 질문을 던지는 데서 시작하자. '내 인생이 정확히 어떤 모습이면 좋을까?' 이제 즐겨 볼 시간이다. 종이와 크레용을 꺼내 신나게 그려 보자. 먼저 마음에 떠오르는 대로 그린다. 당신이 생각하는 가장 이상적인 모습을 떠올려 보자. 어떤 모습으로 어떤 기분을 느끼고 싶은가? 세상이 바라보는 당신의 모습은 어땠으면 좋겠는가?

　이제 조금 더 나아가 자신이 생각하는 배우자를 떠올려 보자. 비혼을 선택했는가? 아니면 배우자가 있는가? 아이는 있는가? 있다면 몇 명인가? 최선을 다해 그려 보자. 다음으로는 당신이 어떤 집에 사는지 그려 보자. 시골에 자리한 농장, 호숫가의 펜션, 교외의 단독 주택, 도시의 아파트 등 당신이 꿈꾸는 이상적인 주거 형태를 다채롭고 선명한 색으로 자세히 그리자.

　이동 수단을 그릴 차례다. 미니밴, 에스유브이(SUV), 화물차, 혹은 오토바이나 도시를 누비는 전동 스쿠터에 끌릴 수도 있다. 즐겨라. 그리고 싶은 만큼 원 없이 그려도 좋다. 색과 제조사, 차종도 고르자. 계속 그려 보자. 반려동물과 함께 살 생각이 있는가? 있다면 어떤 동물을 생각했는가? 최대한 자세히 그리자. 그림 실력은 전혀 상관없다.

이번에는 당신의 취미가 무엇인지 스스로 질문해 본다. 카약, 골프, 달리기, 요가, 혹은 조경을 즐겨 하는가? 시간적 여유와 금전적인 자유가 우리의 목표 중 하나다. 만약 시간이 생긴다면 무엇을 하겠는가? 그려 보자. 힘들겠지만 조금씩이라도 천천히 그려 보자.

힘에 부친다면 잠시 쉬었다가 다시 돌아오자. 아무리 강조해도 모자라지만 서두르지 말고 천천히 진행하길 바란다! 이 활동은 책상에 펼쳐 두고 한 조각씩 천천히 맞춰 가는 퍼즐과 같다. 당신은 말 그대로 당신의 인생을 종이에 그려 내고 있다. 그러니 서두르지 말고 제대로 그리자. 삶의 계획에 얼마나 많은 것을 담아내는지가 중요한 게 아니라 당신이 원하는 최고의 삶의 질이 얼마나 높은지가 중요하다. 우리는 지금 인생에서 아주 막중한 일을 거치고 있는 것이다.

이상이
구체적이면
9배 더 많이 번다

　다음 장들에서는 미국 노동 시장의 현황과 당신의 인생 계획에 보탬이 될 놀라운 현실을 이야기할 것이다. 당신의 크레용 계획이 실현되도록 돕는 현실 말이다. 지금부터 공유할 정보로 당신의 잠재력과 그에 걸맞은 기회를 연결하기 위해서 방금 그렸던 그림과 열린 마음이 필요하다. 우선 그 전에 당신의 삶이 어떤 모습일지 명확한 이상을 가져야 한다. 다시 말해 본인의 삶을 형형색색의 뚜렷하고 분명한 색으로 볼 수 없다면 그 삶을 실제로 이루기는 힘들 것이라는 뜻이다.

　하지만 좋은 소식이 있다! 우리의 뇌는 경이로울 정도로 강력하게 기능한다. 당신이 보는 자신의 모습과 살고 싶은 세계를 똑바로 그려 내고 마음속에 깊이 간직한다면 틀림없이 바라는 바를 얻게 되리라.

버지니아 공대 교수 데이브 콜(Dave Kohl)은 최신 연구에서 우리 중 얼마나 많은 사람이 목표를 세우고 언급하는 행위로 이익을 얻는지를 밝혔다. 콜 교수는 80퍼센트의 사람들에게 뚜렷한 목표가 없다고 발표했다. 16퍼센트의 사람들은 목표는 있지만 그 목표를 문서화하지 않았고, 나머지 4퍼센트의 사람 중 4분의 3은 목표를 기록하지만 진행 상황을 정기적으로 검토하지는 않았다.

전체 대상 중 오직 1퍼센트만이 목표를 자세하게 기록했고 정기적으로 점검하며 주변 사람들에게도 공공연하게 말하고 다녔다. 마지막으로 콜 교수는 이 1퍼센트에 속한 사람들이 목표가 없는 80퍼센트 사람들보다 9배 많은 재산을 축적할 확률이 높다는 사실을 발견했다.

당신이 그린 그림에 행운을 빈다. 나는 실제로 이 크레용 계획법으로 도움을 받은 사람을 많이 봐 왔다. 사실 내가 회사를 운영하면서 가장 좋아하는 업무는 직원들이 세운 인생 계획을 검토하고, 목표를 같이 점검해 주고, 성과를 축하해 주고, 서둘러 다음 목표를 세우도록 도와주는 것이다.

그러니 빨리 크레용을 꺼내 이 1퍼센트의 사람들과 함께하자! 이 세계를 당신이 보고 싶은 대로 볼 수 있고 원한다면 돈도 벌고 싶은 만큼 벌 수 있다. 그것만큼 충만하고 보람 있는 삶으로 가는 길은 없다고 자신한다.

나만의 길을 선택하기

크레용으로 그려 낸 이상이 성공적으로 실현되기 위해 1가지 더 명심할 점이 있다. 시간이 조금 들더라도 이 질문에 신중하게 답해 보자. 만약 당신이 블루칼라직 중 하나를 골라야 한다면 어떤 일을 선택하겠는가? 아주 신중하게 생각하기 바란다. 항상 관심이 있었거나 잘하는 일, 혹은 열정이 있었던 분야를 고를 수도 있다.

다 골랐다면 그 직업을 아까 그린 당신의 이상적인 인생과 나란히 짝지어 보자. 이제 그 중요한 퍼즐 두 조각을 손에 쥔 채로 당신이 그린 성공의 길을 걸어 나가자. 이 장을 마치며 당신이 계속 기억했으면 하는 공식을 남긴다.

직업을 향한 열정 + 뚜렷한 인생의 모습 = 편안하고 평온하고 금전적으로 자유로운 인생.

편안함, 평온함, 자유. 앞으로 이 세 단어가 많이 언급될 것이다. 아마 이 세 단어가 무슨 뜻인지, 또 내가 어떻게 이 단어들을 내 개인적인 인생의 의미와 진언으로 삼는지 궁금할 수도 있다. 다음 장에서 그 이유를 알아볼 것이다. 당신의 학업 수준이나 직업과 상관없이, 내가 삶에서 찾는 의미를 당신도 스스로의 인생에서 찾아낼 방법들을 이야기하겠다.

Blue Collar Cas

위기에서
부의 통찰을 쌓는다

누구나
장애물이
있다

이 장을 시작하기 전에 내 이야기를 조금 해야겠다. 왜냐하면 내가 겪었던 시련과 극복의 과정을 공유해서 사람들이 자신의 문제를 직면하고 변화하도록 돕고 싶기 때문이다. 그리고 이 이야기를 하면서 당신의 인생에서 가장 중요한 장애물이 무엇인지 함께 짚고 넘어가길 바란다.

나는 대학을 나오지 않았다. 그렇지만 언제나 더 좋은 기회를 찾고 노력한 결과, 내가 바라던 성공의 모습으로 행복해질 수 있었다. 이제 나는 가족을 부족함 없이 부양하고 고급 자동차나 해외여행처럼 늘 꿈꿔 왔던 욕구들도 충족할 수 있다. 건설 현장의 일용직 근로자에서 성공한 방수 업체의 사장이 되기까지 다양한 경험을 하면서 내가 느낀 것이 있다. 바로 기술과 연습이 필요한 직업에서 내 몸으로 직접 부딪쳐 일하는 것이 매우 보람찰 뿐 아니라 살아 있다는 느낌을 일깨워 준다는 점이다.

나는 어린 시절에 항상 평가받고 천대받고 조롱당하며 자랐다. 그랬기에 더욱 일반적인 길이 아닌 새로운 길을 선택하고 주눅 들지 않으려 필사적으로 노력하는 이들에게 가슴 깊이 공감한다. 다른 사람에게 맞서기는 쉽지 않고 하나의 체계에 반발하기는 더욱 힘들기 때문이다.

상처를 극복하는 재치의 힘

나는 선천적 장애 중 안면 기형의 하나인 구개 파열을 갖고 태어났다. 구개 파열은 입천장이 제대로 닫히지 않아 윗입술부터 목구멍 뒤쪽까지 커다란 구멍이 생기는 기형이다. 이 기형을 바로잡고 코와 입천장이 제 기능을 할 수 있도록 골 이식을 포함한 끔찍한 위턱 얼굴 수술을 견뎌야 했다.

수술하고 회복하는 과정은 고통스러웠지만 또래 아이들에게 받은 괴롭힘보다는 덜 힘들었다. 다들 알다시피 아이들도 얼마든지 잔인해질 수 있다. 어린아이였던 내가 수술로 생긴 코와 입의 심한 피부 발진과 고통스러운 딱지들이 부끄러워 이동 수업 사이에 얼굴을 책으로 가리고 다녔던 것이 어제 일처럼 기억난다. 그저 또래 아이들에게 놀림받지 않고 다음 교실로 가서 의자에 앉아 고개를 숙이고 수업에만 집중하고 싶었다. 하지만 항상 같은 무리의 아이들이 나를 가만두지 않았다. 모욕과 괴롭힘은 전부 끔찍했다.

더 말할 필요도 없이 이 경험은 나의 불안감을 심각한 수준으로 키웠다.

하지만 동시에 남들보다 뛰어난 공감 능력을 비롯해 몇 가지 유용한 능력을 얻을 수 있었다. 이 능력들은 누구에게나 도움이 될 거라 생각한다.

나는 모든 사람이 저마다 눈에 밟히고 어떻게든 극복하고 싶어 하는 '기형'을 갖고 있다고 생각한다. 겉으로 보이지 않는 고충일 수도 있다. 불안감, 공포, 거절, 혹은 다른 이의 충고를 거절하는 일 전부 이런 고충 중 하나다. 우리의 진정한 가능성은 이런 고충들로부터 자유로울 때 빛날 수 있다.

유머, 자기 비하와 겸손함, 모험심, 믿음, 그리고 내면의 목소리에 귀 기울일 때 생기는 힘을 깨달았던 순간을 기억한다. 재미있게도 이 힘은 어느 날 한꺼번에 찾아왔다. 학창 시절에 불량배들이 내 외모를 보며 고약한 말로 상처를 주던 기억이 아직도 생생하다. 나는 그 커다란 놈들의 반밖에 되지 않는 삐삐 마른 12살 소년이었기에 주먹으로 맞서는 일은 꿈도 꿀 수 없었다.

대신 그들의 공격을 재치 있게 받아치기로 했다. 양아치 하나가 여자아이들 앞에서 센 척하기 위해 나를 '괴물'이라고 부르자 나는 그 사실을 인정했다. 그러자 아이들은 모두 충격을 먹었다. 나는 팔을 미친 듯이 휘저으면서 무서운 표정을 짓고 않는 소리를 내며 소리쳤다.

"그거 알아? 네 말이 맞아! 나는 무서운 괴물이야!"

자기 비하와 유머, 그리고 기습 공격으로 적의 허를 찌른 것이다. 내게 던진 모욕을 되받아치자 그들은 얼어붙었다. 여자아이들은 웃음을 터뜨렸다. 그렇게 나는 험악해질 수 있었던 순간을 모면했다.

　　자신의 모습을 있는 그대로 받아들이고 부끄러워하지 않는 것은 사람이 가질 수 있는 중요한 능력 중 하나다. 자기 생각, 신앙, 사는 곳, 취미, 직장, 생업에 당당할 수 있는 태도도 마찬가지다. 나는 나보다 덩치 큰 못된 녀석에게 맞을 수도 있는 위험을 감수하고 목소리를 냈다. 그러지 않았다면 계속 괴롭힘을 당했을 것이다. 그대로 사람들 앞에서 깔아뭉개지고 싶지 않았다. 나는 나 자신을 믿어야 했다. 내게 상황을 바꾸고 내 삶을 통제할 힘이 있다고 믿어야 했다. 내 안의 목소리에 귀를 기울여야 했다.

　　'너는 이것보다 더 나은 대접을 받을 자격이 있어, 켄.'

내가 12살이라는 어린 나이에 배우고 깨달은 이런 능력들은 나뿐만 아니라 당신의 현재에도 영향을 미친다. 꼭 틀에 박힌 성공의 모습만이 아름답고, 선하고, 현명하고, 가치 있고, 혹은 온전하다고 여기는 인생을 살 이유는 없다. 그보다는 우리가 살면서 부딪히는 사회적 규범과 일상생활 곳곳에 존재하는 '불량배'들을 어떻게 물리치느냐가 더 중요하다.

이 '불량배'들이 당신의 미래를 망치게 두면 안 된다. 더 중요하게는 스스로 보는 자신의 모습에 영향을 끼치게 해서는 안 된다. 당신이 타인의 눈에 어떻게 비치고 들리는지, 앞으로 어떻게 살아가고 또 변해 갈 것인지를 타인이 결정하게 두지 마라.

선택이 쌓여 지금의 내가 된다

나는 내가 그러지 않은 것이 정말 기쁘다. 휘어진 코와 흉터투성이의 입술, 보기 흉한 치열을 가진 그 깡마른 소년은 자신의 처지를 한탄하며 어두운 방구석에 처박힐 수도 있었다. 하지만 그러지 않았다. 당신도 그럴 필요가 전혀 없다. 나 자신을 믿고 스스로 조언하는 법을 배워라. 남들이 가 본 적 없는 길을 걷는 위험을 기꺼이 감수하고 새로운 것을 시도할 준비가 됐다면 내면의 목소리를 따르면서 모든 일이 잘 풀릴 것이라고 믿어라.

긍정적인 마음가짐, 유머 감각, 직업의식, 내 운명을 스스로 개척하려는 의욕만 있으면 충분하다. 나이에 상관없이 두 발로 딛고 일어나 내 인생을 책임질 준비를 해라. 그렇게 하면 당신이 되고 싶은 모습에 가까워질 수 있는 인생의 길을 찾을 수 있을 것이다.

아까 선택에 관해 이야기했던 것을 기억하는가? 나는 어릴 적부터 이미 사람에게는 선택권이 있어서 매일 수천 가지 선택을 하고 이런 선택들이 축적된다는 사실을 깨달았다. 내가 학교 운동장에서 괴롭힘당하는 피해자가 될지, 아니면 세상에 맞서 "그만둬! 나는 이것보다 더 나은 대접을 받고 싶고 그럴 자격이 있어"라고 소리칠지 둘 중 하나를 선택할 수 있었던 것처럼 당신도 선택할 수 있다.

당신이 내려야 할 가장 중대한 결정 중 하나는 직업을 택하는 일이다. 어떤 직업을 갖는지가 앞으로 여러 가능성의 수를 바꿀 것이다. 자신이 누구인지, 무엇을 즐겨 하는지, 하루 중 몇 시간은 무엇을 하며 보내고 싶은지, 어떤 생활 방식이 당신을 행복하게 해 줄 것인지 결정하고 그런 인생으로 이어진 길을 따라가라. 이는 편안하고 평온하고 자유롭게 살기 위해서 꼭 필요하다.

단, 바른길을 찾으려면 먼저 내면의 목소리를 들어야 한다. 그리고 당신 자신의 한계와 재능을 잘 알아야만 한다. 당신만의 기형을 어떤 식으로든 활용할지 피해 갈지 결정하는 것은 당신에게 달렸다.

부의 역발상

비즈니스를
일구는 데
학력은 필요 없다

사회 초년생이었을 땐 내가 중노동을 하리라고는 상상도 못 했고 이 일을 사랑하고 성공까지 할 줄은 더욱 몰랐다. 30년에 가까운 시간 동안 나는 차근차근 모래를 퍼내면서 더 좋은 인생을 향해 부지런히 뚫고 나갔고 다른 사람들 역시 충분히 할 수 있다고 가르쳐 왔다. 나 역시 처음 일을 시작했을 때는 지금의 당신과 비슷했다. 무엇을 하며 살고 싶은지, 성인으로서 어떤 직업을 갖고 어떤 길로 나아갈지, 가족을 만들고 원하는 인생을 살려면 어떻게 해야 하는지 아무것도 알지 못했다.

대부분의 10대들이 그러듯 나도 그냥 돈을 벌기 위해 아무 곳에나 취업한 적이 있다. 동네의 작은 빵집 바닥도 청소했고, 정말 싫었던 신문 배달도

해 봤고, 볼링장의 재떨이도 비워 봤고, 골프장의 도우미도 해 봤고, 아버지 친구들에게 손 세차를 해 준 적도 있다.

당시에 나는 꼭 대학을 나와야 한다고 생각하며 고등학교에 다니고 있었다. 하지만 1970년대에는 좋은 이유에서 대학이 오늘날만큼 강요되지는 않았다. 그런 점에서는 내가 운이 좋았다고 할 수 있겠다.

하루는 경제학 수업 선생님이 우리 중 대학에 갈 생각이 있는 사람은 손을 들어 보라고 했다. 교실의 3분의 1만 손을 들었다. 나머지는 우리 세대의 부모님이 했던 것처럼 취업해서 독립할 생각이라고 했다. 당시 우리는 이런 선택을 특별히 깊게 생각하지도 않았고 아무도 그 선택을 깔보지 않았다. 당시의 사회 분위기가 내게 코앞에 있던 기회로 길을 열어 준 셈이다.

기회가 없다면 직접 만든다

내가 다니던 고등학교 남쪽에는 한 방수업체와 공간을 나누는 울타리가 있었다. 나는 등하교를 하기 위해서 울타리 한쪽에 난 구멍을 지나 방수 업체 건물을 지나다녔다. 그러면서 부산한 회사를 오가는 많은 사람을 볼 수 있었다. 나는 건물 안으로 들어가 보기로 했다. 당시 나보다 4살 많은 친형이 학교에 다니면서 이미 그 회사에서 일하고 있었고 나도 그렇게 할 수 있을 것 같았기 때문이다.

나는 지금까지도 그 건물에 들어갔을 때 느꼈던 활기와 흥분을 잊지 못한다. 판매원들은 복도를 오가며 가격을 협상했다. 감독들은 큰 목소리로 인

부의 역발상

부들을 지휘하고 다른 현장으로 향하는 일꾼들도 있었다. 나는 곧장 내가 무슨 일을 할 수 있는지 물었다. 책상에 앉아 있던 직원이 나에게 삽이나 착암기를 다뤄 봤거나 사무실에서 일해 본 적이 있냐고 물었다. 나는 해 본 적은 없지만 어떤 일이든 시켜만 주면 해내겠다고 대답했다. 나는 실제로 그렇게 했고, 단 한 번도 그 결정을 후회하지 않는다.

내가 처음으로 맡은 제대로 된 업무는 가정 주택에 방수 처리를 하는 일이었다. 그로부터 30년 동안 방수 작업에 관련된 모든 일을 해 왔다고 말할 수 있다. 매년 여름에는 배수로를 파고 겨울에는 영업 전화를 했다. 배수로 자리를 2,000시간 정도 파내고 나서 나는 승진할 수 있었다. 도전 가능한 기회들을 끊임없이 노린 결과 물류 창고에서 일하며 인부들에게 자재를 공급하는 역할을 맡을 수 있었다.

후에는 경영 본부로 이동해 마케팅 부서에서 회사의 상품과 서비스 판매를 도왔고, 할부로 주문하는 고객의 집에 찾아가 은행 대출 서류를 마무리 짓는 업무를 맡았다. 몇 년의 시간이 흐른 뒤 회사에서 할 수 있는 모든 업무를 경험했다. 결국은 회사 전체를 운영하는 법을 배운 셈이었다.

바로 이 시점에서 나는 내 삶을 아주 크게 바꿔 놓을 어려운 선택을 해야 했다. 그 당시 우리 기업의 흥망성쇠는 미국 중서부에 가맹점을 설립하는 일에 달려 있었다. 사장이 나와 형에게 찾아온 날을 기억한다.

"자네들, 이제 회사를 더 키울 때야. 자네들이 가맹점 설립 계획을 짜서 점포를 열어 줬으면 해."

그 시절에는 대부분의 일 처리가 그런 식이었다. 상사가 중대한 업무를 주고서는 "성공해야 돼!"라고 하는 것 말이다. 나는 사장이 떠난 자리에 앉아 형에게 "이런 일은 해 본 적이 없는데. 어디서부터 시작하지?"라고 물었다. 그러나 걱정도 잠시, 우리는 재빨리 일에 착수했다. 그리고 시장 조사와 계획에 돌입해 가맹점 운영을 희망하는 예닐곱의 후보를 추려 냈다.

부의 역발상

대학에서는
배울 수
없는 것들

선택의 순간은 여기서 찾아왔다. 이 계획을 진행할 당시 나는 대학에 막 입학한 새내기였다. 내가 원해서 진학한 것은 아니고 그냥 다녀야 할 것 같아서 다니던 터였다. 고민은 거기서부터 시작됐다. 학교에 다니면서 경영학 학위를 딸 것인가, 중서부를 여행하며 내가 속속들이 잘 아는 회사의 점포를 설립할 것인가. 이 문제는 대학을 나오지 않았지만 성공한 사업가였던 아버지와 오랜 대화를 나눈 끝에 결정할 수 있었다. 아버지는 이렇게 말했다.

"켄, 지금 내가 제일 쉽게 할 수 있는 조언은 학교를 계속 다니면서 졸업부터 하라는 말일 거다. 하지만 회사의 점포를 세우고, 일을 배워 가면서 월급을 받고, 남의 돈으로 시행착오를 겪는 것만큼 사업 수완을 배우는 데 좋은 방법은 없단다. 이런 것들은 대학에서 배울 수 없지."

거기까지만 들어도 충분했다. 나는 그 길로 학교를 중퇴하고 사장의 제안을 받아들였다. 그로부터 4년 동안은 오하이오주, 인디애나주, 일리노이주를 누비며 점포를 여는 데 바빴다. 차를 타고 새로 연 점포가 자립할 수 있도록 도와야 했기에 매주 일요일 밤이면 나의 아내 낸시와 작별 인사를 하고 출장을 떠났다.

항상 여행 짐을 꾸리고, 싸구려 호텔에서 잠을 자고, 몸에 좋지 않은 길거리 음식을 먹는 일은 힘들었다. 이 과정에서 배운 지식과 경험은 값지고 보람찼지만 한편으로는 앞으로 찾아올 더 중요한 일들의 시작일 뿐이라는 것을 잘 알았다. 내 안에 각인된 이상적인 인생을 선명하게 만들기 위해서는 더 노력해야 했다.

준비된 자만이 기회를 낚아챈다

1986년, 드디어 때가 왔음을 느꼈다. 형과 나는 그동안 함께 일해 온 한 건물 수리 업체의 사장을 만나 다음 절차를 밟을 준비가 됐다고 밝혔다. 당시 오하이오주에 가맹점을 세울 만한 마지막 장소는 서쪽 끝에 위치한 도시 털리도뿐이었다. 우리는 은행에 애원하다시피 소규모 대출을 받아 냈고 온 가족과 털리도로 이사했다.

몇 년 동안 주 60~70시간을 일한 끝에 우리는 사업을 성공적으로 이끌었

부의 역발상

다. 그리고 지점을 하나하나 늘려 나갔다. 그리고 드디어 나는 한 기업체의 대표 이사가 됐다. 시급 5달러를 받고 도랑을 파던 일꾼에서 수백 명의 직원을 거느리는 사장이 된 것이다.

여기서 끝이 아니다. 이력의 정점을 찍은 후에도 나는 쉴 새 없이 새로운 목표를 설정했다. 나는 계속 미래를 내다볼 줄 아는 삶을 살고 싶었다. 내 목표는 1가지 사업에 의존하지 않고 수입의 안정을 꾀하는 일, 즉 하나에 목숨 거는 일을 피하는 것이었다. 나는 쉬지 않고 투자 기회를 노려 추가적인 소득을 확보할 수 있었다.

나의 다양한 이력은 건설 부문에만 한정되지 않고, 또 하룻밤 사이에 만들어지지도 않았다. 많은 노력과 수고가 필요했다. 12살에 배운 신뢰, 나에 대한 믿음, 겸손함, 유머, 위험을 감수할 의지 같은 능력들이 전부 빠짐없이 필요했다. 결국 나는 해냈고, 내가 걸어온 길이 성공을 이룬 다른 모든 이가 걸어온 길과 별반 다르지 않다는 사실을 깨달았다.

누군가는 설거지부터 시작해 수석 요리사로 거듭나고, 누군가는 전기공 수습생으로 시작해 전기 보수용 트럭을 잔뜩 소유한 사장이 된다. 당신이 무엇을 하든 또 무엇을 성취하고 싶든 애초에 지름길은 없다. 시간을 들여야 한다. 요령을 배워야 한다. 노력해야만 한다. 당신은 할 수 있다. 계속 전진해서 당신이 원하는 인생을 살아라. 바로 오늘부터 시작해라.

여기서 잠깐 노력에 관련된 이야기를 해 주겠다. 얼마 전 낸시와 나는 우리 딸 니콜의 21번째 생일을 축하하기 위해 캘리포니아주의 나파 밸리로 여행을 떠났다. 대부분의 부모가 그렇듯 마냥 어리기만 한 딸이 어른이 된 모습은 상상이 안 됐다. 8살 꼬마였던 딸이 골프 카트 모는 법을 배우거나 골프장의 개울에서 오래된 골프공을 건지던 모습이 바로 어제 일처럼 생생하다.

아이가 21살 생일을 맞지 못할 수도 있었기에 이 순간이 더욱 감사하다. 8년 전 어느 날 내 딸은 암을 선고받았고, 이겨 냈다. 우리는 기적이나 다름없는 니콜의 21살 생일을 오랫동안 기억에 남을 방법으로 기념하고 싶었다.

니콜은 아내와 내가 캘리포니아주와, 그중에서도 특히 나파 밸리가 얼마나 아름다운지 이야기하는 것을 몇 년 동안이나 들었다. '안 될 거 있겠어?' 우리는 생각했다. 딸이 이제는 미성년자도 아닐뿐더러 나파 밸리는 경치가 아름답기로 소문난 지역이었기에 딸과 함께 포도주의 고장으로 여행을 떠날 수 있는 최적의 기회였다. 아이가 포도주가 만들어지는 과정, 술의 향을 맡는 방식, 맛을 느끼고 잔에서는 어떻게 굴려야 하는지를 배웠으면 했다. 나는 술이나 사람, 무엇이든 그 출생지를 알아야만 온전히 즐길 수 있다고 생각한다.

지금쯤 당신은 '포도주 고장에 놀러 간 일이 꿈을 실현하기 위해 쏟은 노력과 무슨 상관이지?'라고 생각할 수도 있다. 대답해 주겠다. 낸시와 나는 나파 밸리에서 전에는 알지 못했던 포도주의 제조 과정을 배울 수 있었다. 제조 과정을 배우며 나는 한동안 생각에 잠겼는데, 포도주가 용감하고 용기 있는 내 딸 니콜을 떠올리게 했기 때문이다. 포도가 훌륭한 술로 바뀌기 위해 가장 기초가 되는 중요한 과정은 땅 위 풍경에서 보이지 않는다. 바로 땅속 깊이 자리한 뿌리에서 시작된다.

척박한 땅에서 좋은 포도가 나온다

화창한 나파 밸리의 아름다운 언덕과 풍요로운 골짜기가 펼쳐진 풍경 사진을 본 적이 있는가? 혹은 그곳의 멋진 기후와 어두운 색의 비옥한 화산 토양이 작물에 불어넣는 생명력에 대해서도 들어 봤다면 이 경이로운 장소에서 자란 싱싱한 포도로 만든 포도주가 세계에서 손에 꼽힐 만큼 훌륭하다고 생각할 것이다.

사실은 그렇지 않다. 완벽한 양조용 포도를 재배하려면 햇살과 빗방울보다 훨씬 더 많은 것이 필요하다. 포도나무를 잘 길러 내려면 실은 그 반대의 조건을 갖추는 게 좋다. 역설적이게도 포도나무는 영양분을 공급하는 비옥한 화산 토양보다 뿌리가 뚫고 들어가기도 힘든 돌투성이에 험하고 척박한 땅일수록 더 질 좋은 포도를 생산한다. 즉 포도나무가 겪는 시련이 더 훌륭한 포도를 만든다고 할 수 있다.

포도나무가 힘겹게 자라면 자랄수록 포도 맛이 좋아지고 더 맛 좋은 포도주가 탄생한다. 바로 당신이 훌륭한 포도주를 만들기 위해 힘겹게 자라는 포도나무다. 세상살이가 쉽거나 좋은 일만 생기지는 않겠지만 몇 년만 열심히 일할 각오가 있다면 보상은 반드시 찾아온다.

나는 좁은 트럭에서 인부 5명과 끼어 앉아 이동하며 오전 6시 30분부터 오후 4시까지 종일 이를 악물고 일하곤 했다. 하지만 그때 내게는 목표가 있었다. 내 인생은 이미 머릿속에 다 그려져 있었다. 일을 할 때마다 그 그림이 눈앞에 선명히 떠오른 것이다.

나는 돈을 벌고 싶었다. 내가 세운 목표를 다 이룰 때까지 내 밥벌이는 스스로 하고 싶었다. 그래서 하루하루 주어진 일을 해치웠고 그사이 재미있는 일이 벌어졌다. 해야만 했던 일이 즐거워지고 더 잘할 수 있게 된 것이다. 도전이 좋았다. 하루 일과를 마치고 집에 오면 거의 매일 몸이 아프고, 피곤하고, 더러웠고, 짜증도 났다. 그러나 온종일 최선을 다해 고된 일을 한 뒤 찾아오는 뿌듯함과 여운은 오래 남았다.

앞서 말했듯이 육체노동을 하다 보면 하던 일을 멈추고 한 발 물러서서 일이 얼마나 진척됐는지 돌아보는 순간들이 있다. 부서진 지하실 벽을 보수하고, 3미터 높이 소나무 12그루를 심고, 고객의 집에 아름다운 돌 폭포를 만든 날도 있었다. 어떤 일이든지 매일매일 내가 하는 일은 아주 만족스러웠고 나의 존재 가치를 느끼게 했다.

나를 집중하게 만드는 점이 노동의 매력이다. 노동은 나를 그 순간에 빠져들게 한다. 내가 무엇을 할 수 있는지, 또 내 몸과 마음이 도전과 맞닥뜨렸을 때 무엇을 성취할 수 있는지 보여 준다. 노동은 노력을 불사하는 태도와 기회의 상황에 자신을 내몰 의지만 있다면 편안하고, 평온하고, 자유로운 삶을 쟁취할 준비가 됐음을 알려 준다.

정신없이 일에 몰두했던 수년 동안 나는 문자 그대로, 또 비유적으로도 내 여생을 위한 기반을 단단히 다지고 있었다. 나와 같은 길을 걸었던 사람이라면 누구나 공감할 만한 통과 의례를 겪은 것이다.

고된 하루의 노동은 다른 행위에서 찾아보기 힘든 명확한 메시지를 준다. '성공하려면 그에 따른 값을 치러야 한다.' 오직 당신만이 직업을 고르고 성공을 향한 다음 단계로 나아갈지를 결정할 수 있다. 미용실, 빵집, 물류 창고, 식당, 아니면 방수 업체에서 시작해도 상관없다. 좋은 인생으로 가는 길은 어딘가 분명히 존재한다. 그 길이 잘 닦여 있던 시절도 있었지만 지금은 파묻혀서 볼 수 없을 수도 있다.

나는 당신이 그 길을 다시 찾도록 돕고 싶다. 초장에 요구되는 수고스러움에 벌써 겁먹지 않기를 바란다. 장담하건대 분명히 고생할 만한 가치가 충분하다. 또 이 사회는 기술을 배우고, 서비스를 제공하고, 노동 시장에 뛰어들 준비가 된 노동자들을 애타게 찾고 있다.

부의 역발상

희소성이 곧 무기다

우리 집은 이 지역의 잘나가는 석공이 작업을 마무리해 주기만을 1년 넘게 기다리고 있다. 동네에 하나밖에 없는 공급처라 자연히 찾는 사람이 많아서 어쩔 수 없다. 그러니 그가 떼돈을 버는 것도 당연하다.

이 석공은 대부분의 사람이 택하지 않는 직업을 가졌고, 바로 이것이 수요와 공급의 격변을 일으켰다. 그것은 곧 임금을 높였다. 아주 간단한 원리다. 열심히 일하고, 야외에서 좋은 날씨도 즐기고, 자기만의 사업을 하고, 출퇴근 시간도 스스로 정하며 큰돈을 번다. 석공 공급의 수가 수요보다 높아지기까지는 꽤 시간이 걸릴 것이다. 그것도 높아진다는 전제하에 말이다.

세상에 법학이나 경영학 학위를 가진 사람은 널렸지만 석공업에 능하고, 전기톱을 다루고, 바닥 타일을 깔고, 집을 칠할 수 있는 기술자는 흔하지 않다. 숙련되고, 실력 있고, 기꺼이 일할 준비가 된 기술자의 필요성은 쉽게 사라질 추세가 아니다. 사람들에게는 일하는 법을 아는 노동자, 더 구체적으로는 오랫동안 몸으로 직접 일할 줄 아는 숙련된 전문가가 필요하다.

인공 지능이나 기계화된 노동의 출현에도 불구하고 오늘날 스마트폰을 갖고 노는 모든 아이의 수만큼 삽, 갈퀴, 망치, 스패너 같은 연장을 다룰 줄 아는 사람이 필요할 것이라 장담한다. 스마트폰에는 많은 기능이 있지만 섬세한 목공품을 조각하고, 집의 배수관을 설비하고, 마당을 가꾸거나 미용실이나 상점, 어린이집을 여는 기능은 없다. 이 사실을 꼭 기억하길 바란다.

뜻하지 않은 고통을 성취로 바꾸는 힘 _①

나의 인생은 힘든 일도 많았지만 보람찼다. 나는 항상 저마다의 시련, 도전, 그리고 성취의 이야기들이 우리 개개인의 모습을 빚는다고 믿어 왔다. 나의 가장 컸던 고난을 공유하며 이 장을 마치려 한다. 누구에게도 일어나지 않았으면 하는 시련이었다. 이 이야기는 내가 이 책을 쓰기로 마음먹게 만든 이유 중 하나다. 정작 이 고통스러운 길을 걸어야 했던 당사자는 내가 아니었는데 말이다.

시련을 극복하고 성장한 사람을 생각하자면 제일 먼저 나의 딸 니콜이 떠오른다. 내가 어떻게 처음으로 평안함, 평온함, 그리고 자유에 다다랐는지 설명할 초석이 될 테니 부디 들어 주길 바란다.

부모라면 누구나 그렇듯 나와 낸시도 자기 자식이 최고라고 생각하는 사람들이다. 이 아이는 아름다운 영혼을 지녔다. 니콜은 자신보다 나이가 3배는 더 많은 어른도 다 겪지 못한 시련을 기품과 유머 가득한 긍정적이고 의욕적인 태도로 견뎌 냈다. 무사히 시련을 이겨 냈을 뿐만 아니라 우리가 부모로서 기대한 수준을 완전히 넘어섰다. 제일 중요한 것은 이 아이가 내가 아는 가장 친절한 사람이라는 점이다. 그러니 내가 겨우 단어 몇 개에 벌벌 떨었던 이유를 이해할 수 있으리라.

예고 없이 찾아온 검은 그림자

얼마 전까지만 해도 나와 아내는 우리 딸이 지금처럼 멋진 여성으로 자랄 기회를 잃을 수 있다는 사실로 두려움에 떨었다. 여기 내 인생을 지배하는 가장 중요한 핵심어가 있다. '2009년의 좋은 일과 나쁜 일.' 그해의 첫 6개월은 정말 좋은 해였다. 사업은 호황을 누렸고 낸시와 내가 꿈꿔 왔던 프랑스식 고풍 벽돌과 돌, 훌륭한 풍경과 정원을 갖춘 집이 완성돼 갔다. 오랜 이상 중 하나였던 이 집을 짓기 위해 몇 년 동안이나 계획을 세워야 했다. 그해 여름은 아주 바빠질 참이었다.

나는 사무실에서 열심히 일하며 틈이 나면 골프를 치러 갔다. 니콜은 여느 12살 아이처럼 소프트볼과 골프를 배우고 강아지와 뛰어놀았다. 낸시는 본인의 디자인 사업에 열중하며 정원을 가꿨다. 우리는 집에 있는 수영장에서 원 없이 놀고, 고기도 구워 먹고, 이웃들과도 친하게 지냈다. 우리는 정말 최고의 삶을 살고 있었다.

적어도 그렇게 생각했다. 물론 힘든 일이 없었다면 거짓말이겠지만 모든 일이 잘 풀리고 있었다. 아이는 하루가 다르게 커 갔고 낸시와 나는 우리가 열심히 일해서 만든 가족과의 시간에 더없이 행복했다. 이것이 내가 말한 좋은 일이다.

이제 나쁜 일을 말해 보겠다. 갑자기 찾아온 절망적인 1주일에 우리의 하늘이 무너지는 듯했다. 소프트볼 연습장으로 향하던 어느 저녁이었다. 차 뒷좌석에 앉아 있던 니콜이 말했다.

"뭔가 이상해요. 내 오른쪽 눈에 그림자가 생겼어요."
"그림자? 그림자라니 무슨 소리야?"

아이는 우리에게 왼쪽 눈을 감으면 오른쪽 눈은 대각선으로 가로지르는 그림자가 있는 것처럼 절반밖에 보이지 않는다고 말했다. 누구나 그렇듯 단순한 설명들이 머릿속을 스쳐 지나갔다. '눈에 먼지가 들어갔나?', '눈을 잘못 긁었나?', '혹시 32도까지 올랐던 기온에 열사병이라도 걸린 걸까?'

어떻게 알겠는가? 그냥 가볍게 넘겼다. 나도 전에 눈을 잘못 긁어 본 경험이 있었고 아이의 눈도 곧 회복될 것이었다. 그렇게 넘어갈 수도 있었지만 하늘에 감사하게도 아내가 곧바로 근처의 검안사 친구가 운영하는 병원에 예약을 잡았다. 친구는 눈 표면의 혈관이 비정상적으로 뭉쳐 생기는 혈관종일 수도 있다고 했다. 치료가 가능하다며 안과 의사에게 확실하게 진단받기를 권했다.

부의 역발상

다음 날 우리는 안과 의사를 찾아갔다. 의사는 니콜의 눈에 있는 형체가 망막에 압력을 가하고 있으니 대형 병원의 전문의를 만나 볼 것을 권했다. 그 때부터 몹시 긴장한 우리는 다음 날 2시간 거리의 병원으로 향했다.

의사들이 '덩어리'라고 부르는 것을 수없이 검사하고 사진으로 찍은 후에는 길고 고통스러운 기다림이 이어졌다. 예약 시간은 정오였지만 대기실의 다른 환자들은 우리가 검사 결과를 받아 보기도 전에 이름이 불리고 집으로 돌아갔다. 고문 같은 시간이었다. 우리는 기다리는 내내 미소와 희망을 잃지 않고 소중한 딸을 안아 주는 것 말고는 할 수 있는 일이 없었다.

고통스러운 4시간이 흐른 뒤 낸시와 나는 마침내 진료실에 들어설 수 있었다. 니콜은 진료실 밖에서 대기하라는 지시를 받았다. 우리의 진을 빼 놓은 하루가 긍정적으로 끝나기는 힘들 거라는 첫 신호였다. 그때는 몰랐지만 이제 겨우 시작일 뿐이었다. 의사와 함께 있던 간호사는 진료실을 나가며 아내의 무릎에 화장지를 올려 줬다. 내가 보기에도 이상한 행동이었고 확실히 좋은 신호는 아니었다.

낸시에게 "당신이 먼저 달라고 그랬어?"라고 물어봤던 것을 똑똑히 기억한다. 고개를 젓던 아내는 그제야 공포에 질린 얼굴로 나를 쳐다봤다. 바로 그 순간 우리는 오늘이 안 좋은 날이 될 것을 직감했다. 몹시 나쁜 날 말이다.

인사를 건네는 의사가 눈을 피하며 말을 떼기 곤란해하는 모습을 보고 그가 굉장히 심란하다는 것을 눈치챘다. 그리고 드디어 그 순간이 오고야 말았다. 긴 한숨 뒤 의사가 우리에게 소식을 전했다. 세상이 느린 동작으로 재생되듯 그의 입술에서 떨어져 나온 단어가 한 글자 한 글자 뚜렷히 귀에 박혔다. 딸아이의 병명은 '흑색종'이었다.

우리는 충격에 휩싸였다. 떨리는 낸시의 손을 잡았다. 그 후는 별 의미 없는 질문들을 퍼붓느라 흐릿하게만 기억난다. 어떻게 이런 일이 생겼을까? 언제 일어났고, 왜 놓치고 말았을까? 우리 가족 누구도 이런 가족력이 없었는데!

결론부터 말하면 수술 중 안구를 잃을 위험을 무릅쓰고 암세포가 퍼지기 전에 당장 종양을 제거해야 했다. '비탄에 빠진다'는 표현도 우리의 심정을 대변하기에는 턱없이 부족했다. 그 후 눈물과 불면으로 며칠 밤을 보내고 겁나는 정보는 피해 가며 인터넷에서 찾을 수 있는 모든 정보를 모았다. 우리는 치료법뿐만 아니라 아이에게 최선의 삶을 제공하는 데 집중했다.

나는 곧 안구 흑색종 치료와 다른 안구 관련 질병들로 세계적으로 알려진 필라델피아의 병원을 찾았다. 오랫동안 전화로 영업을 한 경험이 도움이 됐는지 3개월 대기자 명단을 거치지 않고 바로 예약을 잡을 수 있었다. 다음날 우리 가족은 필라델피아로 향했다. 이 모든 과정 동안 니콜에게는 아이의 몸에 심각한 문제가 있다는 것을 말해 주고, 그래도 가능한 최선의 치료를 받게 해 주리라 약속했다.

우리는 니콜에게 너는 강인하고, 우리는 이 병을 함께 이겨 낼 것이라 말했다. 진단명을 찾기 위한 진료들과 여러 번 피를 뽑기 위해 이곳저곳을 찔러도 아이는 절대 불평하지 않았다. 그러나 우리는 결국 딸의 몸속에 있는 '나쁜 악당'을 몰아내려면 종양을 제거해야 하고, 어쩌면 그 과정에서 눈을 잃을 수도 있다는 끔찍한 소식을 전해야만 했다.

두려워도 길을 잃지 않는 용기

그날 하루는 아직도 매분 매초가 생생하다. 낸시와 나는 아이에게 이 소식을 전할 옳은 방법을 찾느라 분투했다. 정답을 찾기는 힘들었다. 우리 가족은 종종 인근으로 자전거를 타러 가곤 했다. 우리 가족 모두 즐기는 평화로운 활동이었기에 소식을 알릴 좋은 순간이라고 생각했다. 괜히 딸아이를 앉혀 놓고 분위기를 잡아 겁주고 싶지 않았다. 딸에게 지금 네가 누리고 있는 삶이 거의 변하지 않을 것이라 말해 주고 싶었다.

우리는 계속 자전거를 탈 것이다. 너는 두 팔을 넓고 자유롭게 벌린 채 "아빠, 봐요, 손잡이 안 잡고도 탈 수 있어!" 하고 소리치겠지. 우리 가족은 이 길을 함께 걸어갈 것이고 좋든 싫든 혼자가 되지는 않을 거라고 말해 주고 싶었다. 그래서 나는 아이와 느릿느릿 자전거를 타며 아이 안의 '악당'을 몰아내야 한다고 설명했다. 적당한 말을 찾느라 조금 더듬거렸고 가슴이 찢어졌다. 사랑스러운 어린 딸에게 눈을 잃을 수도 있다는 말을 어떻게 한단 말인가? 상대가 찬란한 빛과 같은 딸아이라는 사실 말고는 의심할 필요도 없이 내 생에 가장 하고 싶지 않은 대화였다.

하지만 강인한 아버지가 되어 침착해지자고 애쓰고 있을 때 자전거의 손잡이를 틀어 올바른 방향으로 인도한 사람은 다름 아닌 니콜이었다. 아주 놀라운 일이었다. 아이는 상황을 분명히 이해하고, 자신은 준비가 됐다고 말한 것이나 다름없었다.

아이가 정확히 무슨 말을 했는지는 말해 줄 수 없지만 그 순간 내 딸이 여느 12살 아이보다 강인했고, 빈틈없었고, 이해심이 많았다는 사실만은 분명하다. 강한 사람은 바로 딸아이였다. 아이는 병을 이겨 낼 준비가 됐을 뿐만 아니라 자신이 누리는 충만한 삶에 감사했다. 못 하는 일보다는 할 수 있는 일에 집중했다.

몇 주 후 니콜은 암 제거 수술에 들어가 의안을 착용했다. 아이는 수술 후에도 몇 번의 검사를 받아야 했고 평생 6개월에 한 번씩 검사를 받아야 한다. 흑색종을 겪어 본 사람이라면 이 질병이 얼마나 불안정한 병인지 잘 알 것이다.

이 병이 소리 없는 살인자라고 불리는 이유가 있다. 환자들 대부분은 이미 병이 진행돼 손쓸 수 없을 때까지도 자신이 아픈 것을 알아채지 못한다. 제시간에 치료하지 않으면 멀리 떨어진 장기에 전이되기도 한다. 지금도 간호 기술자가 딸아이의 간 초음파를 찍고 화면을 들여다볼 때면 또다시 고문받는 기분에 휩싸인다. 가슴이 빨리 뛰고 생각이 멈추지 않는다.

'저 간에 난 자국들이 뭔데 크기를 재는 거지? 무슨 뜻이지? 왜 우리한테 아무 말도 안 해 주는 거야? 젠장, 누가 내 딸한테 아무 이상 없다고 말해 주

면 안 되나?'

    6개월마다 며칠 동안 검사 결과를 기다리는 일은 아무리 원수라도 겪게 하고 싶지 않은 지옥 같은 경험이다. 하지만 딸아이는 항상 멋지고 용감하게 대처해 냈다.

부의 역발상

뜻하지 않은 고통을 성취로 바꾸는 힘 _③

누구도 내 아이보다 내게 더 영감을 줄 수는 없으리라. 우리 가족 모두 딸이 완치해 평범한 일상을 살 수 있음에 깊이 감사한다. 수년이 흐른 지금까지도 아이가 불평하는 소리는 단 한 번도 듣지 못했다. 머리 모양 하나로 엄살을 부리는 여자아이들은 많이 봐 왔지만 니콜은 눈을 잃고 반쪽짜리 시력을 가지게 됐음에도 우는소리 한 번 하지 않았다.

딸은 새로운 상황에 적응하고, 자전거를 타고, 아프기 전에 했던 대부분의 일을 해내며 일상을 살아가는 법을 배웠다. 그는 심지어 고등학교 4년 내내 골프 주전 팀의 주장까지 도맡았다. 지금도 시간이 날 때마다 아이와 함께 골프를 치며 그 시간이 오기만을 기다린다.

건축가가 꿈이었던 니콜에게 대학은 좋은 배움의 장소였다. 아이는 옥스퍼드에 위치한 마이애미 대학교에서 환경친화적 패시브 하우스(Passive House, 첨단 단열공법으로 에너지 손실을 줄이고 효율을 높인 주택) 건축과 효율적 디자인을 전공했고 지금은 미시간 대학교에서 석사 학위 과정을 밟고 있다.

니콜은 현재 미국에 3명밖에 없는 공인된 패시브 하우스 자문 위원 중 최연소 자문 위원으로 활동하고 있다. 니콜은 잃은 것을 곱씹는 대신 앞으로의 인생에만 집중하며 나아갔던 것이다.

시련이 와도 삶은 계속돼야 한다

이 이야기가 편안함, 평온함, 자유와 무슨 상관이 있는지 궁금할 것이다. 이 이야기는 처음부터 끝까지 저 셋과 깊은 관련이 있다. 낸시가 검안사에게 연락하지 않았다면, 혹은 내가 우리 나라 최고의 의사를 찾으려 발버둥 치지 않았다면 무슨 일이 생겼을지 상상조차 하기 싫다. 현실은 악몽 같았을 것이다. 왜냐하면 우리는 니콜을 영원히 잃고 말았을 테니까. 회사, 집, 즐거운 일상, 생활 방식 등 우리가 노력해서 얻은 모든 것도 딸이 사라진다면 아무 의미가 없다.

만약 내가 공과금을 내고, 제시간에 출근하고, 내 친구들이 나를 어떻게 평가하는지 따위의 쓸데없는 일로 20리터들이 양동이를 꽉꽉 채우며 생계만 이어 가는 생활을 하고 있었다면 이 모든 일이 닥쳤을 때 침착하게 도움을 구할 여유는 없었을 것이다. 그건 낸시도 마찬가지다.

많은 이가 이미 인생의 산전수전을 다 겪어서 이 이야기가 그리 큰 충격으로 다가오지 않을 수도 있지만 그래도 말해 주고 싶다. 인생은 우리에게 예상치도 못한 강력한 변수를 던진다. 언제 올지 모르기에 대비도 할 수 없다.

인생이 원래 그렇다. 우리도 사람에 불과하다. 병에 걸릴 수 있고 가족이 사고에 휘말릴 수 있다. 사랑하는 사람을 잃을 수도 있다. 우리는 모두 사람을 사랑하고 잃는 경험을 하며 살아간다. 자연재해가 일어날 수도 있고 10년에 한 번씩 경기 침체가 찾아올 수도 있다. 좋은 일만큼 나쁜 일도 생길 것이다. 이 모든 일을 100퍼센트 준비할 수는 없다. 내 주변에도 살인, 마약, 자연재해, 질병, 재정난으로 인생이 완전히 뒤바뀐 사람들이 있다.

단 한 번의 시련도 마주하지 않고 사는 사람은 없다. 포도나무가 싸워 이겨 내야만 하는 척박한 땅처럼 우리가 겪는 시련은 우리를 더 나은 사람으로 만든다. 우리가 시련을 이겨 내고 더 강해져서 불가능해 보이는 상황에서도 좋은 순간을 즐길 줄 알고, 인정 있고 감사할 줄 아는 사람으로 거듭나기를 소망한다.

당연하게도 니콜이 겪었던 일은 우리를 완전히 바꿔 놓았다. 매일매일 마주하는 짜증과 불만이 그 전만큼 우리를 휘두르지 못했다. 이런 사사로운 감정들은 우리가 야구에서 부르는 '스몰 볼'이 돼 버렸다. 메이저리그에서는 절대 쓰지 않고 마이너리그에서만 쓰는 이 경기 방식처럼 작은 일은 우리를 괴롭히지 못했다.

인생이 전과는 다르고 새롭게 보였다. 다른 이들이 이 새로운 기분을 느끼려면 시행착오를 겪으며 수년의 시간을 낭비하리라는 생각이 들었다. 그들을 도와 내가 세상을 보는 새로운 시각을 함께 나누고 싶었다.

이것이 내가 니콜에게 편지를 쓰기 시작한 이유다. 딸이 아주 어린 나이에 수많은 시련을 마주하는 동안에도 세상에는 분명히 우리가 집중하고, 그려 내고, 열망해야만 하는 중요한 일이 많다는 사실을 알려 주고 싶었다. 정말 가치 있는 일 말이다. 그 긴 편지는 12권의 공책과 무수한 볼펜들, 가끔 결리는 손목을 거쳐 이 두꺼운 책의 시발점이 됐다.

부의 역발상

역발상
3

부자는
돈만 쫓지 않는다

꼭 성찰해야 할 3가지 가치

나는 오랫동안 인생의 진정한 의미를 생각했다. 인생을 살면서 세상의 여러 면을 경험하다 보면 특정한 것에 가치를 부여하고 우선시하기 마련이다. 무언가를 우선시하는 행위는 내게 가장 중요하고 의미 있는 가치가 무엇인지 완전히 새로운 관점을 제시한다. 나이에 상관없이 언제든지 일어나는 일이지만 개인적으로는 한 살이라도 더 어릴 때 겪는 편이 좋다고 생각한다.

그동안 많은 이가 이 세 단어의 출처와 내 인생에서 의미하는 바를 물어왔다. 나는 편안함, 평온함, 자유는 떨어질 수 없는 삼각형의 세 변처럼 서로를 같은 힘과 무게로 떠받친다고 생각한다. 각각의 변이 서로를 더 강하게 만들기에 한 변이라도 없으면 삼각형은 무너지고 만다. 편안함과 평온함과 자유가 강한 이유도 여기에 있다.

나는 이 셋이 마치 삼각형처럼 서로를 끊임없이 지지해 준다고 생각하지만 이 셋 중 하나를 얻으면 다른 개념들(편안함, 평온함, 자유)이 그 뒤를 따른다고 생각하는 사람도 있으리라. 만일 하나의 개념이 단순히 다른 둘을 이끌어 준다고 생각한다면, '자유'를 얻었을 때 이 셋이 허리케인처럼 서로를 씨앗 삼아 자란다는 사실을 기억하자.

쉽게 말해 자유가 편안함을 얻도록 돕고 그 편안함은 또 평온함을 얻는 데 영향을 주듯이, 이 셋의 관계가 그 반대로도 손쉽게 작용할 수 있다는 뜻이다. 좋은 소식은 이 세 개념이 어느 방향으로 움직이든 당신에게는 언제나 이득이라는 점이다.

무엇이 나를 편안하게 만드는가?

첫 번째 꼭짓점, 편안함을 살펴보자. 우리가 각자 생각하는 편안함의 의미는 아마 다를 수도 있다. 여러 사전적 정의를 이용해 기본적 의미를 알아보도록 하자.

'여유가 있는 상태나 상황, 걱정이 덜한 마음 상태, 만족감을 느끼거나 누릴 수 있는 상태.'

편안함이라는 단어를 들으면 바로 특정한 생각이나 그림이 떠오를 것이

부의 역발상

다. 하지만 남들처럼 비싼 옷을 입는지, 거실에 좋은 가구가 놓였는지, 혹은 누가 봐도 호화로운 집에서 사는지는 내가 말하려는 편안함과 관계가 없다. 우리는 앞서 당신의 인생이 어떤 모습이고 어떻게 이뤄질지 그려 봤다. 당신의 그림은 변하지 않았다. 오직 당신만의 쉼터를 만들어야 한다는 사실에는 변함이 없다.

당신에게 정말 필요한 것들이라면 형태도 상관없다. 예술가가 되어 당신을 편안하게 하는 장소를 만들어보자. 커다랗고 푹신한 소파와 콩주머니 의자, 방 한쪽의 그네와 75인치 벽걸이 텔레비전이 있는 도심의 아파트를 원한다면 그려 보도록 해라. 우리는 이 삶을 안락하게 하는 것들이 그 모습 그대로 현실이 되길 바란다.

편안함에 관해 더 이야기해 보자. 편안함이라는 개념 자체가 편안하고 평온하고 자유로운 인생으로 가는 길과 이어지기 때문이다. 지금 내가 말하는 편안함은 모든 일의 토대와도 같다. 당신 안에서 찾을 수 있다는 뜻이다. 스스로가 될 수 있는 이상적인 모습에 편안함을 느끼면 된다.

직접 선택한 삶에 만족하는가?

'자기 피부가 편한 사람'이라는 표현을 들어 본 적이 있는가? 이 표현의 진짜 뜻을 아는가? 나 자신의 모습 그대로도 편안한 사람이라는 뜻이다. 있는 그대로의 모습이 정말 편안한지 스스로 물어보자. 당신이 지금 향하는 방향이 마음에 드는가? 당신의 직업과 여가를 보내는 방식이 마음에 드는가? 타인이 당신을 바라보는 방식은 어떤가? 마지막으로 당신의 재능과 기술로 타인을 돕는 일을 어떻게 생각하는가?

오늘날의 취업 시장에서 편안한 인생을 이루려면 먼저 자신의 '안전지대'에서 벗어나야 한다. 세상이 말하는 보편적인 길이 아닌 자신만의 길을 개척해야 한다. 결국 편안한 인생은 부족함 없고 충만한 삶을 보장하는 직업과 진로를 선택할 때 온다는 뜻이다. 재정이나 업무에서 오는 불필요한 스트레스에서 자유롭고 모든 방면에서 당신을 편안하게 만드는 선택 말이다.

당신에게 편안함이란 직함에 연연하지 않고, 남들보다 뒤처지지 않기 위해 애쓰거나, 생활비를 위해 싫어하는 일을 억지로 하는 것일 수도 있다. 하지만 편안함은 당신이 사랑하는 일을 하고, 당신의 인생과 선택을 통제하고, 또 그 선택들에 만족하는 것이다. 매일 아침 일어나 이렇게 말하는 것이다.

"나는 내가 원하는 일, 꿈꾸는 일, 기대하는 일을 선택할 수 있어. 그리고 그 선택에 만족해!"

요점은 간단하다. 당신의 있는 그대로의 모습, 선택, 존재, 그리고 신념에 편안함을 느낀다는 것은 현재의 삶과 많은 가능성, 기회에 마음을 연다는 것을 의미한다.

나의 강점과 약점을 똑바로 봐라

나는 우리가 각자의 강점과 약점을 뚜렷이 인식해야 한다고 생각한다. 학문에 재능이나 관심이 없다는 사실을 인정하는 것도 자신의 한계를 인식하고 현재에 집중하게 하는 중요한 능력이다. 인생의 속도, 직업, 능력과 한계가 마음에 들지 않고 불편하다면 어떤 사무실의 책상에 앉아도 꿈을 바라만 볼 수밖에 없다. 이를 막기 위해 당신이 그렸던 삶으로 이끌어 줄 다양한 직업을 소개하고 싶다.

앞서 말했던 석공의 이야기를 기억하는가? 그는 자기 자신과 본인의 직업, 일과에 만족하는 사람이다. 그는 매일 아침 빨간색 신형 포드(Ford, 미국의 자동차 제조사) 화물차에 직원들을 싣고 고객의 집으로 찾아간다. 그의 작업복인 청바지와 티셔츠를 입고 작업화를 신은 모습으로, 손에 커피 한 잔을 들고서 미소를 지으며 차에서 내린다. 도착할 즈음에는 이미 하루를 어떻게 보낼지 생각을 마쳤을 것이다.

그는 쉬지 않고 일하면서 레드 제플린(Led Zeppelin)의 노래를 즐겁게 따라 부르고, 산더미 같은 돌로 비할 데 없이 아름다운 울타리와 테라스를 짓는 것 말고는 관심이 없다. 이 뛰어난 석공과 그의 인부들은 만족했고, 행복했으며, 실력에 자신이 있었고, 무엇보다 편안해 보였다.

열심히 일한 대가로 많은 보수를 받으며 자신만의 무대를 누비는 그들은 블루칼라의 파란색만큼이나 끝내줬다(단어 블루칼라(Blue collar)의 Blue(파란색), Cool(멋진)을 이용한 언어유희). 남들이 한다고 따라 하는 게 아니라 내가 좋아하는 일을 하면서 돈을 버는 것. 나는 우리 모두 그렇게 살아야 한다고 생각한다.

이미 일어난 일에
최선을
다하는가?

이제 평온함을 말해 보자. 이 단어도 사전에서 추려 낸 기본적인 의미부터 살피며 시작하는 것이 좋겠다.

'보통의 상태, 조용하거나 차분한 상태, 방해로부터 자유로운, 마음을 가라앉히는.'

평온함을 떠올릴 때면 한 단계 더 높은 차원의 방식으로 평화로운 생활을 영위하는 내 모습을 상상해 본다. 대개는 시작조차 할 수 없고 그보다도 훨씬 적은 수만이 쓸 수 있는 방식이다. 하지만 나는 평온함을 기성 사회의 생활 양식을 거부하거나 종교적으로 접근하기 위한 의미로 쓰지는 않겠다.

인기 있는 선불교를 전도하기 위해서는 더더욱 아니다. 그러나 내가 소개하려는 편안하고 평온하고 자유로운 삶으로의 접근 방식을 육체노동자의 참선(參禪), 혹은 육체노동자만이 가질 수 있는 멋짐이라 볼 수도 있겠다.

평온함을 얻기 위해 가부좌를 틀거나 향을 피우고 명상을 할 필요는 없다. 우리가 얻으려는 평온함은 선택으로 얻을 수 있다. 일단 가지면 자연스럽게 당신의 내면과 일상에 깃들 것이다.

그러려면 어떤 선택을 해야 할까? 삶을 즐기고, 자기 자신을 우선시하고, 상상해 온 인생을 이뤄 줄 개인적, 직업적 목표를 세우고 실천하기 위해 필요한 일을 해야 한다. 평온함은 당신이 현재에 충실할 때 찾아온다. 지금 눈앞에 주어진 일에 몰입해야 한다.

평온함과 밀접한 관계가 있는 기대감

평온함은 긴장하고 불안한 것과는 정반대 개념이다. 현재에 충실함이란 이미 일어난 과거를 분노나 원망으로 돌아보지 않고 미래를 두려워하지 않는 것을 말한다. 지금을 살아가고 한 번에 한 걸음씩, 한 번에 하루만큼 살아가는 것을 말한다.

당신의 미래는 당신이 이룬 눈부신 업적들을 돌아볼 날이 되리라. 앞장에서는 미래를 살펴보고 지금으로부터 6개월, 1년, 3년, 혹은 5년이나 10년 후 인생을 생각해 봤다. 평온함은 잘 짠 계획을 실천할 때 찾아온다.

내가 어렸을 적에는 쇠로 만들어진 미식축구 보드게임을 자주 했다. 상대편과 나는 각각 11명의 장난감 선수를 미식축구 대형으로 줄 세워 공격수와 수비수를 정했다. 선수를 배치하면 스위치를 올렸고 경기장이 덜덜 떨리며 공이 움직였다. 양 팀의 선수들도 곧 경기장 위를 누비며 수비와 공격을 반복했다. 내가 수비를 맡으면 전위수가 경기장을 가로질러 상대편을 덮치기만을 두근거리며 지켜봤다. 전적으로 무작위로 움직이는 진동에 장난감 선수들을 맡기는 게임이었다.

전기 미식축구라 불렸던 1970년대 게임이다. 믿거나 말거나 요즘은 인터넷에서 이 게임의 오래된 초판을 구할 수 있다. 신중하게 배치한 게임 말들이 생각한 그대로 움직이길 바라며 다음 경기를 준비하는 유튜브 선수들도 찾아볼 수 있다.

이 전기 미식축구가 고안된 방식을 생각하면 '기대'라는 단어가 떠오른다. 계획은 이미 완성됐고 시작 버튼이 눌리면 다들 결과를 기대하며 지켜본다. 기대감은 평온함과 밀접한 관련이 있다. 기대는 평온함으로 이끌어 주는 길과 같다. 이다음 장들에서는 기대감이 있는 삶과 그곳에서 오는 내면의 평온함을 더 자세히 이야기할 것이다.

오늘만 살던 사람이
내일을
기다리게 된 이유

개인적으로 기대로 가득 찬 삶보다 좋은 삶은 없다고 생각한다. 기대는 이미 일어날 것을 아는 상황을 간절히 기다리며 느끼는 신나는 마음이다. 곧 일어날 사건에 들떠 하며 미리 세워 둔 계획을 행동으로 개시하는 것이다. 그렇다면 어떻게 이 개념을 이해하고 각자의 상황에 맞게 쓸 수 있을까? 잘 쓰기만 한다면 당신의 인생이 나아질 것이라 보장한다.

우리는 아주 많은 일을 계획하고 손꼽아 기다릴 수 있다. 친구들과 저녁 약속이나 파티, 혹은 생일 축하 모임을 계획할 수도 있다. 크리스마스 선물용 저금통장이나 퇴직 연금 계획, 휴가, 내 집 마련 전략 등 조금 더 결과가 뚜렷한 계획을 많이 세워도 좋다.

부의 역발상

보다시피 며칠이나 몇 주 사이에 실현 가능한 단기 목표와 몇 달이나 몇 년이 걸릴 수도 있는 장기 목표를 함께 제시했다. 왜냐고? 인생의 최대한 많은 부분을 미리 계획하면 할수록 좋기 때문이다. 이렇게 세운 계획들은 성과가 나타나길 기다리며 끊임없이 솟아나는 기대의 샘에서 간절하고, 떨리고, 행복한 마음으로 마음껏 수영하게 해 준다. 왜 이렇게까지 해야 하냐고? 아주 간단하다. 평온함을 얻기 위해서다.

계획의 중요성

여기 내 요점을 보여 주는 예시가 있다. 우리 대부분은 벌써 하고 있는 일이다. 당신이 내년 휴가 계획을 세웠다고 가정해 보자. 세부 계획을 짜고, 날짜를 정하고, 숙소를 예약하고, 동선을 정하고, 비행기표를 끊고, 가장 중요한 저금을 시작하느라 바쁠 것이다. 그다음에는 무엇을 해야 할까? 느긋하게 앉아 여행 날까지 기다리면 된다. 신나는 마음으로 그날이 오기를 기대하는 것이다. 이런 말을 자주 하기도 한다.

"이번 여름에는 호수에 갈 거야. 빨리 가고 싶다!"

이미 모든 계획을 세웠기 때문에 평온해질 수 있다. 인생도 그런 식이라면 어떨까? 기억하자. 기쁜 일이든 나쁜 일이든 한 치 앞도 모르는 것이 세상 일이다. 우리 앞에 일어나는 사건, 사고를 받아들이고 현재에 충실해야 한다. 모든 일이 끝나고 찾아올 안정감을 생각해 보자. 당신의 인생은 평온해야만 한다. 반드시 평온해질 것이다. 내가 그 방법을 알려 주겠다.

　평온함은 앞으로 당신의 인생에 긍정적인 에너지와 동기를 부여할 것이다. 앞서 말했듯이 이는 차분하게 기도를 올리며 얻는 평온함이 아니다. 그보다는 미래를 고대하는 활기 충만한 마음 상태라고 볼 수 있다. 마음만 먹으면 누구나 평온해질 수 있다. 평온해지고 싶다면 지금 당장, 바로 오늘 결정하자. 선택은 당신의 몫이다. 당신에게도 이런 형태의 평온함이 깃들지 확신이 없는가? 나는 충분히 가능하다고 생각한다.

지금쯤이면 예상할 수 있으리라. 일관성 있게 이 삼각형의 마지막 꼭짓점 '자유'의 사전적 정의를 살펴보자.

'자유로운 상태, 선택이나 행동의 제약 부재, 필요성이나 강제성이 없는, 행복을 추구할 기회.'

편안함과 평온함처럼 자유도 사람에 따라 의미가 달라질 수 있기 때문에 내가 생각하는 진정한 자유를 말해 주겠다. 당신 마음속의 자유. 인생관의 자유. 당신에게 자유란 어쩌면 마음의 짐을 덜어 내거나 시간과 돈을 어떻게 쓸지 선택하는 것일 수도 있다. 가장 중요하게는 인생을 어떻게 살아갈지 선택하는 것일 수도 있다.

　　지금까지 배운 내용을 되짚어 보면 편안함과 평온함이 자유와 아주 밀접한 관계에 있다는 것을 알 수 있다. 우리에게는 우리를 편안하게 하는 요소들을 정의할 자유가 있다. 오직 당신과 나만이 할 수 있는 일이다.

　　우리가 그렸던 인생의 그림을 기억하는가? 이루고 싶은 목표들을 종이에 적고 완수하면 딱 그만큼의 마음의 짐을 내려놓을 수 있다. 인생의 주요 사건들을 계획하는 일로 돌아가 보자. 무수한 선택을 거쳐 주어진 일을 마치는 순간 더 이상 신경 써야 하는 일도 줄어든다. 압박감, 불안감, 의무감과 강요는 남의 일이 된다. 이것은 아주 자유로운 경험이다.

　　인생의 중대한 기회와 시점과 시기를 손꼽아 기다리며 잘 계획된 인생을 사는 데서 오는 평온함도 마찬가지다. 양동이의 마지막 4리터를 떠올려 보자. 좋든 나쁘든 우리의 감정이 서로 자리를 차지하려 싸우는 그 장소 말이다. 나는 해방감도 아주 강력하고 긍정적인 감정이라고 생각한다.

감정과 행동을 결정할 권리

　　아주 작지만 부정적인 기운이 당신의 머릿속에 살아 숨 쉬고 있다면 어떨까? 또는 사랑과 애정, 창의력, 관대함 같은 반짝이는 감정들이 당신 안에 머물러 있다면 어떨까? 아마도 후자의 감정들이 오랫동안 머무르길 바랄 것이다. 당신의 양동이에 어떤 손님이 찾아오길 원하는가? 호러 애니메이션에

나 나올 법한 손님을 원하는 사람은 아무도 없다. 그 공간에 사랑이나 애정, 창의력, 관대함이 가득한 손님들이 머물렀을 때 당신이 매일 내리는 결정은 이전과는 달리 매우 긍정적으로 변할 것이다. 공포, 분노, 불만, 질투, 우울 같은 부정적 감정 대신 긍정적 감정으로 마음을 채우자.

좋은 감정이 좋은 감정을 부르듯이 자유도 또 다른 자유를 부른다. 자신을 위해 어떻게 시간을 쓸 것인지 신중하게 선택하면 당신도 모르는 사이 더 자유롭고 자립적이고 살아 있음을 느끼게 하는 일들을 하게 되리라.

시간의 소중함을 깨달아야만 궁극적인 자유에 도달할 수 있다. 지금 해야 하는 일을 다시 생각해 본 뒤에야 하고 싶은 일에 집중할 수 있다. 당신이 주관하는 삶을 살 때, 믿기 힘들 정도의 자유가 따라오는 법이다. 당신을 편안하고 평온하고 자유롭게 만드는 일을 해야 한다. 필요한 것은 이미 당신 안에 모두 존재한다.

시간도 마찬가지다. 우리의 인생은 짧지만, 하루는 누구에게나 똑같이 주어진다. 모두 똑같은 24시간을 살고 당신은 그 시간 동안 무엇을 할지 결정할 수 있다. 어떤 감정을 느끼고 어떤 경험을 할 것인지 결정할 수 있다. 당신이 원하는 궁극적인 자유의 길을 선택할 수 있다. 목표를 위한 여정을 실행할 수만 있다면 '자유 시간' 동안 무엇을 할지는 당신에게 달렸다.

우선순위를
정하면
삶이 넉넉해진다 _①

이 책을 시작하며 블루칼라 시장에서 겪은 경험이 나를 어떤 사람으로 만들었는지 이야기하겠다고 약속했다. 당신이 더 좋은 생각을 하고, 이상을 더 잘 그려 내고, 더 나은 계획을 세우고, 블루칼라 시장의 수요와 공급의 변동성에서 오는 기회와 혜택을 받도록 돕겠다는 약속도 했었다.

곧 실천 가능한 목표를 세우는 방법과 계획을 무적으로 만드는 방법도 보여 주겠다. 자신의 인생 계획을 실현하고 나에게 많은 것을 가르쳐 준 사람들의 이야기도 약속했는데, 지금 그중 하나를 들려주려 한다.

이 이야기는 단순함에 뿌리를 두고 있는 편안함과 평온함과 자유의 표본

부의 역발상

이다. 단순함을 기반으로 한 인생에 관한 이야기다. 중요한 단어를 논할 때 늘 그랬듯이 단순함의 의미를 살펴보며 시작하자.

'숨김없거나 자연스러운 특질이나 상태.'
'있는 그대로의, 자연스러운, 혹은 이해하기 쉬운 것.'

수년 전 운 좋게도 지독하게 단순하고 잘 계획된 인생을 구현한 사람을 만날 기회가 있었다. 비록 그의 이상이 모두와 맞지는 않겠지만 많은 이가 감탄할 만하다고 생각한다. 그는 블루칼라직에 있어서는 나의 영웅과도 같았다. 나는 그를 '미네소타주에서 온 잔디 깎는 사람', 줄여서 '미네소타'라고 불렀다. 수년 전 언젠가에 1주일이 넘는 시간 동안 함께 어울렸지만 이름을 잘 듣지 못한 탓에 이렇게 부르고 있다.

호화 휴양의 달인, 미네소타와의 첫 만남

그해 1월, 춥고 눈 오는 오하이오주의 회색 겨울에서 탈출해 휴식과 햇살이 절실했던 나와 직장 동료들은 칸쿤으로 떠났다. 해가 진 후 우리는 세계 각지에서 온 행락객으로 가득 찬 큰 술집으로 향했다. 우리는 오하이오주에서 배수구 건설을 업으로 하는 사람으로서 같은 미국의 중서부 사람을 알아볼 수 있었다. 또한 미네소타도 우리처럼 수시로 테킬라를 마시러 나왔던 이유도 컸다.

알고 보니 그도 추위를 피해 휴가를 온 20대 후반의 근면한 블루칼라 노동자였다. 그 후 며칠 동안 술집에서 마주칠 때마다 변덕스러운 고객, 이상한 직원, 또 어떤 주제로든 오랫동안 이야기를 나눴다. 나는 미네소타가 우리와 완전히 같지 않다는 것을 곧 눈치챘다.

알래스카주만큼이나 추운 미국 중서부의 북부에서 온 그가 휴양지의 그 누구보다 그을린 피부를 가졌다는 사실에 의아해졌기 때문이다. 그뿐만이 아니었다. 그의 몸가짐에는 이상할 정도의 차분함이 묻어 있었다. 말하자면 그에게는 스스로를 향한 극도의 평온함이 있었고 잠깐 놀러 온 우리 같은 방문객보다 훨씬 여유로워 보였다. 우리는 휴양지의 거의 모든 사람이 그를 아주 잘 알고 있다는 사실에 주목했다.

문득 미네소타의 손목에 걸린 여러 색의 클럽 메드(Club Med, Club Mediterranee 의 약자. 프랑스에 위치한 중국 소유의 패키지여행 전문 여행사로 세계 각지에 리조트를 운영하고 있다) 팔찌가 눈에 들어왔다. 총 7개로 우리보다 6개 더 많은 숫자였다. 퍼즐 조각들이 맞춰지기 시작했다. 알고 보니 클럽 메드처럼 전 일정이 포함된 리조트는 주간 회원권을 팔찌 형태로 나눠 준다고 했다. 직원들이 새로 도착하고 떠나는 회원들을 빨리 구분하도록 팔찌의 색은 매주 바뀐다고 한다.

아주 단순한 개념이지 않은가? 팔찌를 7개나 차고 있으니 리조트의 사람들이 미네소타를 어떻게 잘 알고 있는지도 말이 됐다. "이봐, 무슨 팔찌가 그렇게나 많아?" 내가 묻자 미네소타는 의자에 편히 기대앉아 미소 짓고는 테킬라 한 잔을 들이켰다. 그리고는 놀라운 이야기를 시작했다.

우선순위를
정하면
삶이 넉넉해진다 _②

그는 매년 8개의 클럽 메드 리조트에서 각각 1주일씩의 휴가를 보낸다고 했다! 나는 귀를 의심했다. '우리는 여기에 단 1주일을 오려고 1년 동안 뼈빠지게 일해야 하는데.' 나는 생각했다. 미네소타는 여가 생활을 위해 인생을 신중하게 계획했고, 또 단순한 인생을 살기 위해 힘썼다고 설명했다. 봄, 여름, 가을 동안 그는 작은 조경 회사를 운영하며 잔디를 깎고, 정원 자리를 다듬고, 뿌리 덮개(Mulch, 미국에서는 기계로 갈아 습기를 머금은 나뭇조각 등을 말한다)를 펴 나르고, 낙엽을 치운다고 했다.

그의 부하 직원들은 10개월 동안 쉬지 않고 아침부터 저녁까지 일한다고 했다. 그렇게 번 돈으로 미네소타는 직원들의 월급을 주고, 공과금도 내고, 중서부 북부의 지독한 겨울을 피해 카리브해와 전 세계의 열대 낙원 리조트로 여행을 갈 만큼 저금도 한다고 했다. 후에 그는 자기가 영위하는 생활이 비교적 단순하기 때문에 오랫동안 휴가를 떠날 수 있다고 덧붙였다.

우리는 곧 미네소타의 사고방식에 감탄하기 시작했다. 그는 본인에게 여행과 피한이 우선순위인 것을 깨달았을 때부터 큰 주택 담보 대출이나 신용 카드 혹은 차 할부금을 만들지 않았다. 그는 자신이 생각하는 편안함, 평온함, 자유의 모습을 잘 알고 있었다. 작은 집과 5년 된 화물차에 만족하며 그가 살고 싶었던 삶을 살 수 있었다. 빚도 많이 없었다. 그는 고된 노동 뒤에 누리는 소중한 휴가를 위해 1년 내내 1주일에 얼마씩 따로 저금한다는 이야기도 했다.

8주의 휴가를 가능하게 만든 것

아주 오랜 시간을 머무르자 리조트에서는 일반적인 8주 요금보다 훨씬 할인된 요금을 제시했다. 천재적이지 않은가? 미네소타는 모래에 발을 묻고, 윈드서핑, 카약, 패들 보딩, 등산, 낚시, 계속해서 들어오는 흥미로운 사람들과의 만남, 열대음료, 맛있는 음식을 즐기며 손 하나 까딱하지 않는 생활을 56일이나 연속으로 누린다는 소리다.

그는 매해 겨울, 아주 긴 8주라는 시간 동안만큼은 원하는 무엇이든 원하는 시간에 누렸다. 그는 아주 블루칼라다운 직업으로 자신의 운명을 결정했다. 이미 한참 전에 그가 누릴 행복한 시간을 아주 자세하게 계획한 것이다. 그는 자신의 단순하고 기대로 가득 찬 인생을 예로 들며 거기서 말로 할 수 없는 평온함을 얻는다고 말했다.

대부분이 "말도 안 돼"라고 말할 수도 있지만 충분히 가능한 일이다. 미네소타는 자기가 원하는 삶을 정확히 설계하고 또 단순하게 살아감으로써 어느 백만장자들보다 더 나은 인생을 살 수 있었다. 정말 대단하고 놀라울 정도로 단순한 성취다. 단순한 삶을 살며 자신에게 중요한 것이 무엇인지 우선순위를 정했기 때문에 리조트만큼 편안할 뿐만 아니라 평온하고 자유로운 인생을 만들 수 있었다. 미네소타는 자신이 그리고 계획한 인생을 사랑했다.

아까 미네소타가 사는 방식이 모두에게 맞는 방식은 아닐 수도 있다고 했다. 그 말도 사실이다. 하지만 진심으로 자신이 원하는 가장 이상적인 모습을 만드는 데 관심이 있다면 스스로 질문해 보자.

- 나도 미네소타처럼 내가 바라는 인생을 정확히 볼 수 있는가?
- 있다면 행동으로 옮길 능력이 있는가?
- 나만의 클럽 메드 리조트는 무엇일까?

이 세 질문의 답을 잘 기억하자. 앞으로 전개될 내용은 블루칼라 시장이 제안하는 기회들에 대한 이야기다. 당신의 대답을 당신이 생각하는 이상적인 현재와 미래의 모습에 연결할 수 있겠는가? 온 세상이 당신만의 클럽 메드 리조트가 될 수 있다.

Blue Collar Cas.

역발상

4

남들이 주저할 때가
기회다

꿈을 이루기 위해 대륙을 건넌 사람들

블루칼라라는 용어가 어디서 왔는지 궁금하지 않은가? 내가 찾아본 여러 개의 기원 중 가장 와닿았던 이야기를 들려주겠다. 1900년대 초반, 하얀 깃의 셔츠만 입어야 했던 사무직 근로자와 다르게 당시 인부와 일용직 근로자는 특별한 색의 작업복을 입지 않았다. 그들은 편한 옷이 필요했고 편한 작업복은 대부분 거친 무명천으로 된 푸른색의 셔츠였다. 이 셔츠는 관리하기 편했다. 사무직 근로자처럼 빳빳하고 하얀 셔츠 깃이 더러워질 걱정 없이 일에만 집중할 수 있었다.

흥미롭지 않은가? 이 책을 위한 자료 조사 중 우리는 블루칼라 노동자들의 기원을 다루는 흥미로운 사실과 유행을 알 수 있었다.

최초의 블루칼라 노동자들은 누구였을까? 그들은 어디서 왔을까? 어떤 성격적 특성과 특징이 무슨 기술과 함께 미국으로 건너왔을까? 조금 더 깊게 알아봐야 한다고 생각했다. 우리는 그동안 우리의 선조들, 이민자들의 땀방울과 노동이 미국을 건설했다고 배웠다. 그들이 더 나은 인생을 위해 위험을 무릅쓰고 가족을 떠나 미국으로 건너왔다고도 배웠다.

'미국으로 건너오다.'

이게 정확히 무슨 뜻인지 생각해 본 적이 있는가? 오늘날의 블루칼라 시장을 완벽히 이해해야만 답할 수 있으리라. 내가 무슨 말을 하는지 궁금하다면 아주 단순하다. '미국으로 건너온' 이민자가 되어 새 시작을 하기 위해 무엇이 필요했는지 가까이 들여다보면 당신도 스스로가 그려 낸 인생을 그대로 실현할 방법을 똑똑히 볼 수 있을 것이다.

성공한 사람의 2가지 특징: 믿음과 용기

우선 전형적인 유럽 이민자가 겪는 역경을 살펴보자. 여기 신체 건강한 유럽인이 있다. 그는 누군지 모를 주변인에게 자극받아 미국에 가기로 마음먹고 작은 가방에 짐을 눌러 담는다. 그러고 나서 대형 운송선의 편도만 겨우 끊을 돈을 긁어모아 가족에게 작별 인사를 한 뒤 한 달이 넘는 시간 동안 바다를 가로질러야 하는 고된 뱃길에 오른다. 도착과 동시에 다음 끼니는 어떻게 해결할지, 또 그날 밤 잠은 어디서 잘지 막막하다. 그들이 가진 거라곤 더 나은 인생을 만들고자 가졌던 뚜렷한 꿈과 그에 걸맞은 근면함밖에 없었다.

이제 당신이 그 입장에 처했다고 생각해 보자. 한 달 동안 그들이 탔던 배 위에서 생활하는 모습을 머릿속에 그려 보자. 그들이 견뎌야 했던 시련을 상상해 보라.

- 여행을 떠나기로 마음먹은 순간부터 고된 여로를 무사히 견딜 수 있으리라는 희망에 찬 기도를 하기까지 필요했을 믿음을 상상해 보라.
- 신세계가 어디로 이어져 있는지도 모르지만, 그럼에도 여정에 올랐던 그들의 용기를 상상해 보라.

이 2가지 특징은 성공한 사람을 정의할 때 쓰이기도 한다. 이제 이들이 누군지, 또 어떻게 위대한 성공의 길을 찾았는지 알아보자.

나만의 부의 길을 개척하겠다는 의지

19세기 말에서 20세기 초 사이, 대부분이 유럽인이었던 이민자들이 노동자에서 사업가가 되는 건 지금보다 더 힘든 일이었다. 하지만 완전히 불가능하지는 않았다. 이 시기의 이민자 대부분이 바다를 건너온 시골 동네 출신이었지만 일단 미국에 도착하면 뉴욕이나 시카고 같은 대도시에 정착했다.

많은 이민자가 공장에서 일했고 산업 혁명이 진행 중이었던 미국에는 자연스럽게 새로운 공업 노동자 계급이 탄생했다. 일반적인 노동자는 아침 일찍 나가 해가 지면 퇴근했다. 그들에게도 중산층에 속하고 싶은 소망은 있었지만 안정적인 직장과 가족을 부양할 충분한 임금에 만족하며 살았다.

그들은 정말 열심히 일했다. 그들의 공통점은 더 좋은 삶을 찾아 미국에 왔고 그 삶을 이루기 위해서라면 무엇이든지 해낼 의지였다. 그들에게 고생쯤은 아무것도 아니었다. 5킬로미터의 먼 길을 양동이를 짊어지고 걷거나 배수로를 파며 걸어야 한다면 그렇게 했다. 고향에서의 힘들었던 삶은 그들의 노동관을 강하게 만들었다. 새롭고 어려운 일에 쉽게 적응하는 능력이 뛰어났기에 기술도 금방 배울 수 있었다. 무엇 하나 어려운 일이 없었다.

고된 일이 생기면 그들은 "내게 맡겨"라고 말했다. 열심히 일한 이민자들과 그들의 자녀에게 곧 기회가 찾아왔다. 첫 세대가 미국에 적응하고, 그들의 2세와 3세가 정착하며 부수입을 위한 새로운 사업들을 시작했다. 세탁을 맡아 하는 이도 있었고 집에서 만든 주전부리를 팔거나 '잡역꾼'이라는 간판을 내거는 집도 있었다.

구멍가게에서 대기업으로

구멍가게에서 큰 사업체로 자란 사례는 어디서든 찾아볼 수 있다. 전설과도 같은 맥도날드(McDonald)의 최고 경영자 레이 크록(Ray Kroc)은 동유럽 이민자 출신의 부모님을 뒀고 고등학교를 중퇴했다. 후에 그는 거대한 패스트푸드 체인점을 설립한다. 비슷한 사례로 억만장자 커크 커코리언(Kirk Kerkorian)은 아르메니아 이민자 출신의 부모님에게 태어나 중학교 2학년 때 학교를 중퇴했다.

물론 19세기 이민자 중 일부는 이미 기술을 갖춘 채 미국에 도착했다. 그 예로 수천 명의 동유럽 출신 광부들이 펜실베이니아주에 있는 무연탄과 유연탄 광산으로 이주했는데 그들 중 많은 이가 광산의 관리자나 간부가 됐다.

독일 이민자들은 보석 세공사, 악기 제작자, 가구공, 재단사 같은 숙련 노동직을 도맡았다. 식료품점, 제과점, 혹은 식당에서도 일했다. 유명한 독일 이민자 페르디난드 슈마허(Ferdinand Schumacher)는 내가 사는 도시 근처에 있는 애크런에 방앗간을 열고 많은 노력을 기울인 끝에 성공적으로 사업체를 키워 낼 수 있었다.

그는 시민전쟁 동안 군인과 민간인이 쉽게 먹을 수 있는 정사각형 모양의 귀리 과자와 가공품을 개발했다. 그리고 세계적인 오트밀 회사인 쾌이커 오츠사(Quaker Oats Company)가 탄생했다. 한 개인의 귀리 조리 비법, 스스로에 대한 믿음, 그리고 많은 노력이 성공적인 대기업을 만든 것이다.

미국은 대장장이, 석공, 재봉사, 용접공, 목수 같은 사람들의 땀방울과 노력으로 세워졌다. 이민자 대부분은 미국행을 자처했다. 심각한 생활고로 가족과 친지를 떠나왔을지라도 여행 자체는 본인이 직접 선택한 운명적인 결정이었다. 가난 때문에 당장 선택지가 없는 것처럼 보였을 수 있지만 그 누구도 위험한 여행길을 강요하지 않았다.

모두가 같은 상황에 놓이지는 않았지만 미국 건설과 그 주력에 대한 어떤 솔직한 논의도 비자발적으로 미국에 와야 했던 수백만 이민자의 존재를 지울 수 없다. 오늘날 세계 경제의 주축이라 불리는 미국을 만드는 데 막대한 도움을 준 이 노동자들을 언급하지 않는 것만큼 어리석은 일은 없으리라.

대학 졸업장보다 중요한 조건

　　미국의 노예 제도가 정확히 언제 기원했는지는 분명하지 않지만 몇 역사가들은 1600년 초엽 영국 식민지 버지니아주 해안에 20명 이상의 노예화된 아프리카인이 끌려와 팔려 간 직후로 보고 있다. 당시 황무지나 다름없던 미국 농업은 아직 시작 단계에 있었고 많은 노동력이 필요했다. 하지만 식민지 시대의 신문 〈버지니아 가제트(Virginia Gazette)〉는 아프리카계 미국인 대부분이 농장에서 일하면서 동시에 80여 개에 가까운 다른 직업들까지 책임지고 있었음을 보여 준다.

　　그들은 벽돌공, 도살업자, 가구공, 목수, 양재사, 운전사, 소방관, 기계 수리공, 광부, 재봉사, 석공 등 다양한 직업을 가졌다. 요컨대 아프리카계 미국인들은 미국 역사의 중요한 한 부분이었다. 우리는 그들의 고통을 기억하고 그들이 경제 기반을 크게 닦아 뒀음을 인정해야 한다.

이것이 바로 우리 선조의 유산이다. 그들을 본받아 출신의 한계와 타인의 기대를 벗어나 자기만의 특별한 재능으로 인생을 건설하기에 오늘날보다 더 적합한 시기는 없다. 앞으로 배우게 될 교훈들과 열심히 일하려는 의지만 있다면 당신의 아메리칸드림(American Dream, 전통적으로 사람들이 미국에서 이루고자 하는 가치나 사회적 수준. 민주주의·평등·많은 재산 등이 포함됨)이 무엇이든지 반드시 이룰 수 있음을 약속한다.

이 2가지를 기억하자. 하나는 내가 당신만의 꿈과 성공한 인생을 이야기하고 있다는 것. 다른 하나는 그 꿈을 이루기 위해 대학 학위는 전혀 필요하지 않다는 것이다.

당신의 성공을 의심하지 마라

안전지대에서 벗어나 스스로의 힘으로 성공하는 사람들에게는 중요한 특징이 하나 있다. 바로 믿음을 가진 것이다. 모든 성공은 믿음에서부터 시작한다. 나는 특정한 종교를 염두에 두고 믿음을 언급하지 않는다. 나에게 있어 믿음이란 나 자신보다 더 큰 무언가를 믿는 것을 의미한다. 인생에 일어나는 모든 일을 통제할 수 없음을 인정하는 것, 즉 마음을 비우고 세상을 향한 감사함이 나를 채우도록 허락하는 것이 바로 믿음이다.

세상 사람 모두가 똑같은 인생의 길을 걷거나 같은 속도로 걸을 수는 없다. 어떤 사람의 길은 상상 밖으로 험난하다. 자신을 믿으려면 더 좋은 날이 올 것이라는 소망을 가져야 한다. 믿음을 가진다는 것은 실수와 한계를 인정하고, 다른 이를 이해하고, 마음으로부터 우러나오는 배려로 도움이 필요한 이들을 돕는 것이다. 믿음을 가진다는 것은 누구나 구원과 2번째 기회를 받을 수 있음을 뜻한다.

믿음이라는 단어와 믿음을 가진다는 것의 의미를 생각할 때면 짐 몰린의 얼굴이 떠오른다. 짐과 나는 내가 막 사업을 시작한 1987년도에 만났다. 내가 살던 지역의 건설업자였던 짐은 우리 회사가 복잡한 건축 허가 절차를 거치는 데 많은 도움을 줬다. 그 후 짐이 10년 동안 정직하고 근면한 건설업자로 업계에서 명성을 날리는 동안 우리가 마주칠 일은 없었다.

이제 한 회사의 사장이지만 일이 밀릴 때면 현장에서 인부들과 함께 일하는 그의 모습을 오늘날까지도 심심찮게 볼 수 있다. 직책과 상관없이 짐은 항상 기꺼운 마음으로 일할 준비가 돼 있었다. 짐은 고객이 꿈꾸는 집을 짓기 위해서라면 무엇이든 흔쾌히 할 사람이다. 이 점이 나와 아내가 계획해 온 집을 짓기 위해 짐의 회사를 선택한 가장 큰 이유였다.

집을 짓는 몇 달 동안 우리는 급속도로 가까워졌다. 우리는 서로의 과거를 나누며 우리가 어떻게 자랐고 지금 하는 일의 계기가 무엇인지를 공유했다. 하루는 그의 힘들었던 어린 시절과 성공하기 위해 지나온 비범한 인생 이야기를 들을 수 있었다.

짐의 어린 시절은 그야말로 참혹했다. 부모님은 그가 2살 때 이혼했고 어머니는 폭력적인 알코올 중독자와 재혼했다. 그는 유년기의 대부분을 어머니 아니면 술에 취한 양아버지에게 얻어맞거나 혼나면서 보냈다. 어떤 위안이나 안정감도 느낄 수 없는 환경에서 아주 조금의 사랑만 겨우 받아 가며 어른이 됐다. 조부모님이 아니었다면 짐은 그 누구도 신뢰하거나 따를 수 없었을 것이다.

어머니는 짐이 16살이 되자 그동안 거의 교류가 없었던 친아버지와 살도록 강요했다. 짐은 친아버지가 자신을 귀찮아한다는 사실을 금방 깨달았다. 무수히 많은 마음고생과 부모의 유기, 그리고 심적인 고통을 겪은 이들이 그러기 쉽듯이 짐도 술과 마약에 의지했다. 잠시나마 혼란스러운 현실에서 벗어나기 위해 10대의 많은 날을 약에 취해 보냈다. 약값이 부족하면 학교 친구들에게 대마초를 팔기도 했다.

짐은 어느 크리스마스에 소위 친구라는 아이들과 만나 약에 취하기로 했다. 짐이 도착했을 때 친구들은 이미 헤로인을 주사할 준비를 하고 있었다. 한 번도 해 본 적 없는 약이라 긴장했던 짐은 몸에 직접 주사하는 대신 담배 종이에 소량을 말아 피웠다. 몇 시간이 흘렀고, 친구들의 심한 부추김 끝에 짐은 정맥에 헤로인을 주사하고 말았다. 짐은 그 길로 중독자가 됐다. 작은 은수저와 라이터, 고무줄, 피하 주사 바늘과 둘도 없는 친구가 됐다.

겨우 17살에 짐은 완전한 약물 중독자가 됐다. 그다음 몇 해는 당신이 생각하는 대로다. 그는 중독이 점점 심해져 고통마저 잊고 살았다. 그가 듣던 자동차 정비 수업 선생님 말고는 짐을 신경 쓰거나 도와주려는 사람이 아무도 없었다. 고등학교를 졸업하고 얼마 되지 않아 짐은 음주 운전과 유통을 목적으로 약물을 소지한 혐의로 체포됐다. 체포는 앞으로 펼쳐질 처참한 밑바닥 인생의 시작일 뿐이었다.

짐은 무려 2번이나 자살 시도를 했다. 처음에는 약물 과다 복용 후 운 좋게 살아났지만 2번째는 약에 취한 상태로 차를 몰다가 충돌 사고를 냈다. 잠시 약의 영향에서 벗어나 직장을 구하는가 싶으면 오랜 악마의 속삭임이 고개를 들어 그를 다시 한번 중독으로 이끌었다.

짐이 이번에는 정말 감옥에 갈 것을 예감할 때마다 판사, 할아버지, 양어머니, 혹은 담당 보호 관찰관이 대신 개입해 2번째, 3번째, 그리고 4번째 기회를 줬다. 그의 보호 관찰관 중 한 명인 신시아 윌러드 경사는 짐이 1년 반 동안 감시하에 운영되는 사회 복귀 훈련 시설에 수감되기를 권했다.

신시아 경사는 짐을 지켜보며 그에 대한 믿음을 증명했다. 경사는 사람들 대부분이 볼 수 없었거나 보기를 거부했던 짐의 면모를 발견했다. 짐 자신조차 보지 못했던 모습이었다. 짐은 경사가 자신에게 보여 준 믿음을 평생 소중히 기억하고 간직했다.

1%의 가능성이라도 믿어라

23살이 된 짐은 이번에는 자기 자신에 대한 믿음에 인생을 걸기로 결심했다. 먼저 약에 취하지 않은 맨정신을 유지하며 그가 취해 있을 때 상처 입힌 사람들과의 관계를 바로잡기 시작했다. 그 후 2년 동안 짐과 양아버지는 함께 금주하고 그동안의 잘못을 바로잡는 데 힘썼다.

짐은 자신에게 주어진 2번째 기회를 다른 이에게도 베푸는 데 열심이었다. 짐은 양아버지와 함께 목수 일을 배우기 시작했다. 상처였던 관계를 재건한다는 점에서 아주 의미 있는 시간이었다. 짐은 술에 취하지 않았을 때의 양아버지를 존경했고 양아버지가 자신에게 주는 기회에 감사했다. 일을 배우며 쌓은 경력을 바탕 삼아 지역의 건설업체에서 일거리를 따내고 골조 목수로서, 현장 감독으로서, 또 주택 건설업자로서 기술을 계속 연마했다.

한편 짐은 자신만의 길을 쫓아 원하는 인생을 만들고 싶었다. 그동안의

부의 역발상

노력이 기회를 주기만 한다면 당장 붙잡을 생각이었다. 그러나 현실은 생각과 반대로 흘러갔다. 일거리가 점점 줄기 시작했다. 그는 또다시 직장을 잃고 혼자 남은 자신을 발견했다. 짐은 어느 주차장에 차를 대고 손에 얼굴을 묻고 울면서 누군가 자신을 바른길로 인도해 주기만을 기도했다. 누군가는 듣고 있었던 것이 분명하다. 곧 기회가 모습을 드러냈고, 그는 망설임 없이 붙잡았다.

기회는 그로부터 몇 주 후 헬스장에서 운동을 하던 날에 찾아왔다. 짐은 운동 기구를 이용하기 위해 차례를 기다리는 동안 교회 수련회에서 만난 신사와 마주쳐 대화를 나눴다. 짐이 골조 목수 일을 한다고 말하자 신사의 눈이 반짝였다.

"내가 맡은 주택 공사 하나가 막 시작될 참이에요. 일해 볼 생각 있어요?"

당연히 짐은 즉시 그러겠노라 대답했다.

우울한 날이 지나면
반드시
기쁨의 날이 온다

이 우연한 만남을 계기로 짐은 인부들을 꾸리고 주택 골조 업체를 차렸다. 그로부터 5년 동안 골조 작업과 현장 감독을 맡으며 바쁘게 보냈다. 짐은 30살에 생애 첫 주택을 지었고, 2년 후인 1991년도에는 주택을 처음부터 끝까지 책임지는 몰린 건설 회사(Moline Builders)를 설립했다.

짐은 다른 건설업체를 제치고 골프장 안의 새 숙박 시설 건설의 입찰을 따냈던 일화를 자랑스럽게 이야기한다. 성공적으로 작업을 끝내고 큰 명성을 얻자 회사에 곧 200개가 넘는 의뢰가 들어왔다. 결론부터 말하자면 그의 회사는 지난 30년 동안 500채의 주택과 아파트를 건설하며 놀라운 성장을 이뤘다. 짐은 대 털리도 선정상의 올해의 건설 회사 부문(Greater Toledo Choice Awards'

부의 역발상

Builder of the Year)을 7번이나 수상했다. 회사를 확장하며 새로 생긴 건축과 개발 부서들은 지금까지도 계속 번창하고 있다.

요즘도 종종 완벽하게 잘 관리된 화물차를 몰고 시내를 누비는 짐을 볼 수 있다. 짐은 오랫동안 고수해 온 편한 청바지와 작업화 차림을 즐겨 한다. 그는 블루칼라 세계의 일원으로서 훌륭한 인생을 건설해 넓혀 나가고 있다. 여느 때보다 바쁘지만 꼭 잊지 않고 사회에 가진 것을 나누기도 했다.

해비타트(Habitat for Humanity, 사랑의 집 짓기 운동. 열악한 주거 환경에 처한 사람들에게 주택을 지어 주는 국제 비영리 기관) 봉사 활동에 참여하고 있는 짐은 지역 교회 설립에 힘쓰며 도시 일대의 노숙자 쉼터와 자선 단체에서 활발하게 봉사하고 있다. 그와 그의 아내 리앤은 슬하에 3명의 자녀와 손주 1명도 뒀다.

삶은 망가진 것 같아도 고칠 수 있다

나에게 짐의 이야기는 믿음 그 자체다. 신에 대한 믿음일 수도 있겠지만 더욱 중요하게는 인간의 정신력과 자기 자신을 향한 믿음이다. 무수히 많은 사람이 거듭되는 실패에 괘념치 않고 짐에게 새로운 기회를 주기 위해 발 벗고 나섰다. 짐은 셀 수 없이 많은 2번째 기회를 받아들였다. 그를 상처 입혔던 수많은 사람을 용서하고 그가 상처 준 이들의 용서를 구했다.

짐 몰린은 내가 수년간 같이 일해 온 젊은이들과 많이 닮아 있다. 혹독한 환경에서 자란 그들은 남들은 다 받는 기회조차 받지 못한 경우가 많다. 그들은 주어진 환경이 아닌 자신의 내면에서 평온함과 편안함을 찾기 위해 무던히 애써야 했다.

몇몇 사람에게는 믿음만이 인생을 변화시킬 유일한 방법이다. 짐의 믿음은 교회에서 찾을 수 있었다. 믿음에 인생을 바치기까지 젊은 날 실패를 여러 번 반복했지만 많은 기도와 새로운 기회들, 자신을 믿는 사람들의 도움으로 중독을 극복했다.

그는 타인이 말해 준 자신의 가능성을 믿기 시작했다. 자동차 정비 수업의 커비 선생님, 보호 관찰관 신시아, 개과천선한 양아버지 모두 짐을 구원받을 가치가 있는 사람으로 여겼다. 우리도 마찬가지다. 우리 모두 구원받을 가치가 있다.

짐의 이야기가 당신에게도 좋은 영향을 주면 좋겠다. 당신이 절망적인 기분으로 이 글을 읽고 있거나 자신이 지금 견디고 있는 고통을 이겨 낼 수 없는 실패자라고 생각한다면 여기 모두에게 허락된 구원을 발견하기를 바란다. 짐은 목수로서의 재능을 다른 이를 돕고 섬기고 베풀기 위해 쓰고 있다. 놀랍게도 그는 처음으로 자신을 믿어 준 신시아 경사의 집을 짓기도 했다.

당신이 얼마나 우울하고 인생을 절망적으로 바라보는지 상관없다. 암울해 보이는 인생도 고쳐 쓸 수 있다. 당신 안의 믿음만 군건하다면 무엇이든지 할 수 있다. 그래도 우울할 때가 있다면 짐 몰린이 자신과 가족을 위해 만든 인생을 떠올려 보기를 바란다.

당신도 알다시피 믿음이라는 단어는 주어진 맥락에 따라 그 의미를 달리

부의 역발상

할 수 있다. 앞서 언급한 1800년대 중엽 스코틀랜드, 아일랜드, 그리고 웨일스에서 미국으로 건너온 웨일스 일가를 예로 들어 보자. 지구 반대편에 새 인생을 건설하기로 마음먹기까지는 엄청난 믿음이 필요했을 것이다.

그들은 미국 중서부에 걸쳐 농부와 건축자와 철공으로 활약했다. 석탄 운반차를 몰고 석판 지붕을 올리고 대리석 기둥과 가구 회사를 세우며 성공적인 사업가가 되기 위해 믿고, 열심히 일하고, 또 버텼을 것이다. 당시 미네소타주에는 40여 개의 교회와 작은 예배당이 있었다. 여기서 그들이 고난을 믿음의 힘으로 극복하고 버텼다는 사실이 엿보인다. 그들은 믿음이 있기에 꿈을 꾸고 노력할 수 있었다.

기회가 있다면
가시밭길도
걷는 힘

앞서 말했듯 자신의 힘으로 성공을 이루는 사람들의 중요한 특징들을 계속 이야기할 것이다. 탄력성, 끈기, 관대함, 자유, 집념은 나중에 더 논하겠다. 믿음의 중요성을 배웠으니 인생의 목표를 이루는 데 반드시 필요한 특징인 용기를 살펴보자.

우리는 용기라는 단어를 자주 쓴다. 때에 따라서는 경기를 앞둔 올림픽 선수나 전장의 군인에게만 쓸 수 있는 단어로 여기기도 한다. 스키를 타고 언덕을 시속 13킬로미터의 속도로 내려가는 것, 미식축구 공을 들고 성난 상대편의 진영으로 돌진하는 것, 한 부모 가정의 가장으로서 자녀를 키우는 것, 자유를 지키기 위해 해외 파병 길에 오르는 것 모두 엄청난 용기가 필요하다.

부의 역발상

세상에는 다양한 형태의 용기가 있고 나는 우리 일상에 살아 숨 쉬는 모든 용기의 화신에게 박수를 보내고 싶다.

내가 말하는 용기는 다른 사람이 하지 않는 일을 기꺼이 할 때의 용기를 말한다. 두려움을 몰라야 한다는 의미가 아니다. 무섭고 두렵지만 그래도 해내는 것이 용기다. 용기는 안전지대에서 벗어난 몇몇 사람만이 흔쾌히 걸어갈 길을 당신도 걷는 것이다. 불가능하고 어려워 보여도 굴복하지 않고 포기하지 않는 것이 용기다. 소수의 사람들이 눈여겨보는 장소일수록 성공, 만족감, 금전 등 더 큰 보상이 발견되는 법이다.

고난을 마주하는 굳센 마음

내 인생의 대부분을 우리가 용기라고 부르는 특징을 가장 가까이에서 지켜보며 살아왔다. 용기를 생각할 때면 나의 아버지 스탠 러스니아지크가 떠오른다. 왜 내가 아버지를 용기 그 자체와 동일시하는지는 그가 자라 온 환경과 많은 관련이 있다.

12살의 나이에 여느 어른들보다 더 많은 일을 겪은 아버지는 매우 용감했다. 1938년 8월 13일, 월터와 로즈의 외동아들로 태어난 아버지는 차고라고 해도 믿을 만큼 아주 작은 클리블랜드의 동쪽 집에서 자랐다. 할아버지께서 1,800달러에 사들인 그 집에는 마당이라고 부르기도 창피한 0.6평 남짓의 손바닥만 한 땅이 있었다. 0.6평의 풀도 나지 않은 마당과 억센 폴란드 출신의 노동자였던 이웃 사람들. 이런 환경이었지만 아버지는 누가 봐도 비교적 정상적인 어린 시절을 보낼 수 있었다. 아버지는 부모님과 방 두 칸의 단층집에서 18년을 살며 인생을 살아갈 방식을 고민했다.

그 시절의 소년들은 빨리 남자가 됐다. 아버지는 12살에 첫 직업을 얻었다. 이렇게 어린아이가 일을 한다고 하면 보통 쉽고 안전한 신문 배달이나 이웃집 앞의 눈 치우는 일을 떠올릴 것이다. 그러나 아버지의 직업은 달랐다. 출근을 위해서 기차에 오르고 버스로 갈아타 클리블랜드 시내에 위치한 신문사 크롬웰 크룩스 주식회사(Cromwell Crooks Incorporated)까지 가야 했다. 12살 소년이 대중교통을 2번이나 갈아 타고 일터로 향하는 모습. 용기란 바로 이런 것이다.

아버지는 거의 2년 동안 매일 시내로 출퇴근했다. 그의 직업은 교통 체증을 뚫고 걷거나 버스 혹은 택시를 타며 시내 구석구석으로 갓 인쇄된 신문을 배달하는 일이었다. 아버지는 이 모든 일을 고난과 마주하는 굳센 마음으로 해냈다.

그는 어느 날 찾아온 또 다른 기회를 놓치지 않았다. 세차장 일이 더 수입이 좋다는 것을 깨닫자 그 길로 신문사를 관뒀다. 대신 타이어의 새하얀 가죽을 표백하고, 바퀴의 휠 캡을 문질러 닦고, 당시 고급 차였던 링컨(Lincoln, 포드의 최고급 자동차 브랜드)과 머큐리(Mercury, 현재는 폐기된 포드의 고급 자동차 브랜드)를 쉴 새 없이 광냈다. 면허를 따기에도 너무 어렸던 그는 아마 나이를 속이고 취직했을 것이다.

아버지는 비싼 차에 흠집을 내지 않으려 노력하며 커다란 차들과 세차장

부의 역발상

안팎을 바쁘게 누볐다. 학교 아니면 일터만 오가는 생활의 연속이었다. 노동이 고되다고 생각하지는 않았다. 그에게 일은 꿈꿔 왔던 인생을 계속해서 만들어 가는 기회의 창구일 뿐이었다.

그로부터 2년 동안 아버지는 계속해서 또 다른 기회를 찾아 나섰다. 어느 날 그가 운명적으로 A&P(The Great Atlantic & Pacific Tea Company, 1859년부터 2015년까지 영업한 미국의 대형 식료품 할인점)에 방문했을 때였다. 그가 알았든 몰랐든 그는 미래에 남들이 보지 못한 가능성을 그만의 가치로 바꾸게 될 것이 분명했다.

할 수 없다는
마음을
이겨라

아버지는 당시 겨우 15살이었다. 식료품상이 되는데 용기가 무슨 상관이냐고? 그 시절에 식료품점에서 일하려면 최소한 16살은 돼야 했기 때문에 나이를 속여야 했다. 차에서 물건을 내리고, 양상추를 다듬고, 과일과 채소를 진열하고, A&P의 제일가는 농산물 부문 매장 책임자가 되기 위해 3년 동안 수천 시간을 일했다. 18살이 되자 식료품점을 운영하기 위해 필요한 모든 지식을 배울 수 있었고, 이 지식은 그가 훗날 일하는 데 많은 도움이 됐다.

아버지가 또래 아이들보다 훨씬 어린 나이에 일하기 위해 필요했던 진취성과 용기는 그를 또 다른 도전으로 이끌었다. 아버지는 자발적으로 해병대에 입대하기로 결심했다. 당시 징병제가 실시되고 있었고 아버지가 살던 곳에서는 아주 소수만이 대학에 진학했다. 학생들 대부분이 고등학교를 졸업하자마자 취직을 하거나 입대했지만 아버지는 달랐다. 그는 관습에 얽매이지 않는 용감한 사람이었다.

자격 조건보다 1년 모자란 17살에 조기 입대를 시도했지만 부모님이 허락하지 않아서 무산됐다. 하지만 18살 생일에 그는 어머니와 포옹을, 아버지와 악수를 하고 바라던 대로 파리 아일랜드(Parris Island, South Carolina)의 새 부대원으로 떠났다. 소수 정예의 자랑스러운 해병대로 말이다.

고된 노동과 용기의 의미를 잘 아는 그였지만 역사상 가장 강력한 전투력을 자랑하는 군대의 신병이 되기란 쉽지 않았다. 클리블랜드 출신의 용감한 18살 청년 스탠리 월터 러스니아지크는 작은 여행 가방과 입대 서류, 그리고 어릴 적 첫사랑 진저와의 애틋한 추억만을 품고 정들고 익숙한 고향을 떠났다. 아버지는 절친한 친구 케니와 함께 그들이 마주할 운명을 모른 채 기차에 올라 남부로 향했다. 현실은 빠르게 다가왔다.

용기는 위기 속에서 강하게 빛난다

무거운 물건을 드는 데 익숙했던 그와 케니는 자신들이 꽤 좋은 체격 조건을 갖추고 있다고 생각했다. 그러나 체력은 해병대원으로서 필요한 정신력과는 비교가 안 된다는 사실을 금방 깨달았다. 해병대는 압박감을 느낄 때 더 빛을 발하는 사람과 그렇지 못한 사람을 걸러 내는 것을 목표로 하는 효과적인 방식으로 훈련했다.

그 어느 때보다 많은 노력이 필요했다. 36킬로그램의 배낭을 메고 5킬로미터를 달린 후 말벌처럼 쏘아 대는 모래벼룩을 견디며 뜨거운 햇볕 아래 꼼짝도 못 하고 서 있는 상상을 해 보라. 조금의 움직임도 용납되지 않았다. 조금만 움직여도 그날 내내 중노동을 해야 했다.

머리 위의 가시철조망과 50구경 기관총이 실탄을 쏴 대는 축축한 진흙투성이 훈련장을 포복하는 훈련은 어떤가? 단 1초라도 정신을 놓고 고개를 드는 순간 죽음을 의미했다. 고작 18살에 그 정도의 강인함과 용기를 내다니 상상할 수 있겠는가? 지금 이 순간에도 이 나라 어딘가에서는 수천 명의 아이들이 같은 훈련을 하고 있다. 이들에게는 아무리 감사해도 부족할 것이다.

아버지와 케니는 1956년 8월에 명예 제대를 할 때까지 2년 동안 혹독한 훈련을 견뎠다. 일상이 항상 고문이었던 것은 아니다. 아버지는 주말에 휴가를 얻어 진저와 시간을 보내고 미래를 이야기했다. 둘은 곧 약혼했다. 진저는 아버지가 없는 동안 결혼식을 준비하며 그가 무탈하게 집으로 돌아오기를 기다렸다. 둘은 아버지가 제대한 6주 뒤 바로 결혼식을 올리고 진저 어머니 집의 다락방으로 이사했다.

돌아온 지 얼마 되지 않아 아버지는 A&P 식료품점에 다시 취직했다. 그는 나이를 먹어 더 현명하고 강인해졌다. 더 자신감 있고 신중해진 아버지는 회사를 통틀어 최고의 농산물 부서를 만들어 냈다. 다음 몇 해 동안 여러 회사의 다양한 식료품 사업 업무를 담당하며 꾸준히 승진했고, 크로거(Kroger Company, 수익으로 미국에서 2번째로 큰 대형 슈퍼마켓 브랜드)에 취업했다.

용기 있는 자는 기회를 놓치지 않는다

22살이 된 그는 농산물 부서 밖에서 더 큰 일을 하고 싶었다. 몇 달 동안 다른 부서 일을 포함해 배울 수 있는 모든 것을 배워 자신의 능력을 증명했다. 그는 성공으로의 지침서 하나 없이 어린 날 일궈 낸 용기에만 의존했다. 본사에서는 그에게 새로 개장하는 지점에 배치될 매장 책임자들의 연수를 맡겼다. 아버지는 많은 시간을 할애해 연수 온 직원들에게 다채로운 진열에서 오는 장점, 알맞은 조명, 고객 유치, 원가 관리 등 다양한 업무를 속속들이 가르쳤다. 곧 아버지에게서 착실히 배운 훌륭한 매장 책임자들이 쏟아져 나오기 시작했다.

바로 그때 용기가 다시 한번 그를 불타오르게 했다. 그는 매장 전체를 운영할 준비가 됐음을 느꼈다. 지난 몇 년간 쌓아 온 수천 시간의 경험은 매장의 모든 부서를 성공적으로 운영할 수 있는 능력을 증명하기에 충분했다. 본격적으로 그의 시대가 시작될 참이었다.

아버지는 고위 간부들을 설득해 자신만의 매장을 운영하기 위해 좋은 정장과 넥타이를 차려입고 본사로 찾아갔다. 그러나 본사는 그를 단칼에 거절했다. 대학 학위가 없어 부적격하다는 이유 때문이었다. 거절 이유를 용납할 수 없던 그는 그동안의 실적을 강조하며 예외를 둘 것을 요청했지만 본사는 전례가 없기 때문에 불가능하다는 말만 반복했다.

학벌의 편견을 깨부수다

여기서 용기가 다시 제 역할을 했다. 아버지는 자신의 경력이 매장 운영에 충분히 적합하다는 사실을 잘 알았다. 그래서 그는 다른 22살의 또래는 하기 힘든 일을 해냈다. 미움을 살 위험을 감수하고 단도직입적으로 말한 것이다. 아버지는 본사 직원들을 똑바로 바라보며 말했다.

"잠시만요. 지금 제가 대학에 다니지 않았기 때문에 매장 책임자가 될 수 없다고 하시는데, 제가 새로 고용된 (높은 학력의) 매장 책임자들을 교육하고 있다는 사실을 알고 하시는 말씀인가요? 이게 어떻게 말이 되는지 설명 좀 해 주십시오."

아버지의 말에 그들은 완전히 얼이 빠져 버렸다. 그중 간부 하나가 정신

부의 역발상

을 차리고 거절할 수 없는 제안을 해 왔다. 그는 아버지에게 농산물 부서 운영에 어려움을 겪고 있는 매장으로 파견 갈 것을 제안했다.

"가서 매장을 도와 수익을 만들어 봐요. 그러고 나서 다시 얘기합시다."

아버지는 다른 사람들은 하지 않을 일을 기꺼이 받아들이는 도전 정신으로 자신을 증명하기 위한 기회에 뛰어들었다. 곧 새로운 도시로 이사해 골칫거리였던 매장에 도착한 그는 바로 작업에 착수했다. 그 매장은 6개월 후 전국의 크로거 체인점 중 매출이 가장 높은 매장이 됐고, 본사는 아버지를 매장 책임자로 임명했다.

당시 크로거는 80여 개가 넘는 점포를 소유하고 있었다. 23살의 아버지는 대학 학위 없이 수천 시간의 경험만으로 크로거 역사상 최연소 매장 책임자가 됐다. 그는 거기에서 그치지 않고 소비자들의 쇼핑을 즐겁게 만드는 데 몰두했다. 엄마가 장을 보는데 따라온 어린아이들은 막대사탕을 받아 갔다. 아빠들은 쇼핑이 끝나기를 기다리며 무료 맥주를 마시고 수다를 떨었다.

아버지의 매장은 토요일 오후에 온 가족이 꼭 가야 하는 장소가 됐다. 스탠 러스니아지크의 노력은 다시 한번 주목받았다. 그의 노력, 창의력, 또 세부적인 사항에 기울이는 빈틈없는 관심은 모두가 만족스러운 성공을 이끌어 내고야 말았다.

기회를
낚아챌 것인가
흘려보낼 것인가

　아버지는 다음 몇 해 동안 주 70시간 가까이 일하며 계속되는 새로운 시도들을 성공적으로 이끌었고 결국에는 본사로 승진할 수 있었다. 그는 승진하기까지 견문을 넓히며 열심히 일했다. 동시에 구조 조정, 인수, 합병, 파산 등 대기업 직원을 괴롭히는 전형적인 위험들도 모면했다. 아버지는 업무를 살펴보기 위해 토요일에도 사무실에 들렀다. 나는 종종 그런 아버지를 따라나섰다.

　어렸음에도 아버지의 멋지고 커다란 사무실로 이어진 회사의 복도를 걷는 것이 정말 자랑스러웠다. 전화기, 책상, 서류함, 비디오 장비, 또 100여 개의 견본 식품으로 가득 찬 창고도 다 아버지의 것이었다. 아버지의 회사에서

　　　　　　　　　　　　　　　　　　　　　　　　부의 역발상

시간을 보내는 일이 행복했다. 아버지는 모두의 대장이었고 어린 나는 아버지가 너무나 자랑스러웠다.

아버지는 아직도 어느 교외의 지역 회의에 참여했던 날 받은 충격을 약간의 자랑스러움과 함께 기억하고 있다. 회의 장소에 도착해 72명의 지점 판매부장들을 본 아버지는 놀랄 수밖에 없었다. 회의가 시작되고 눈 깜짝할 사이 62명의 부장이 해고됐는데, 아버지는 제외였던 것이다. 이 정리 해고에서 살아남은 아버지는 더 확고한 이유를 갖고 자신만의 길을 계속 걸어갈 수 있었다.

아버지는 이때를 마지막으로 용기 있는 중요한 결단을 내렸다. 34살의 아버지는 당시 은퇴를 준비하던 중소 식품 중개 회사의 회장과 그의 동업자에게서 스미스 웨버 스윈튼 주식회사(Smith, Weber & Swinton, Inc.)를 사들였다. 아버지의 첫 회사였다. 아버지는 은퇴하고자 하는 다른 주주들의 지분도 연이어 사들였다. 곧 회사는 60개의 구에 1,200여 개의 지점을 운영할 만큼 크게 성장했다.

이 과정에서 새로운 거래처를 트고 경쟁사들을 합병하며 수익은 4배 가까이 뛰었다. 전국 단위의 상을 여러 번 수상하며 회사의 명성은 높아져만 갔다. 그 후 아버지는 20년 넘게 회사를 성공적으로 운영했다. 1995년, 88세에 회사를 매각한 아버지는 이제 어머니와 함께 오하이오주와 플로리다주를 오가며 은퇴 생활을 즐기는 중이다.

모두가 용기를 가졌다

아버지는 항상 우리 형제에게 노력의 가치와 세부 사항까지 심혈을 기울여 완성하는 완벽함을 추구하는 태도를 가르쳤다. 그러나 무엇보다도 그는 우리에게 용기란 무엇인지를 몸소 보여 줬다. 그가 우리 가족을 위해 한 모든 일에 나는 영원히 감사할 것이다. 아버지는 용기뿐만 아니라 탄력성, 믿음, 끈기, 진취성, 이상, 단순함, 그리고 관대함의 표본이라 해도 과언이 아니다. 아버지 같은 사람이 몇 명만 더 있다면 이 세상은 조금 더 살기 좋아질 것이 분명하다.

내가 왜 용기를 성공한 사람의 초석으로 삼았을까? 용기는 꿈을 꾸기만 하는 사람과 꿈을 이루는 사람을 구분하기 때문이다. 오하이오주와 펜실베이니아주의 탄광을 찾아온 1800년대의 스코틀랜드 광부들은 실로 용감했다. 너비가 20센티미터 남짓한 61미터 상공의 대들보 위에서 일했던 아일랜드 출신의 철공들과 오늘날의 해양 어부들도 마찬가지다. 용기는 항상 우리 정체성의 일부와도 같았다.

여기 비밀 아닌 비밀을 말해 주겠다. 용기는 당신에게도 있다. 내가 약속한다. 당신의 용기가 어떤 욕망을 불러내는지 이해하고 그 용기를 내기 위해 필요한 힘을 찾기만 하면 된다. 용기를 발휘한 자만이 남들은 보지 못한 기회를 발견하고 낚아챌 수 있다. 그곳에 당신이 꿈꾸던 부의 길이 펼쳐지리라.

수요와 공급 법칙으로
블루 오션 찾기

유일무이한 가치를 창출하는 법

　당신을 성공으로 이끌어 줄 블루칼라의 기원을 알아봤으니 이번 장에서는 블루칼라 시장의 전망을 살펴보도록 하겠다. 이번 장의 주제는 위기의 노동 시장이다. 하지만 위기는 곧 기회다. 내가 일했던 30년 전에도 기회가 있었다면 현재는 그보다 더 큰 기회도 충분히 존재하리라.

　이 장을 읽으며 '이게 나랑 무슨 상관이야?' 하고 생각할 수도 있다. 다시 한번 말하지만 이 책은 당신이 지금 당장이라도 편안하고 평온하고 자유로운 삶을 얻기 위해 무엇이 필요한지 알려 주기 위해 쓰였다. 이 장의 핵심은 이것이다.

'수요가 많을수록 기회도 늘어난다.'

수요는 상품이나 용역의 공급처가 부족할 때 가장 많아진다. "조경해야 되는데 업체에서 연락이 안 오네!" 최근에 이런 느낌의 불평을 들어본 적이 있는가? 어쩌면 지금은 많은 사람이 하지 않는 일에 눈을 돌려야 할 때일 수도 있다. 수요와 공급은 오늘날 경제를 굴리는 강력한 동력원이다. 나는 당신이 이것을 이용해서 부의 길을 발견하길 바란다. 돈은 전부 여기서 벌 수 있기 때문이다.

특정 상품의 공급량이 줄어들고 찾기 힘들어질수록 가격은 오르기 마련이다. 상품이 당신의 임금이라고 가정해 보자. 가장 희귀한 보석이 가장 비싼 법이다. 비행기의 마지막 몇 좌석이 늘 터무니없이 비싸듯 기술을 보유한 사람이 적으면 적을수록 몸값은 올라간다. 지극히 당연한 소리다. 좋아하는 일을 하면서 돈도 많이 벌 수 있다면 무엇을 더 바라겠는가?

숙련된 전문가가 사라지고 있다

블루칼라 시장에 널린 기회를 더 알아보기 전에 앞서 말한 위기가 무엇인지 짚고 넘어가자. 현재 가장 큰 문제는 미국 경제의 성장세와 함께 점점 늘어나는 수요에 비해 블루칼라 노동자의 수는 나날이 줄고 있다는 것이다. 맨파워그룹(ManpowerGroup)의 최신 설문 조사에 따르면 전 세계의 고용주들은 2006년 이래 가장 극심한 인재난을 겪는 것으로 나타났다. 설문 조사에 참여한 4만 명의 고용주 중 45퍼센트가 일자리에 걸맞은 인재를 찾기 어렵다고

부의 역발상

대답했다.

특히 숙련 전문직 인력을 가장 찾기 힘들다고 답했다. 상황이 나아질 기미는 보이지 않는다. 미 제조협회(The Manufacturing Institute)와 딜로이트(Deloitte Touche Tohmatsu Limited)의 연구 결과는 향후 10년 동안 200만 명의 인재난을 예상하기도 했다.

'숙련된 전문가'란 무슨 뜻일까? 공식적인 정의는 없지만 숙련된 전문가에게만 찾아볼 수 있는 특징들은 분명히 있다. 우선 '숙련된' 일꾼이기 때문에 단순 노동자보다 더 많은 기술을 갖춰야 한다. 또 손으로 직접 하는 일이기에 연습할수록 실력이 향상된다. 제일 좋은 점은 기술의 대부분을 1년에서 2년 안에 충분히 숙련할 수 있다는 것이다. 돈도 벌면서 일도 배울 수 있다니 정말 좋은 생각 아닌가?

목수, 전기 기사, 배관공, 용접공 같은 대표적인 기술직뿐만 아니라 다른 수많은 직종에서도 심각한 인재난을 겪고 있다. 장담하건대 그 많은 직업 중 하나는 당신의 흥미를 일으킬 수 있으리라. 바깥의 신선한 공기를 쐬고 직접 몸으로 부딪치며 일하는 것과, 낡아 빠진 건물 5층의 0.4평 남짓한 칸막이에 앉아 일하는 것 중 무엇이 더 매력적으로 느껴지는가? 이제 조금 흥미가 생기는가? 그렇다면 더 깊이 알아보도록 하자.

등잔 밑의 블루 오션

2017년 7월의 미국 노동부(US Department of labor) 통계에 따르면 680만에 가까운 숙련 노동직 자리가 인재를 찾지 못해 증발한 것으로 나타났다. 100년 가까이 회원들이 주축이 되어 운영된 두뇌 집단 콘퍼런스 보드(Conference Board)는 이미 심각한 인재난이 점점 더 악화될 것으로 예측했다. 콘퍼런스 보드는 특히 숙련 블루칼라직을 중심으로 노동자 부족 현상이 진행될 것을 내다보며 "솔직히 말하면 블루칼라직에 종사하려는 사람이 충분치 않다"라고 보고했다.

인재난은 지역마다 다르다. 조지타운 대학교 노동 및 교육 센터(Georgetown University Center on Education and the Workforce)의 연구 결과에 따르면 1991년과 2015

년 사이 미국 북동부의 12개 주에서 특히 더 심한 인력난을 겪은 것이 확인된다. 하지만 연구 결과와는 별개로 실제 사례들은 전미에서 발견된다. 애틀랜타의 슈피리어 수도 배관 회사(Superior Plumbing)는 40명의 직원에게 지역 평균보다 70퍼센트 이상 높은 9만 달러의 연봉을 지급한다. 회장 제이 커닝엄(Jay Cummingham)은 업무를 해낼 능력만 갖췄다면 그 자리에서 배관공을 20명이라도 더 고용하겠다고 말한다.

어떻게 이런 일이 가능할까? 갈수록 심해지는 인재난을 설명하는 중요한 이유 중 하나는 이전 세대의 숙련직 전문가들이 나이를 먹고 은퇴하는 데 있다. 현재 45세 이상의 숙련직 종사자는 전체의 53퍼센트로, 일반 직업의 평균보다 10퍼센트 더 높다. 전미 건설 주택 협회(National Association of Home Builders)의 수석 경제학자 롭 디츠(Rob Dietz)는 공사 현장 인부들의 중위 연령이 40세 이상인 점을 지적했다. 국제 목수 연수 기금 협회(Carpenters International Training Fund) 이사 빌 어윈(Bill Irwin) 또한 블루칼라 시장에 새롭게 유입되는 노동자들도 결국 나이를 먹을 것이라는 사실을 강조했다. 그는 목공 수습생의 평균 나이가 27살인 것에 비해 실제 수습생으로 이상적인 연령은 19세라고 밝혔다.

일자리는 있는데 일할 사람이 없다

이런 통계들은 미국 전체를 살펴봤을 때 나타나는 현상에 불과하다. 앞서 말했듯이 몇몇 지역은 더 심각한 고충을 겪고 있다. 코네티컷주, 로드아일랜드주, 뉴저지주, 뉴햄프셔주에서는 60퍼센트 이상의 숙련직 종사자들이

45세 이상인 것으로 나타났다. 델라웨어, 메인, 뉴욕 등 미국 북동부에 위치한 주들도 중서부의 일리노이주나 오하이오주처럼 급속히 나이를 먹어 가는 숙련직 종사자들로 골치를 앓고 있다.

문제는 숙련직 종사자가 1명 늘어날 때 5명이 은퇴하는 데 있다. 국제 전기 노동자 조합(International Brotherhood of Electrical Workers) 회원의 평균 연령이 52세인 것을 예로 들어 보자. 고령의 기술자는 계속 은퇴하는 반면 유입되는 신입 사원의 수는 항상 부족하다. 목수, 배관공, 용접공 등의 직업도 같은 고충을 겪고 있다. 전기 기사는 특히 더 희귀해질 전망이다.

버지니아 제조업체 협회(Virginia Manufacturers Association)는 21개의 숙련직 중 전기 기술자 그룹의 연령이 가장 높다고 밝혔다. 전기 기술자 전체의 38퍼센트가 55세 이상으로 국제 전기 노동자 조합의 평균 연령보다 높다. 전미 전기 공사 협회(National Electrical Contractors Association)에 따르면 매년 7,000명의 전기 기술자가 조합에 가입할 때 1만 명 이상이 은퇴하는 것으로 나타났다.

인재난이 갈수록 심해지는 데에는 이전 세대의 기술자들이 후임이 없는 상태로 은퇴하는 이유도 있다. 앞에서 언급했듯이 미국으로 건너온 19세기와 20세기 이민자에게는 실용적인 기술 한두 가지가 있었다. 많은 이민자가 일용직으로 시작해 건설 회사의 정직원으로 채용된 뒤 배수관 작업, 빨래, 전기, 청소, 목공 같은 분야에 자신만의 독자적인 사업체를 꾸렸을 것이다.

이들은 직접 일하거나 다른 기술자를 고용하며 사업을 키웠다. 첫 번째 기술자 세대가 자식들에게 사업을 물려주고, 그 자손들이 가업을 이어 왔다.

그러나 요즘 세대는 부모가 유지해 온 가업의 존립에 관심이나 열정이 없는 편이다. 계속하기 전에 이와 관련된 짧은 이야기를 해 주겠다.

사고 싶은
사람은 많은데
파는 사람이 없다

우리 집 전원에 주방을 설치하기 위해 고용한 석공 이야기를 해 보자. 그는 뛰어난 실력 덕분에 사람들이 몇 달씩 기다려야 할 정도로 사시사철 바빴다. 오랜 기다림 끝에 예약일이 다가왔을 때는 우리 부부도 뛸 듯이 기뻤다. 빨리 공사를 시작하고 싶어 견딜 수 없었다.

건설에 일가견이 있는 나는 석공과 그의 팀원들이 보여 준 일에 대한 열정과 서로를 향한 동지애, 고된 일과를 마치고 느끼는 만족감이 아주 인상적으로 느껴졌다. 이 석공 업체의 사장은 자기 직업을 천직으로 여기는 행복한 직원들과 성공적으로 사업을 꾸려 나가고 있었다.

부의 역발상

그러나 곧 회사의 문을 닫을 수도 있다는 소식을 들었다. 은퇴 시기는 점점 다가오는데 그의 가족 중 아무도 석조 공사에 관심이 없었기 때문이다. 직원 중에도 큰 회사를 운영할 만큼 사업 감각이 있는 사람이 없었다.

이 얼마나 아까운 기회인가? 한창 번창하는 사업체의 사장이 느낄 기분을 상상해 보라. 수년에 걸쳐 장비를 사들이고 고객들과 친분을 쌓으며 피나는 노력 끝에 번창한 사업을 아무에게도 물려줄 수 없다니! 우리는 지금 연간 수익이 20만 달러가 넘는 번듯한 사업체를 두고 이야기하고 있다. 놀랍지 않은가? 그가 경력을 쌓는 내내 수요와 공급은 항상 그의 편이었다. 그가 은퇴하려는 이 시점을 제외하고서 말이다.

고객은 실력 있는 전문가를 원한다

이 강력한 경제의 동력을 자세히 살펴보자. 우리 모두 수요와 공급이라는 말을 숱하게 들어 왔지만 정확한 의미를 정의 내리기엔 다소 헷갈릴 수도 있다. 간단히 정의하자면 '공급되는 재화와 용역의 양과 그를 구매하려는 욕구의 관계'다. 길에서 흔히 보이는 인기 기업들은 가장 안정적인 경제 법칙인 수요와 공급의 법칙을 철저하게 따른다. 그 예로 패스트푸드점, 주유소, 약국은 소비자가 찾아올 정확한 자리를 알고 있다.

이번엔 숙련직의 노동력과 관련된 수요와 공급의 법칙을 이야기해 보자. 숙련직 기술자는 점점 줄어드는데 고객의 수요는 하루가 다르게 높아져만 가니 이 법칙이 제대로 작동하지 않고 있다는 것을 알 수 있다. 지나가는 집주인을 아무나 붙잡아 쓸 만하고 괜찮은 주택 보수 업체를 찾기가 얼마나 힘든지 물어보자. 하늘의 별 따기보다 힘들다는 불만 섞인 대답이 돌아올 것이다. 현재 상황은 아래와 같다.

'필요한 기술자를 찾는 것이 가능한가?'
'실력은 충분한가?'
'얼마나 기다릴 수 있는가?'

내가 사는 곳에서 보통 6개월에서 8개월 안에 지었던 집은 이제 1년을 훌쩍 넘겨도 완공되지 않을 때가 많다. 이것도 공사가 제날짜에 시작됐을 때의 이야기다. 경제가 잠깐 호황을 누릴 때 생기는 일시적인 현상도 아니다. 오히려 숙련직 종사자의 수는 10년 동안 꾸준히 감소하고 있다. 왜일까? 여기 북미의 손꼽히는 인력 회사 익스프레스 임플로이먼트 프로페셔널(Express Employment Professionals)의 최고 경영자 빌 스톨러(Bill Stoller)의 말을 들어 보자.

"근대 역사상 처음으로 블루칼라직의 일자리 수가 사무직을 넘어섰다. 블루칼라직에 대한 부정적인 고정 관념에서 벗어나야 할 때다. 노동 시장의 주도권은 구직자들에게 있고, 그것이 오늘날 직업 분야를 막론한 임금 상승의 이유다."

잡지 〈인더스트리 위크(Industry Week)〉는 '미국 경제의 인구 통계학적, 교육적, 경제적 동향의 집합'을 인력난의 원인으로 꼽았다. 이전 세대가 빠른 속도로 은퇴하면서 생기는 '기술 간의 간격'도 문제다. 우리는 4년제 대학 학위를 너무 많은 젊음과 맞바꿔 왔다.

현대 사회의 취업과 학업의 균형추는 한쪽으로 과하게 치우쳐 있다. 우리는 대학이 아니면 다른 길은 없다고 믿으며 자라 왔고 그 결과 사회에는 육체노동이 천하다는 인식이 만연하다. 어른들이 자녀의 장래 희망을 이야기하며 비아냥대는 소리를 직접 들어 본 적도 있다.

"아무개네 아들 알아? 걔 배관공이라잖아."

이 얼마나 말도 안 되는 비아냥인가!

성별로 평가하는
모든 것을
버려라

블루칼라 시장의 인력난을 극복하려는 노력 중 하나는 여성 고용의 확대다. 블루칼라 직업군의 성비 균형은 아직도 갈 길이 멀지만 서서히 개선되고 있다. 미국 노동 통계국(US Bureau of Labor Statistics)에 따르면 여성이 지난 5년 동안 전체 노동 인구 중 46.9퍼센트를 유지한 것으로 나타났다.

통계가 보여 주지 않는 정보도 있다. 전국의 많은 회사가 고등학교, 주일학교, 걸 스카우트 등의 단체와 협력 관계를 맺고 여성 숙련직 기술자를 키워내고 있다. 더 나아가 많은 고용주가 자유 근무 시간제를 도입해 양육자가 자녀와 등하교 시간을 함께 보내도록 장려한다. 반려자가 아이를 보는 동안 다른 한 명은 근무하는 주말 12시간 근무제도 활발하게 채용되는 추세다. 일부

부의 역발상

화물 운송 회사는 운전사 교대 프로그램을 도입해 아이가 있는 여성이 몇 주 동안 집을 떠나지 않아도 되도록 장려하고 있다.

여성들이 블루칼라직에 더 활발히 참여하는 또 하나의 이유는 기술이 발달하면서 체력보다 머리가 더 중요한 시대가 왔기 때문이다. 여성이 남성보다 더 똑똑하다는 사실을 모르는 사람은 없다. 버지니아주의 바버라 개스킨스는 21미터 높이의 고가 이동 기중기를 다루는 17명의 직원 중 유일한 여성이다.

이 기중기는 4개의 레일 위에서 움직이며 기차와 화물차에 화물을 싣고 내린다. 그가 속한 팀은 날마다 무게 30톤에 크기 12미터에 달하는 500여 개의 화물을 나른다. 하지만 개스킨스는 사무실을 떠나지 않고도 이 육중한 기계를 다룬다. 수십여 개의 텔레비전 화면으로 2개의 조종간과 30여 개의 버튼으로 조작만 하면 되기 때문이다.

여성의 손에도 흙과 연장을

전통적인 남성 위주의 직업군에 종사하는 여성들은 여전히 상당한 차별과 괴롭힘을 당한다. 몇몇 구식인 사람들은 여성이 손에 흙을 묻히며 일하는 모습을 상상도 하지 못한다. 그러나 사람들의 의식과 태도는 분명히 바뀌고 있다. 많은 여성이 그동안 남성의 전유물로 여겨진 건설 현장 인부, 기계공, 배관공, 전기 기사, 도로 정비사, 화물차 운전수 등의 분야에서 활발히 활동하고 있다.

미국 노동 통계국은 미국 건설 현장 인력의 9.9퍼센트와 교통 및 공공시설 인력의 24.4퍼센트가 여성이라고 발표했다. 2014년보다 각각 1퍼센트와 1.4퍼센트 더 높은 숫자다. 느리지만 올바른 변화다. 이런 변화는 가족 단위의 노동자들에게도 좋은 소식이다. 블루칼라직은 여성이 주를 이뤘던 식당이나 상점의 종업원 자리보다 훨씬 높은 임금을 받기 때문이다. 고용주들에게는 베이비 붐 세대가 은퇴하며 생기는 공석을 채울 좋은 기회다.

아직 갈 길이 먼 것도 사실이다. 햄프턴 수도의 항구 도시에는 뉴포트 뉴스 해양 터미널, 노퍽 국제 터미널, 포츠머스 해양 터미널, 버지니아 국제 부두 등 화물이 오르내리고 검역되는 항구들이 있다. 이 항구 도시에서 일하는 2,400명의 부두꾼 중 여성은 겨우 220명이다. 물론 이 수는 20년 전만 해도 여성은 단 1명도 찾아볼 수 없었던 것을 생각하면 큰 발전이라고 할 수 있다.

샤키다 그린도 기중기를 조작하는 여성이다. 그는 철도 차량과 바지선, 트럭과 선박을 싣고 내리는 업무를 담당한다. 15년 전부터 지금까지 현역으로 뛰고 있는 샤키다는 흑인 여성 최초로 국제 항만 노무자 협회(International Longshoremen's Association)의 지역 의장직을 맡고 있다.

부의 역발상

전문성을
길러 주는 교육에
투자하라

지역의 제조업 회사들은 인근 고등학교와 협력해 숙련 노동직 분야의 인력난을 극복하고 양성평등적인 고용 기회를 창출하기 위해 노력 중이다. 북동 펜실베이니아주에 있는 이리 고등학교에 재학 중인 엠마의 꿈은 용접 기사다. 엠마는 학과목의 일부로 용접을 배우는 같은 학교 75명의 학생 중 3명밖에 없는 여자 학생이다.

기업 차원의 여성 고용 창출뿐만 아니라 빠르게 줄어드는 숙련공 인력을 대체하기 위한 직원들의 자발적인 참여도 활발하게 이뤄지고 있다. 고등학교의 조기 직업 교육 유치나 수습생 프로그램의 후원이 그 예다. 한때 미국의 모든 고등학교가 망치질, 배관 용접, 또는 차 정비를 학과목으로 정해 가르치

던 시절이 있었다. 이 경험이 많은 학생에게 처음으로 기술직에 관심을 갖게
한 계기가 됐을 것이다.

불과 몇 십 년 전만 해도 학생들은 공교육만으로 기술직의 다양한 가능
성을 충분히 배울 수 있었다. 그러나 현재 많은 학교가 직업 교육이 제공하는
다양한 진로의 가능성을 가르칠 필요조차 느끼지 못하고 있다.

수습공, 현장 실습, 지역 전문대의 직업 교육 프로그램은 젊은이들이 육
체노동의 진가를 배울 좋은 기회다. 비싼 4년제 학위도 필요 없다. 똑똑한 회
사들은 건축업계의 숙련 신입직을 좋은 기회로 생각한다. 장기적으로 봤을
때 수익성이 높은 직업이 많기 때문이다. 2019년에 발표된 상업용 부동산개
발 협회(Commercial Real Estate Development Association)의 연구에 따르면 직업에 대한 마
음가짐이 실제 개인의 기술 향상에 영향을 끼치는 것을 확인할 수 있다.

직업의 장래성을 내다보는 직원이 그렇지 않은 직원보다 더 많은 시간
과 노력을 기울여 업무 효율성을 높이고 기술 연마에 몰두한다. 본인의 직업
을 중요하게 생각하지 않는 직원은 꼭 필요한 만큼 이상의 노력은 투자하지
않는다. 여기서 '투자'는 현장 실습에 진지하게 임하는 것뿐만 아니라 공업 학
교, 기술 학교, 혹은 지역 전문대에 진학해서 더 심도 있는 기술을 연마하는
것도 포함한다. 상업용 부동산 개발 협회는 직업 교육에 소홀한 공교육이 인
력난을 부추긴다고 지적하며 기업들이 고등학교 재학생과 졸업생을 더욱 적
극적으로 모집하고 훈련할 것을 권했다.

재능은 획일화된 교과서로 측정할 수 없다

여기 또 다른 흥미로운 보고가 있다. 국제적인 자문 회사 배인앤드컴퍼니(Bain & Company)는 직업 연계 학습법(CCL, Career connected learning)에 대한 상세한 보고를 발표했다. 보고서는 블루칼라 시장에서 성공하기 위해 꼭 필요한 경험과 학생들이 받는 수업 사이의 간극을 정확하게 묘사한다. 아래는 내가 전적으로 동의하는 부분이다.

"고등학교를 마치고 바로 대학에 진학하는 학생들이 옳지 않다고 할 수는 없다. 그러나 직업 교육의 부재와 대학 진학의 무조건적인 강요는 분명한 문제다. 학생들에게는 학교 교육과 현장 경험을 결합한 새로운 교육 방식이 필요하다. 이는 고등학교 졸업 후 자격증 취득에 도움을 줄 것이다. 직업 연계 학습법은 여기서 의미가 크다. 일할 준비가 된 사람은 누구나 성공할 수 있다고 가르치기 때문이다. 교육자들은 학업과 취직을 병행하는 학생이 결코 4년제 대학에 진학하는 학생보다 부족한 선택을 하는 것이 아니라는 사실을 명심해야 한다."

배인앤드컴퍼니는 고용주, 유치원 및 초중등학교 교육자, 주 정부와 지방 자치 단체가 직업 연계 학습법으로 협력 관계를 이룰 것으로 예측했다. 이는 서로에게 좋은 기회다. 이런 노력이 새로운 젊은 세대의 꿈을 키우고 기업에게 필요한 재능과 능력을 제공할 것이다.

위 보고서는 직업 연계 학습법의 선두 주자로 콜로라도주, 델라웨어주, 워싱턴주, 위스콘신주를 꼽았다. 하지만 점점 더 많은 기관이 블루칼라

인력의 중요성을 깨닫고 있다. 그 예시로 미시간 인재 경제 개발부(Michigan Department of Talent and Economic Development)는 전문 기술직의 중요성을 홍보하는 고잉프로(Going Pro) 캠페인을 개최했다.

캠페인 웹 사이트에는 초급 전기 기사와 배관공의 연봉이 각각 7만 7,000달러와 6만 5,000달러에 달한다는 사실이 그대로 기재됐다. 조지아주도 최근 300만 달러의 예산으로 주 내의 기술 전문 대학들을 홍보했다. 또한 상업용 화물차 운전사, 전력선 설치 기사, 디젤 장비 기술자 등 가장 수요가 높은 17개의 직업군 관련 학과는 등록금을 면제해 준다.

8년 전 조지아주 남부에 위치한 발도스타 주립대의 헤이든 브램렛은 경영학 수업에 흥미가 없었다. 그는 〈비즈니스인사이더(Business Insider, 미국의 유명 경제 전문 온라인 뉴스 회사)〉와의 인터뷰에서 수업을 회상하며 "정말 지겨웠다"라고 말했다. 현재 28살인 그는 애틀랜타에서 독립 전기 시공자 협회(Independent Electrical Contractors)가 제공하는 4년제 전기 기사 연수 과정을 밟고 있다. 동시에 지역에서 가장 큰 규모의 전기, 배관, 냉난방 장치 기업에서 근무하며 연 10만 달러 이상을 받아 또래보다 빠르게 자산을 축적하고 있다.

내가
필요한 곳을
미리 선점하라

인재가 부족할수록 기회가 찾아온다! 숙련된 기술자가 필요한 블루칼라 시장이 당신의 도움을 원하고 있다. 좋아하는 일을 하며 행복해질 기회다. 2019년 블루칼라 노동자들을 상대로 집계한 해리스 여론 조사(Harris Insights & Analytics)에 따르면 86퍼센트가 자신의 직업에 만족한다고 답했다. 또 '당신의 삶은 옳은 방향으로 향하고 있는가?'라는 질문에는 85퍼센트가 '그렇다'고 대답했다.

현세대가 블루칼라직을 기피하는 데에는 사회적인 압력이 준 영향이 크다. 4년제 대학을 나와 안정적인 사무직을 얻어야만 성공한 취직이라는 터무니없는 생각이 사회에 만연하다. 책상에 앉아 컴퓨터만 들여다보며 인생을 허비하고 싶지 않은 수백만 청년을 무시하는 생각이다. 인재난은 대학과 사무직만 중시하는 사회 풍토와 부모들의 편견이 불러온 결과다.

이런 어리석은 편견을 뒤집자는 게 바로 이 책의 주제다. 이 뿌리 깊은 편견이 경제적 현실과 '하고 싶은 일을 하라'는 진리를 묵살하고 있다. 많은 사람이 좋아하는 일을 하며 부자가 될 수 있다는 사실을 깨닫지 못하거나 혹은 인정하고 싶지 않아 한다.

나만의 답이 곧 천직이다

고등학교를 졸업했지만 진로에 고민이 많다면 마음 가는 대로 선택하는 것도 나쁘지 않다. 대학교를 졸업했지만 취직에 어려움을 겪고 있다면 새로운 도전을 겁내지 마라. 직장 생활과 삶이 향하는 방향이 만족스럽지 못하다면 수요와 공급의 법칙을 이용해 보자. 당신의 천직을 찾을 수 있을 것이다. 당신만의 답을 찾았다면 마음을 굳게 먹고 최고의 기회를 붙잡자. 바로 피트 맥가라티가 그랬듯 말이다.

1998년, 피트는 텍사스주 오데사에 헤드라인 이발소를 개업했다. 손님은 있었지만 딱히 성황을 이루진 못하던 차에 때마침 석유로 이슈를 모으던 서부 텍사스의 페르미안 분지가 피트의 관심을 끌었다.

페르미안 분지는 남부 러벅에서 시작해 남부 미들랜드와 오데사를 거쳐 뉴멕시코주의 동남쪽 지방까지 뻗어 있는 곳으로 약 6,700만 평의 거대한 지역이다. 작고 조용했던 마을들은 원유 생산이 시작되자 눈 깜짝할 사이 타지의 노동자들로 가득 찬 산업 지역이 됐다. 높은 임금과 성공의 가능성은 새로운 도시로 이주할 이유가 되기 충분했다. 피트도 여기서 자신만이 낚아챌 수 있는 기회를 엿봤다.

2017년, 마침내 계획을 실행할 자금이 모였다. 피트는 곧장 낡은 캠핑카를 개조해 이동식 이발소를 차렸다. 서쪽으로 1시간 거리의 페코스로 가서 마을에 하나뿐인 식료품점 앞에 캠핑카를 세우고 유전 일꾼들이 이발소로 오기만을 기다렸다. 결과는 대성공이었다. 첫 영업부터 정오에 시작해 자정이 넘을 때까지도 끝나지 않았다.

현재 피트는 5명의 이발사를 고용해 쉬지 않고 주 6일 동안 영업한다. 요금은 오데사에서 받던 것보다 60퍼센트나 높은 40달러를 받고 있다. 60달러를 내면 기다리지 않고 바로 이발할 수 있고 75달러를 내면 면도도 가능하다. 유전 노동자들의 시간은 금보다 귀하기 때문에 대부분 면도까지 부탁하는 편이었다. 이들은 이미 높은 임금에 초과 근무 수당까지 챙기려면 한 번 시내로 나왔을 때 볼 일을 모두 마쳐야 했다. 피트는 2020년도의 수익을 18만 달러로 예상한다. 석유 채굴이 한창인 서부 텍사스의 새로운 도시들로 더 많은 캠핑카도 보낼 예정이다.

피트 맥가라티. 그는 고생을 마다하지 않은 블루칼라 노동자다. 자신의 분야에서 기회를 엿본 그는 수요와 공급의 법칙을 이용해 사업을 성공으로 이끌었다. 노력 끝에 그와 그의 가족은 넉넉한 자산으로 행복하고 모자람 없는 삶을 즐기고 있다.

전문성이
곧
경쟁력이다

또 다른 이야기로 수요와 공급의 법칙을 이용하는 방법과 다가오는 기회를 놓치지 말아야 하는 이유를 알려 주겠다. 배관공 랍을 처음 만난 건 몇 년 전 우리 집에서 대대적인 배수 공사를 했을 때였다. 몇 주에 걸쳐 공사하며 우리는 자연스럽게 가까워졌다. 랍은 우연한 기회로 배관공이 됐다고 했다.

당시 그는 옆집 이웃이 승합차 2대로 시작한 사업을 22명의 직원을 거느리는 큰 사업으로 키운 모습을 지켜봤다. 그 이웃에게 배울 점이 있으리라 생각했던 랍은 수도 배관에 아무것도 모르는 상태로 회사에 입사했다. 모르는 것은 현장에서 배울 수 있다고 생각했고 실제로도 그랬다. 몇 년 후에는 신축 건물의 수도 시설을 전문적으로 설치하는 더 큰 회사로 이직했다. 바로 내가 고용한 회사다.

랍이 지하실에서 작업하는 동안 우리의 관계는 나날이 발전했다. 아니나 다를까 대화의 주제는 배수 공사에서 내 사업 이야기로 흘러갔다. 랍은 많은 질문을 했다. 그는 자신이 오랫동안 구상해 온 사업 계획에 나의 조언을 구했다. 나는 성심성의껏 기쁘게 답했다. 우리는 기업가 정신과 자유, 또 경제적인 성공에 관한 이야기를 자주 나눴다. 나는 랍에게 물었다.

"랍, 자기 사업 해 볼 생각 있어?"

그는 배관 기술자의 수가 찾는 사람에 비해 형편없다고 했다. 랍은 여러 사람에게 자문한 끝에 자신만의 사업체를 시작하기로 결심을 굳혔다. 이제 본격적으로 계획에 돌입할 터였다.

배관공 랍의 이야기

랍과 나는 많은 부분이 닮아 있었다. 우리 중 누구도 사업의 기본인 창업이나 고용을 정식으로 배우지 않았다. 사업에 관한 대화는 오직 우리 집 지하실에서만 오갈 뿐이었다.

우리는 사업이 성공하기 위해 필요한 핵심적인 요소들에 대한 생각을 나눴다. 한번 기회가 보이면 놓치지 않고 목표를 달성할 때까지 노력해야 한다는 것에 둘 다 동의했다. 랍과 이야기하다 보면 다른 사람 밑에서 힘들게 일을 배웠던 젊은 날들이 새록새록 떠올랐다. 그래서였는지 사업에서는 내가 한참 선배였음에도 랍에게 특별한 연대감을 느꼈다.

랍은 곧 자기 사업을 시작했다. 때가 왔다는 것을 느꼈다. 수천 시간을 일하며 배울 수 있는 모든 것을 배웠으니 이제는 독립할 준비가 됐다고 믿었다. 새 회사의 이름은 C&R 수도 배관 회사(C and R Plumbing)였다. 나는 그에게 중고 승합차를 회사의 첫차로 선물했다. 배수관을 고치고 수도꼭지를 설치하고 수도관을 교체하는 그는 행복했다. 사람들이 자신의 회사와 기술을 필요로 했기 때문이다.

1년 후 다시 만난 랍은 새로 뽑은 포드의 상업용 승합차를 몰고 있었다. 배관 사업은 놀라울 만큼 성장하고 있었다. 내가 선물한 승합차는 이제 그의 직원이 운행했다. 고객이 늘어나자 승합차도 4대로 늘어났다. 랍은 새롭게 도전한 모험의 결과에 만족스러워 보였다.

부의 역발상

재능을
재산으로
만드는 법

랍의 성공담에서 우리는 많은 것을 배울 수 있다. 랍과 우리는 다르지 않다. 랍에게는 이상을 위해 시간을 투자하고 노력하는 특징이 있었다. 목표가 실현될 때까지 멈추지 않았다. 수요와 공급의 법칙이 또 한번 위력을 발휘한 순간이었다. 당신도 할 수 있다. 전혀 불가능한 일이 아니다. ≪아웃라이어≫의 저자 말콤 글래드웰(Malcolm Gladwell)은 무슨 일이든지 1만 시간을 쏟아야 한 분야의 최고가 될 수 있다고 말한다. 이에 반박한 일부 연구자들은 나이, 지능, 재능 같은 요인도 무시할 수 없다고 주장했다.

물론 다른 요인들도 영향을 끼치겠지만 나는 글래드웰의 주장이 훨씬 타당하게 느껴진다. 연습이 완벽을 만든다. 최소한 완벽에 가까운 결과를 만든다. 우리는 앞으로의 인생을 책임질 기술을 배우고 싶을 뿐이다. 제2의 웨인 그레츠키(Wayne Gretzky, 1979년부터 20년간 활동한 캐나다의 유명 하키 선수)만큼 완벽해지려는 것이 아니라는 사실만 명심하자.

글래드웰의 주장에 따르면 무엇이든 꾸준히 배우고 시간을 들여 연습하면 어느 분야에서든 성공할 수 있다. 젊은 사람에게는 이 말이 영겁처럼 느껴지겠지만 한 직장에서 주 40시간 일한다면 5년 후에는 자기 사업을 차릴 만큼 완전히 기술에 통달하는 것이다. 간단한 사칙연산이다.

1주일에 40시간씩 1년 동안 일하면 벌써 2,000시간이다. 그렇다면 5년 안에 1만 시간이 채워진다. 당신의 직장 상사는 이 사실을 숨기고 싶을지 몰라도 사실이 그렇다. 길고 멀어 보이지만 시작과 끝은 분명히 정해져 있다. 당신도 당신이 할 수 있다는 것을 잘 안다. 그저 꾸준한 노력이 필요할 뿐이다. 초보자와 전문가의 차이는 이 1만 시간이 결정한다.

내 인생은 내 인생

아주 간단하다. 당신이 무엇을 하고 있든 끝이 보일 때까지 계속 걸어가라. 맨 처음 1시간에 열과 성을 다했다면 그다음 시간에도 진심을 다해라. 일을 제시간에 마쳤는가? 가격은 적절했는가? 고객의 신뢰를 얻었는가? 고객이 당신을 지인에게 추천할 만큼 만족했는가? 이 질문들에 '그렇다'고 대답했다면 하루빨리 당신만의 회사를 차리자.

이 책은 미국이 겪고 있는 숙련 기술직의 위기만을 이야기하지 않는다.

이 책은 30년 전의 내가 그랬듯 남녀노소를 떠나 재능과 야망에 찬 수백만 명의 잠재적 노동자들이 위기에서 기회를 찾도록 돕기 위해 쓰였다.

이 위기는 당신에게 무엇을 뜻하는가? 손재주가 좋고 물건을 만들거나 고치는 데 재능이 있다면 그 기술로 상상할 수 없을 만큼의 돈을 벌 수 있다. 내가 말하려는 바는 간단하다. 일반적인 통념을 뒤집어라.

목수가 돼라!
용접공이 돼라!
전기 기사가 돼라!
이발사가 돼라!

사회가 바라는 것이 무엇이든 신경 쓸 필요 없다. 당신이 하고 싶은 일이라면 뭐든 하면 된다.

Blue Collar Cash

왜 꼭 대학에
가야 하는가?

그래도 대학은
나와야 된다는
'환상'

이전 장에서 숙련 기술직의 인재난이 성공과 부를 꿈꾸는 육체노동자들에게 제공하는 기회에 대해 알아봤다. 블루칼라직은 오늘날의 시장 경제에서도 가치를 증명했듯이 향후 수년간 변하지 않는 수익성을 보장한다. 셀 수 없이 많은 블루칼라직이 7만, 8만, 9만 심지어 10만 달러에 달하는 연봉을 받는다는 사실에 충격을 받을 수도 있다.

이제 다른 쪽의 현실을 살펴보자. 대학 졸업생 대부분이 평균 4만 달러 상당의 빚을 떠안고 사회로 나간다. 이는 가히 충격적인 액수다. 게다가 이 평균은 계속 높아지는 추세다. 많은 대학생이 학교를 졸업하고 꿈에 그리던 직장 생활을 시작하기도 전에 대출금 상환이라는 커다란 벽에 부딪히는 것이다.

대학을 갓 졸업한 사회 초년생은 좋은 소식과 나쁜 소식을 동시에 마주한다. 좋은 소식은 사회 초년생의 초봉이 지난 몇 해 동안 꾸준한 상승률을 보이는 한편 실업률은 4퍼센트밖에 되지 않는다는 사실이다. 20년 동안 가장 낮은 비율이다. 하지만 몇 정부 협력 기관과 비영리 단체들의 설문 조사는 4년제 대학 졸업생의 조금 다른 현실을 보여 준다.

학자금과 신용 카드 비교 서비스를 제공하는 렌드에듀(LendEDU)의 설문 조사에 따르면, 70퍼센트의 대학 졸업 예정자가 졸업 후 첫 직장의 연봉을 가장 중요하게 여기는 것으로 나타났다. 이는 놀랍지 않은 결과다. 또한 40퍼센트의 졸업 예정자가 초봉 6만 달러, 17퍼센트가 8만 달러를 기대한다고 답했다. 그러나 이들의 기대에 비해 현실은 다소 실망스러울지도 모른다.

국제적 컨설팅 기업 콘페리(Korn Ferry)의 지사 헤이컨설팅그룹(Hay Group)이 1,000개 기업이 제공하는 31만 개의 신입직 일자리의 급여 자료를 분석했다. 그 결과, 2018년 대학 졸업생들은 평균 5만 달러의 연봉을 받을 것으로 예상됐다. 졸업생들의 기대보다 1주일에 200달러에서 600달러 정도 못 미치는 금액이다. 이는 한 달로 보면 차 할부금과 집 대출금을 갚을 수 있는 의미 있는 액수다. 다시 말해 적어도 대학 졸업생의 절반이 기대에 훨씬 못 미치는 임금을 받게 된다는 뜻이다.

이것이 끝이 아니다. 다양한 연구 결과에 따르면 절반 이상의 대학 졸업생이 대학 학위가 필요 없는 직업을 얻는 것으로 나타났다. 미국 노동 통계청에 의하면 학사 학위가 요구되는 직업은 20퍼센트에 불과하다.

절반 이상의 직업이 학위가 필요 없다

애플(Apple)의 최고경영자 팀 쿡(Tim Cook)은 대학이 가르치는 기술과 실제 현장에서 필요한 기술 사이의 '부조화'를 논하며 수많은 통계를 더 확실히 했다. 쿡은 2018년도 채용자의 절반은 4년제 학위 소지자가 아니라고 밝혔다. 애플의 신입 사원 50퍼센트가 대학에 나오지 않았다.

오늘날 대학 졸업생의 초봉은 침체 상태다. 물가 상승률까지 적용하면 전체 임금의 중앙값은 1990년대나 2000년대 초반보다 전혀 오르지 않은 셈이다. 뉴욕 연방 준비은행(New York Federal Reserve Bank)의 최신 분석 결과에 따르면, 2018년도 신규 졸업생의 실업률은 미국 전체 실업률보다 0.1퍼센트 낮은 3.7퍼센트다. 30년 전 분석이 시작된 이래 가장 작은 차이다.

전미 대학 및 고용주 협회(National Association of Colleges and Employers)도 비슷한 보고서를 내놓았다. 2019년도에 작성된 보고서에 따르면 많은 고용주가 전년보다 1.3퍼센트 더 적은 수의 대학 졸업생을 고용할 것으로 예상했다.

경제 정책 연구원(Economic Policy Institute)의 최신 연구는 대학 졸업생의 10명 중 1명이 불완전 고용을 겪고 있다고 밝혔다. 2007년 금융 위기 때보다 더 높은 숫자다. 여기서 '불완전 고용'이란 실업 상태, 정규직으로 일하고 싶지만 시간제 근무를 하는 상태, 혹은 취업을 원하나 4주 이상 구직 활동을 포기한 상태를 말한다.

결론이 뭐냐고? 청년들의 실업률은 2000년대보다 훨씬 높고, 불완전 고용률은 특히나 더 상승했으며, 절반 이상의 직업이 대학 학위를 필요로 하지 않는다는 것이다. 잠시 생각해 보자. 비싼 값을 치른 대학의 끝에 어떤 인생이 기다리고 있는가?

대학은
당신에게 갈 만한
가치가 있는가?

세상에 아메리칸드림을 모르는 사람은 없다. "모든 인간은 평등하게 창조되고… 삶, 자유 및 행복을 추구할 권리를 받는다." 미국 독립 선언문의 일부다. 오늘날 미국 사회의 기풍은 여기서 온다고 해도 과언이 아니다. 행복을 추구할 권리. 많은 사람이 재정적인 성공을 행복의 요소로 생각한다. 그리고 대학만이 부자가 되는 길이라는 편견이 지난 수십 년간 우리 사회에 자리 잡았다. 2012년 오바마 미국 전 대통령은 대학 학위를 '모든 미국 가정이 감당할 수 있어야 하는 경제적 의무'라고 부른 적도 있다.

대학을 나오지 않고도 편안하고 평온하고 금전적으로 자유로운 삶을 누리는 나는 오바마에게 동의할 수 없다. 나와 같은 사람들을 많이 알기 때문에 더욱 그렇다.

대학만을 중시하는 사회 풍토는 대학 졸업자가 학력이 낮은 사람보다 더 많이 번다는 자료에 근거한다. 조지타운 대학교 노동 및 교육 센터는 학사 학위 소지자가 버는 평생 수입의 중앙값이 고졸 학력자보다 74퍼센트 높을 것으로 추정했다. 연구자 마이클 그린스톤(Michael Greenstone)과 아담 루니(Adam Looney)는 대학 학위의 연수익률은 물가 상승률을 감안하고도 15퍼센트 이상이라고 주장했다. 주식, 채권, 금, 부동산 같은 전통적인 투자 수익률보다 월등하게 높은 숫자다.

캘리포니아 대학교 버클리 캠퍼스의 경제학 교수 엔리코 모레티(Enrico Moretti)는 저서 ≪직업의 지리학≫에서 이렇게 말했다.

"대학교가 주식이었다면 월 스트리트(Wall Street)에게 사랑받을 텐데."

교육 수준과 소득의 오해

나는 개인적으로 대학의 중요성은 지나치게 과장됐고 통계 자료에도 오해의 소지가 있다고 본다. 우선 나를 포함해서 대학에 다니지 않고도 재정적인 성공을 거둔 사람을 많이 알기 때문이다. 이 책은 그들의 이야기를 다룬다. 그들은 우리와 다르지 않다. 우리도 원하는 바를 이루기 위해 그들처럼 노력할 자세가 됐지 않은가. 백날 말만 해 봤자 무슨 소용인가? 여기 내 논지를 증명할 근거들을 준비했다.

높은 임금을 목표로 대학에 다니는 사람도 많지만 그만큼 많은 사람이

부의 역발상

부담스러운 학비 때문에 학업을 포기한다. 경제학자들은 대학 중퇴자와 아예 대학에 진학조차 한 적이 없는 이들의 소득 격차는 지극히 미미하다고 말한다. 그러나 그들이 받은 학자금 대출을 무시할 수 없다.

수요와 공급의 법칙을 떠올려 보자. 이 법칙은 반박의 여지 없이 정확하다. 지금처럼 대학 졸업자의 공급이 극적으로 높아진다면 수요와 함께 그들의 가치도 떨어질 것이다. 이 말은 곧 블루칼라 노동자의 공급이 줄어들면 수요와 함께 임금도 올라간다는 뜻도 된다. 시장은 언제나 효율적으로 굴러간다. 누구도 이 사실을 부인할 수 없다.

덧붙이자면 고등학교 졸업생과 대학교 졸업생의 임금 격차는 2000년도부터 더 이상 벌어지지 않고 있다. 실제로 대학 졸업생 4명 중 1명은 고졸 학력자와 소득이 비슷하다. 약 30퍼센트의 중졸 학력자와 약 5퍼센트의 대졸 학력자가 저소득 빈곤층에 속한다. 어쩌면 교육 수준은 소득과 큰 관련이 없을 수도 있다.

부유한 국가의 경우도 살펴보자. 중학교 졸업 이후 멈춘 학력도 빈곤층이 될 가능성을 5퍼센트 미만으로밖에 올리지 못했다. 모든 것을 종합했을 때 소득은 고등 교육의 여부보다는 사회 구조와 더 관련 있다고 볼 수 있다.

이렇게 상충하는 자료들은 가장 중요한 질문으로 이어진다. 대학은 갈만한 가치가 있는가? 당연히 일부에게는 그렇다. 하버드나 예일 같은 명문대 졸업생은 누구보다 먼저 월 스트리트나 실리콘 밸리의 백만장자 대열에 오를 것이다. 하지만 현실적으로 생각하면 내가 말한 사례는 통계에서도 보이듯이 아주 일부에게만 해당한다. 명문대 출신의 백만장자들만큼은 아니지만 대학 학위 덕분에 부자가 된 다른 학생을 포함해도 이는 소수에 불과하다.

부의 역발상

대학은
공짜가
아니다

대학은 공짜가 아니다. 지금부터 비용 편익 분석의 '비용'을 살펴보자. 렌드에듀는 4년제 사립 대학교의 등록금과 수수료, 기숙사, 교재, 교통비를 합한 1년 평균 교육비가 5만 900달러에 달한다고 밝혔다. 공립 대학교의 경우 현지 출신의 학생은 평균 2만 5,290달러를, 다른 주 출신의 학생은 4만 940달러를 교육비로 지불한다.

더 쉽게 이해하기 위해 3가지 학비의 평균을 내면 1년에 3만 9,000달러에 달하는 비용이 교육비로 지출되는 셈이다. 4년 동안의 교육비는 총 15만 6,000달러가 된다. 이 무시무시한 비용은 아직 2가지 사실을 고려하지 않고 책정된 값이다.

첫째, 미국 비영리 단체 컴플리트 칼리지 아메리카(Complete College America)와 미국 교육부(Department of Education)에 따르면 보통 학생들이 4년이 아닌 6년에 걸쳐 대학을 졸업한다. 졸업에 필요한 실제 비용이 23만 4,000달러로 훌쩍 뛰는 셈이다.

둘째, 위의 평균 비용에는 기회비용이 포함되지 않았다. 기회비용에는 학교 대신 현장에서 일하며 얻을 수 있었던 경력과 보수가 포함된다. 훗날 직업 선택에 도움을 줬을 것이란 점에서 이 경험을 간과할 수 없다. 간단한 계산 두어 개만 더 해 보자. 3만 5,000달러의 연봉을 받고 일한다면 4년 동안에는 14만 달러를, 6년 동안에는 22만 달러를 벌 수 있다. 생활비를 제하면 고스란히 모이지는 않겠지만 일부는 충분히 저금할 수 있는 돈이다.

대학의 이점은 충분히 들어 봤다. 4년 동안 다양한 지식을 쌓고 아마 남들보다 높은 연봉을 받을 것이다. 대학 학위가 실질적으로 도움이 되는지와 졸업까지의 실제 비용도 따져 봤다.

이제 대학의 이면도 살펴보자. 미국의 학자금 대출금은 충격적이게도 1.5조 달러에 달한다. 450만 명의 학생이 대출한 결과다. 명당 평균 대출금은 지난 10년 사이에 62퍼센트가 더 오른 3만 4,144달러다.

퓨 리서치 센터(Pew Research Center)에 따르면 전체 학자금 대출자의 7퍼센트인 250만 명에게 10만 달러 이상의 부채가 있는 것으로 나타났다. 심지어 이 액수는 교육비를 목적으로 받은 대출금은 포함하지 않는다.

다른 시각에서 살펴보자. 20세에서 30세 사이의 학생들은 월평균 351달

부의 역발상

러의 학자금 대출을 상환한다. 이 돈을 학비로 쓰지 않고 2퍼센트의 이자를 받으며 저금하면 10년 후에는 5만 달러가 모인다. 차를 사거나 집 계약금을 낼 수 있는 큰돈이다. 원한다면 사업을 시작해도 좋다. 앞서 말했던 기회비용이 하나 더 생긴 셈이다.

학자금 대출의 현실

한편 대학은 선택이지 필수가 아니라고 생각하는 청년들이 점점 늘어나는 추세다. 80명의 전문가가 소비자의 금전 관련 질문에 답해 주는 기업 너드월렛(NerdWallet)의 보고에 따르면 10명 중 4명의 대학 졸업생이 10년 안에 학자금 대출을 다 갚지 못할 것 같다고 대답했다.

또 많은 학생이 내 집 마련이나 결혼, 혹은 자녀 계획과 같은 장기적인 계획에 학자금이 부담을 끼친다고 대답했다. 이 사실에 가장 주목해야 한다. 대학은 이상적인 삶을 위한 발판이지 꿈을 꺾기 위해 존재해서는 안 된다. 그러나 퓨 리서치 센터에 의하면 학자금 대출자의 3분의 1이 학자금의 부담감 때문에 대학 생활을 제대로 즐기지 못하는 것으로 나타났다.

이는 나 혼자만의 생각이 아니다. 경제학자 브라이언 캐플런(Brayn Caplan)은 2018년에 출간된 저서 ≪교육을 반증하다: 교육제도가 시간과 돈의 낭비인 이유(The Case Against Education: Why the Education System Is a Waste of Time and Money)≫의 제목에서도 알 수 있는 자신의 견해를 확실히 밝혔다.

인류학자 캐이틀린 잘로움(Caitlin Zaloom)은 더 최근에 발간한 ≪부채: 대학을 위한 가족의 희생(Indebted: How Families Make College Work at Any Cost)≫에서 학생과 학부모를 대상으로 한 솔직한 인터뷰를 다뤘다. 그는 빚에서 오는 재정적, 심리적 부채감이 성인이 되는 세대를 따라다니며 경제적 자립을 지연시킬 것이라고 주장했다. 말만 들어도 마음이 불편해진다.

심지어 인터뷰에 응한 한 명 이상의 부모는 자녀가 학자금을 갚지 못하면 복권을 긁어야 된다는 농담 아닌 농담을 했다. 이런 상황은 텔레비전의 풍자거리가 되기도 한다. 트루티비(truTV) 채널의 최신 퀴즈 프로그램 〈페이드 오프(Paid Off)〉의 최종 상금은 학자금 전액 상환이다. 어쩌다 이런 쇼까지 나오게 됐을까? 현실이 리얼리티 쇼가 될 때 사태의 심각성은 수면 위로 올라오는 법이다.

부의 역발상

대학은
필수가
아니다

대학이 누군가에게는 좋은 학업의 기회지만 누군가에게는 그렇지 않다는 데 지금쯤이면 모두 동의할 것이라 믿는다. 최근 몇 년 동안 대학이 아닌 다른 대안들이 쏟아져 나오는 이유가 여기에 있다. 당신이 목공이나 전기 작업에 재주가 있다면 지금 당장 재택 사업을 시작해도 된다. 무엇이든 짓고 고치고 땜질하는 것이 재미있다면 전문대나 기술 학교에 입학해도 좋다. 그곳에서 시험이 끝나면 다 잊어버릴 수업 말고 정말로 관심 있는 분야의 유익한 기술을 배워라. 좋아하는 일을 하며 돈도 벌고 실력도 늘려 줄 배움을 잡자.

취업 시장은 확실히 까다롭지만 일단 취업만 하면 회사 내에서도 새로운 기술을 배울 기회는 많다. 아마존(Amazon)은 최근 7억 달러를 들여 전체 직원의 3분의 1에 해당하는 프로그래머와 데이터 기술자를 재교육하겠다고 발표했다. 기업의 기술력을 높이기 위해서다. 인턴직도 배움의 기회 중 하나다. 급여를 받으며 경험 많은 전문가에게 배울 수 있는 수습생 자리도 좋은 선택이다. 훌륭한 사업 계획을 세웠는데 4년제 대학 학위가 도움이 될지 자신이 없다면 어떤 수습생 프로그램이 가장 잘 맞을지 인터넷에 검색해 보자.

페이팔(PayPal)의 설립자 피터 티엘(Peter Thiel)은 티엘 장학 재단을 세워 매해 20명의 학생에게 각 10만 달러를 후원하고 있다. 20명의 학생에게는 기업 창립자, 투자자, 과학자의 조언을 받아 자신의 사업 계획을 현실로 바꿀 기회가 주어진다. 장학 재단의 웹 사이트는 이렇게 공언한다.

"대학은 이미 일어난 성공 사례를 배우기에는 좋지만 새로운 도전과는 거리가 멀다. 이 시대의 청년들은 누군가 이미 닦아 놓은 길에서 뻔한 직업을 갖고 경쟁하기보다 스스로 생각할 때 더 큰 성공을 거둘 것이다."

대학의 대안을 찾다

인생의 길은 사람마다 다르다. 삶의 진정한 본질은 여기에 있다. 이 깨달음 역시 친구와 이야기를 나누던 중 찾아왔다. 몇 년 전 버몬트주에 위치한 베닝턴 대학교에 친구가 딸아이를 데려다주는 길이었다. 친구 부부는 짐을 다 내리고 떠나기 전에 딸에게 더 필요한 것이 있는지 물었다. 딸은 이렇게 대답했다.

"저를 다시 집에 데려다주세요."

3학기를 마치고 다른 학교로 편입도 해 봤지만 친구의 딸은 여전히 불행했다. 친구는 결국 학교가 싫다면 비싼 학비를 계속 대 줄 수는 없다고 선언했다. 오랜 대화 끝에 둘은 1년의 공백기를 갖고 대안을 찾기로 했다.

친구의 딸은 7년 된 도요타 코롤라(Toyota Corolla, 일본의 인기 소형 차종)를 타고 약 4,000킬로미터를 달려 미국 상원 의원 선거 운동의 봉사자가 되기 위해 길을 나섰다. 그가 겨우 18살 때의 일이다.

먼 길을 운전해 본 적도, 호텔에 혼자 묵어 본 적도 없지만 선거 운동 사무실에 도착한 그는 주어진 일이 무엇이든 완벽하게 해냈다. 복사하기, 우편 보내기, 선거 사무장이 회의 시간에 늦지 않게 챙기는 일까지 전부 그의 몫이었다. 지지하던 후보가 당선되자 그는 미국 수도의 사무실에서 일해 보지 않겠냐는 제안을 받았다. 현재 그는 미연방 선거 관리 위원회(Federal Election Commission)의 규례 준수 자문 위원으로 활발히 활동하고 있다. 대학 졸업장 대신 자신이 원하는 일을 선택한 것이다. 그가 대학에 계속 다녔다면 이런 성공의 기회는 놓치고 말았을 것이다.

성공하고 싶다면 두 손으로 직접 만들어라

　자신이 신성한 학문의 전당에서 공부하고 싶은 열정적인 학생이 아니라면 4년 혹은 6년의 시간 동안 고액의 학비와 학자금을 부담하기 전에 충분히 고민해 보자. 스스로 물어보자. 프로그래머, 웹 디자이너, 피부 관리사, 양조자, 개인 트레이너 같은 수익성 높은 직업에 대학 학위가 꼭 필요한가? 인터넷이 발달했으니 검색도 어렵지 않다. 컴퓨터 코딩이 배우고 싶다고? 코드카데미(Codecademy) 같은 웹 사이트가 당신을 도울 것이다. 심지어 구직 사이트인 커리어빌더(CareerBuilder.com)는 와인 만드는 법도 가르쳐 준다.

　공백기를 갖는 것은 또 다른 대안이다. 실제로 점점 더 많은 청년이 대학 진학 전에 공백기를 갖는다. 이런 추세에 맞춰 에코잉그린(Echoing Green), 언컬리지(UnCollege), 마이월드오브워크(My World of Work), 프로젝트어브로드(Projects Abroad), 갭어소시에이션(Gap Year Association) 같은 다양한 정규 대학 대안 학교들이 생겨나기 시작했다.

직장인도 언제든지 공백기를 활용할 수 있다. 평화 봉사단(Peace Corps)은 나이에 상관없이 항시 자원봉사자를 모집한다. 미국의 정부 기관 전국 및 지역 사회 봉사 공단(Corporation for National and Community Service)과 시민 자원 보조단도 셀 수 없이 많은 봉사 활동의 기회를 제공한다. 커리어빌더와 카펠라 러닝 솔루션(Capella Learning Solutions)의 합작으로 탄생한 라이트스킬(RightSkill)은 비학위 과정을 통해 특히 수요가 많은 기술을 가르치고 고용주와의 연결과 면접도 보조한다.

두 손으로 할 수 있는 일

지도가 무의미한 현대 사회에는 무한한 가능성만이 존재한다. 해외로 떠나고 싶은가? 자원봉사자들은 래티튜드 글로벌 봉사단(Lattitude Global Volunteering)에서 뉴질랜드의 블루칼라직이나 교육직에 임할 수 있다. STA여행사(STA Travel) 또한 갑판 선원, 어린이를 위한 캠프 지도자, 환경미화원, 카페 직원 등 호주의 워킹 홀리데이 제도를 통한 다양한 취업 기회를 제공한다.

중국에서 영어를 가르칠 수도 있다. 잉글리시티처스닷컴(English Teacher China.com), 이에스엘카페닷컴(ESLCafe.com), 시리어스티처스닷컴(SeriousTeachers.com) 같은 구직 웹 사이트를 활용해 당신의 잠재적인 가능성과 새로운 모습을 발견하자. 어떤 기술이 적성에 맞는지 진로를 탐색할 좋은 기회다. 결국 취업이든 봉사 활동이든 공백기에서 쌓은 다양한 경험은 미래를 더 명확하게 그리는 데 유용할 것이다.

하지만 최고의 대안은 역시 당신의 손재주다. 당신이 정말 좋아하는 기술이 있다면 지금부터라도 주변인들을 위해 솜씨를 발휘해 보자. 눈 깜짝할 새에 수익성 높은 사업으로 발전할 것이다. 전에 블루칼라 산업 시장과 관련된 짧은 2분짜리 영상 제작을 요청받은 적이 있다. 제작자는 취업 기회가 가장 큰 분야는 무엇이고 어떤 기술이 필요한지 물었다. "액션!" 카메라가 돌고 촬영이 시작되자 나는 카메라 앞에 두 손을 흔들며 말했다.

"쉬운 질문이네요. 이 손으로 할 수 있는 일이라면 뭐든지요!"

부의 역발상

'자부심으로 완성된 수제품.' 이 세 단어는 제작자가 상품이나 용역의 뛰어난 품질을 강조하기 위해 즐겨 쓴다. 수제 마켓에서는 세상에 하나뿐인 특별한 물건에 깃든 장인 정신을 강조하기도 한다. 농산물 직거래 장터나 일일 장터에서 '손으로 바느질한 가죽', '현지 수공예품', '천연 염색', '한 장밖에 없는 손 그림', '직접 윤을 낸 작품' 등의 문구를 흔히 볼 수 있다.

소비자는 이런 문구를 읽으면서 장인의 자부심과 열정이 담긴 특별한 물건을 산다고 느낀다. 구매 시점에 이미 특별한 누군가를 위해 특별하게 제작된 물건이라고 느끼기 때문에 주변인에게 추천할 때도 위와 같은 문구를 그대로 쓸 가능성이 크다.

이 문구들은 전부 손으로 직접 만들었음을 강조하고 있다. 오래 쓸 수 있도록 최고의 재료와 품질을 보장하는 전문가의 장인 정신과 노동으로 탄생했다. 수작업이나 공예는 현대 사회에서 점점 사라지는 추세지만 우리에게 그리 나쁜 소식만은 아니다. 숙련 기술직을 시작하려는 이에게는 오히려 기회일 수 있다. 실제로 실업률은 60년 사상 최저(2020년 초에는 3.6퍼센트)를 기록했고 두 손으로 직접 일할 준비가 된 노동자들의 직군은 그보다 더 낮을(혹은 음수일) 것으로 예상된다.

노동에서 오는 자부심

나는 '자부심'이라는 단어로 이 장의 시작을 열었다. 자부심이란 무엇일까? 흥미롭게도 사전은 '품질과 관련된 성취에서 오는 기쁨이나 만족감'으로 정의한다. 누군가는 자부심이 육체노동과 무슨 관계가 있는지 물을 수도 있겠다. 나는 이를 노동 후 한 걸음 물러났을 때의 반응으로 설명하고 싶다.

수 시간을 공들여 고객을 단장하는 미용사, 우아한 대문을 짓는 석공, 병세가 심한 환자의 병문안을 위해 화려한 꽃다발을 만드는 플로리스트를 상상해 보자. 고등학교 앞에 동상을 세우는 예술가나 토요일 아침 장터에서 팔 맛있는 딸기를 키우는 농부를 떠올려도 좋다. 작업을 끝내고 작품이 완성됐을 때 그들은 어떤 행동을 할까? 나는 이런 부류의 사람을 많이 봐 왔다. 그래서 자신 있게 말하자면, 그들은 일이 끝난 뒤 한 발 물러서서 피나는 노력의 결과를 응시하곤 한다. 그들이 흘린 피와 땀과 눈물은 모두 그 마법과도 같은 순간을 위한 것이다.

미국은 훌륭한 위인들이 몇 세기에 걸쳐 맨손으로 세운 나라다. 19세기의 이민자나 현대의 노동자 사이에는 변하지 않는 공통점이 하나 있다. 바로 손에 들린 연장을 잠시 내려놓고 눈썹 위로 흐르는 땀을 닦으며 주어진 일을 즐길 줄 아는 여유가 있다는 점이다. 자, 지금은 블루칼라 노동자의 가치를 기념할 시간이다!

이를 위해 얼마 전 내 페이스북 구독자 수천 명에게 오늘날의 블루칼라 시장의 근무 환경에 대한 견해를 물었다. 이전에도 같은 질문을 흔히 봐 왔지만 그 어느 때보다 열정, 존중, 자부심이 넘치는 답변을 받을 수 있었다. 아래는 그들에게서 온 대답의 일부다.

"당신의 직업에 자부심과 진실성을 갖고 계속 전진하세요. 나는 25년간 목수였고 내 직업을 정말 사랑해요. 하루하루가 새로운 모험이죠."

-미시간주의 조디(Jody)

"이 나라는 블루칼라 노동자들이 지었다고 해도 과언이 아닙니다. 대학 졸업장이나 몇 천 달러의 빚 없이 시작해도 남부끄럽지 않게 번다고 자부합니다."

-미시시피주의 셰럴(Cheryl)

"정해진 길에서 벗어나길 두려워 말고 자신이 좋아하는 일을 하세요. 솜씨를 갈고닦으세요. 그 과정에서 당신을 도운 이들을 잊지 말길 바랍니다."

-노스캐롤라이나주의 밥(Bob)

"기꺼이 손에 흙을 묻히고 듣고 배울 준비를 해야 합니다. 열린 마음으로 닥쳐오는 상황들에 적응하세요."

-아이오와주의 조슈아(Joshua)

"하루 동안 누가 더 (돈이 되는) 급박한 전화를 더 많이 받을 것 같은가? 철학 전공자? 아니면 배관공?"

-버지니아주의 에드(Ed)

"사회가 뭐라고 하든 블루칼라직은 부끄러운 일이 아닙니다. 기술 하나를 골라 연마하세요. 곧 은퇴하는 모든 기술직이 세대를 교체하기 위해 당신을 필요로 합니다."

-켄터키주의 샘(Sam)

"유리 기술을 배우세요. 유능한 유리장이가 부족해요!"

-텍사스주의 린다(Linda)

"육체노동은 스트레스를 해소하지 더 주지는 않습니다."

-일리노이주의 앤드루(Andrew)

"나이가 많은 선배들에게 주목하세요. 그들은 여러 방면에 두루 박식하고, 특히 공예나 기술에 관한 요령이 많습니다. 임금이 높은 데에는 이유가 있는 법입니다. 자기 사업에 관심이 있다면 꼭 필요한 솜씨와 자부심을 배워

부의 역발상

가도록 하세요."

이외에도 같은 맥락의 무수한 답변들이 달렸다. 내가 근래에 올린 게시물 중 가장 많은 '좋아요'와 댓글, 공유가 잇따랐다. 신이 우리에게 두 손을 주신 데에는 이유가 있다고 믿는다. 짓고, 심고, 꾸미고, 고치고, 포옹하고, 사랑하고, 연주하고, 또 많은 일을 해내라고 주셨을 것이다.

대학 없이
성공한
부자의 특징

댓글에서 미국의 블루칼라직이 부흥하고 있음을 실감했다. 무수히 많은 기사와 블로그, 클릭만 하면 접할 수 있는 온라인 매체들도 블루칼라직의 장점을 소개한다. 지금이 일하기 좋은 시기라는 사실과 함께 말이다.

이전 장에서 우리는 심각한 블루칼라 시장의 인력난에 대해 알아봤다. 항상 수요와 공급의 영향을 받는 시장 가격 덕분에 현재 블루칼라직의 임금은 사상 최고를 자랑한다. 인생을 바꾸고 싶다면 어서 블루칼라 시장의 혜택을 누리자. 나무가 아닌 숲을 볼 준비를 마친 세계의 수많은 노동자가 블루칼라직을 인생의 밑거름으로 삼고 있다. 직업은 이상적인 인생을 위한 보조 요소일 뿐 직업을 위해 인생을 바꿀 필요는 없다는 사실을 기억하자.

부의 역발상

많은 시간을 할애하지는 않겠지만 꼭 짚고 넘어갈 것이 있다. 나는 살면서 종종 고졸 이하의 학력은 창피한 줄 알아야 한다는 말을 들어 왔다. 학교에 4년 이상을 할애하고 수천 달러의 빚을 지지 않으면 당연히 얕보인다는 말들.

자신 있게 외친다. 다 헛소리라고! 세상에는 대학 없이도 재정적 성공을 거둔 사람들이 차고 넘친다. 빌 게이츠(Bill Gates), 마크 주커버그(Mark Zuckerberg), 레이디 가가(Lady Gaga)처럼 이름만 들어도 알 만한 사업의 거장들도 그들의 일부다.

나는 이들처럼 어마어마하게 성공한 사업가는 아니지만 그래도 대학 학위가 부와 성공을 위한 유일한 정답이 아니라고 단언할 수 있다. 미국의 독립 선언문은 인간의 행복 추구의 권리를 보장하지만 행복의 성취는 보장하지 않는다. 미국 통계국(US Census Bureau)에 따르면 미국인 25세 이상의 성인 중 33퍼센트가 학사 학위 이상의 학력을 가졌다. 그렇다고 나머지 67퍼센트가 가난하다는 뜻은 절대 아니다.

진취성: 결심과 동시에 실천하라

도서 ≪그릿≫을 집필한 심리학 박사 앤절라 더크워스(Angela Lee Duckworth)를 본받자. 그는 그릿(grit)을 '장기적인 목표를 위한 열정과 끈기'라고 정의한다. 그는 그릿이 교과서나 시험이 아닌 현실의 어려움을 극복하고 문제 상황을 해결하는 방법을 배우는 데서 온다고 주장한다. 어떤 종류의 열정도 사업의 초석으로 삼을 수 있다.

요즘은 창업 비용도 부담스럽지 않다. 대부분의 경우 10년 전처럼 임대료, 공과금, 직원 고용에 투자하지 않아도 된다. 컴퓨터와 인터넷만 있으면 창업할 수 있다. 세상은 누구나 편승할 수 있는 새롭거나 익숙한 기회로 가득하다. 대학의 대안을 선택하는 청년들은 고정 관념에서 벗어나 진취성을 지녀야 한다.

진취성은 이상, 단순함, 믿음, 용기, 겸손함, 탄력성, 끈기, 관대함과 함께 언급된 성공적인 블루칼라 노동자가 가진 특징의 하나다. 책에 언급되는 인물들은 이 특징 중 하나 이상을 지녔고 그 중요성을 증명했다. 각각의 인물은 어떤 일을 하기로 결단하고 곧바로 실현에 옮겼다는 점에서 서로 닮아 있다.

얼마나 많은 사람이 '언젠가'를 기약하며 평생을 보내는가? '언젠가'를 기약하는 사람과 '오늘'을 사는 사람들의 차이는 그들이 진취적인가 아닌가에서 결정된다. 나이키에서 이렇게 말하지 않던가.

"저스트 두 잇(Just do it)!"

신문 광고로 억만장자가 된 사나이

진취성 하면 아서 힐스(Arthur Hills)가 떠오른다. 아서는 멕시코, 포르투갈, 캐나다, 스웨덴, 모스크바, 일본, 미국 등 세계 각지에 240개 이상의 골프 코스를 디자인했다. 이 골프계의 전설과도 같은 아서는 어떻게 87세의 세계적인 골프 코스 디자이너가 될 수 있었을까? 첫 직장은 어디였을까? 대학에서 디자인을 전공하고 큰 기업에 들어가 골프장의 치수를 재고 측량기를 꽂는 일부터 시작했을까? 골프 사업 전문가가 돼서 프로젝트를 거듭하며 명성을 떨치기 시작했을까? 전혀 아니다.

그의 첫 프로젝트는 이제는 브랜디와인(Brandywine Country Club)이라는 이름으로 더 유명한 번윅 컨트리 클럽(Byrnwyck Country Club)의 골프 코스 디자인이었다. 그는 곧장 17달러로 '골프 코스 디자이너 고용 가능'이라고 신문 광고를 냈다. 그렇게 자신이 고용 가능하다는 사실을 온 세상에 알렸다. 이것이 진취적인 태도가 아니라면 무엇이란 말인가?

물론 젊은 청년이 적극적으로 용기와 진취성을 보여 주기까지 많은 일이 있었다. 오하이오주 털리도 출신인 아서는 경제 대공황이 한창이던 1932년에 태어났다. 그는 할아버지 댁의 지하실에서 부모님과 7형제와 부대끼며 자랐다. 그의 할아버지는 대공황이 일어나기 전까지는 꽤 성공적인 지주였다. 가족들은 살기 위해 고군분투했다.

청년이었던 아서는 쫓겨나기 전까지 어머니 가족이 물려받아 운영하던 화원에서 일했다. 어른이 돼 가는 여느 10대들처럼 아서도 진로에 고민이 많았다. 몇 년간의 군 복무를 끝낸 그는 원예점에 취직해 고객들이 요청하는 소소한 조경 일을 하며 생계를 이어 갔다.

원하는 게 있다면 내 것으로 만들어라

하지만 그에게는 더 큰 야망이 있었다. 일에 열정이 있었던 그는 조경 계약부터 디자인까지 직접 하고 싶었지만 영업 요령이나 현장 경험이 턱없이 부족했다. 하루는 자리를 비우기 일쑤였던 주인이 가게가 잘 돌아가는지 확인하기 위해 잠시 들렀다. 이 주인은 식물과 나무에는 무지했지만 판매에는 요령이 있었다. 아서는 주인에게 배울 점이 있음을 금방 알아차렸다. 주인은 자신이 아는 영업 요령을 기꺼이 가르쳐 줬다.

부의 역발상

몇 시간에 걸쳐 다양한 영업 기술을 배운 아서는 현장에 투입될 만반의 준비를 갖췄다. 그전까지는 "이 나무가 필요하신가요?"라고 물었다면 이제는 "몇 그루가 필요하신가요?"라고 물었다. 또 "그럼 수요일이나 목요일에 배달하면 될까요?"라고 이어서 물으며 거래에 쐐기를 박는 법도 배웠다.

충분한 조경 지식에 영업 기술까지 갖춘 그에게 불가능이란 없었다. 아서는 원하는 것이 있다면 뭐든 붙잡아 내 것으로 만들어야 한다는 사실을 깨달았다. 인생의 주도권은 누구도 아닌 자신에게 있었다.

6개월 동안 새로 배운 영업 기술로 따낸 조경 계약을 끝마치기도 전에 나쁜 소식이 들려왔다. 원예점이 문을 닫기 직전이었다. 또 일자리를 잃고 거리에 나앉을 수는 없었다. 아서는 약간의 대출금과 낡은 화물차로 같이 일했던 동료 2명을 설득해 새로운 사업을 꾸렸다. 꽃을 팔고 나무를 심고 뿌리 덮개를 날랐다. 직원이 아닌 사장으로서 하루하루를 꿈처럼 보냈다.

그해 수입은 4,000달러였다. 이듬해 사업은 6,000달러를 벌었다. 사업은 햇수를 거듭하며 8,000달러, 1만 2,500달러, 1만 7,000달러를 벌고 마침내는 2만 4,000달러의 수익을 내기에 이르렀다. 5년 만에 첫해 대비 6배의 수익을 낸 것이다. 2만 4,000달러는 60년 전에도 상당한 액수였다. 오늘날로 치면 무려 20만 달러 상당의 가치였으니 말이다!

아서의 가슴에서 피어오른 기업가 정신의 불꽃이 지금의 그를 만들었다. 사업은 충분히 성공했지만 그는 더 많은 가능성을 찾아냈다. 점점 규모가 크고 복잡한 계약들이 쏟아져도 그는 만족하지 않았다. 지금도 수익이 괜찮았지만 정말 큰돈은 조경의 기획과 디자인에서 온다는 것을 그동안의 경험으로 깨달았기 때문이다. 아서는 곧장 조경술 강좌에 등록했다.

세계적인 골프 디자이너가 될 수 있었던 이유

이 책의 많은 인물이 그랬듯 아서에게도 운명 같은 기회가 찾아온다. 그가 수업을 듣던 대학교 근처에는 한 게임에 26센트인 골프장이 있었다. 금방 골프에 빠진 아서는 골프와 조경 디자인을 접목할 궁리를 하기 시작했다.

1965년, 아서는 오하이오 주립대 졸업생 2명과 함께 조경 및 단지 계획 설계 계약을 따냈다. 머지않아 그의 작은 회사는 마을 전체의 주택과 큰 상가 건물의 조경을 하느라 바빠졌다. 사업은 계속 성장했지만 아서는 곧 새로운 고민에 빠졌다.

'어떻게 해야 1년 내내 쉬지 않고 회사를 굴릴 수 있을까?'

조경 회사는 보통 겨울 동안 운영을 멈추고 쓰고 있던 화물차에 제설기를 설치해 부수입을 얻었다. 장비만 제대로 갖춘다면 오하이오주의 혹독한 겨울은 상당한 수익을 보장했다. 하지만 아서가 그렸던 이상적인 회사는 다른 모습이었다. "여러분, 어떻게 해야 회사가 겨울을 넘길 수 있을까요?" 직원들의 생각이 궁금했던 아서는 디자인 팀에게 물었다. 그러자 한 직원에게서 운명적인 대답이 돌아왔다.

"골프장을 디자인하면 어떨까요?"

아서가 여기서 어떻게 반응했는지는 우리 모두 알고 있다. 그는 17달러 짜리 신문 광고를 내면서 세계적으로 인정받는 디자인 회사의 시작을 알렸다. 오늘날 우리가 사랑하는 골프 선수들은 아서가 디자인한 240여 개의 골프장에서 열렬한 관중들의 응원을 들으며 경기를 치른다. 아서도 어딘가에서 여전히 좋아하는 골프를 치고 있을 것이다.

신문 광고의 효과가 전과 달라졌을 만큼 시대가 변한 것도 사실이지만 이야기의 교훈은 변하지 않는다. 아서는 자신이 원하는 바를 정확히 파악하고 실천에 옮겼다. 그에게는 진취성이 있었다.

당신이 지금 광고를 하나 낸다면 어떤 제안을 하겠는가? 무엇을 제공할 수 있는가? 당신의 선택지는 무엇인지 생각해 보자. 웹 사이트나 페이스북 광고는 어떤가? 전봇대에 전단지를 붙이는 건? 어디든 상관없지만 일단 시작부터 하자. 아서는 일단 시작했고 그 결과 어마어마한 억만장자가 됐다.

부자는
멋진 길 대신
필요한 길을 고른다

앞서 대학에 다니지 않으면 부끄러워해야 한다는 말도 안 되는 사회의 통념을 이야기했다. 이런 부끄러움은 아마 부모, 형제자매, 심지어 고등학교 선생님 같은 주변인들을 실망시킬까 걱정하는 마음에서 생겼으리라. 그러나 진실은 피해갈 수 없는 법이다. 당신이 원하는 일을 하는 것이 중요하지 다른 사람들은 의식하지 않아도 된다.

생각해 보자. 세상에 있는 단 1명에게만 솔직해져야 한다면 그건 바로 자기 자신이다. 하나만 묻겠다. 당신이 아니면 누가 당신의 진정한 꿈을 알 수 있겠는가? 블루칼라직이든 사무직이든 상관없다. 당신 말고 누가 당신의 진정한 모습과 재능을 발견할 수 있겠는가? 누가 당신의 열정을 알아챌 수 있겠는가? 더 긴말하지 않겠다.

그럼 이제 또 다른 이야기를 시작해 보자. 이상적인 인생을 살기 위해 미덕처럼 지녀야 하는 특징 중 하나인 겸손함에 대한 이야기다. 몇 년 전 우연히 어느 총명한 젊은 여성을 만났을 때였다. 우선 겸손의 의미부터 알아보자. 겸손이란 '자신을 내세우지 않는 겸허한 태도'를 말한다. 이 정의가 당신의 길을 찾고 이 여성이 겪었던 역경을 이해하도록 도울 것이다.

나탈리야와는 우리 회사의 면접에서 만났다. 남부 쪽에서 밀려들어 오는 수요 때문에 지방에 새로 사무실을 열 만큼 회사가 빠르게 커지던 때였다. 나탈리야는 그때 열었던 새 사무실에 지원했다.

먼저 그의 넘치는 에너지가 눈에 띄었다. 큰 키에 자신감 넘치는 20대 초반의 청년은 눈을 똑바로 마주 보며 악수를 청했다. 그는 곧 왜 일자리가 필요하고 왜 우리 회사에 지원했는지 설명했다. 20분 정도 면접이 진행됐고 그는 근무 시간을 유연하게 조정할 수 있는지 물었다. 평소에 쉽게 받는 질문은 아닌지라 나는 그 이유를 물었다.

의사 대신 선택한 길

그는 시간제 온라인 홍보 대사로 활동한다고 했다. 온라인 홍보 대사가 무슨 직업인지 알 길이 없었던 내게 자신의 업무를 설명해 주는 그의 얼굴은 매우 밝았다. 열정적인 그에게 꼭 맞는 직업이라는 것을 금방 알 수 있었다. 상승 가도를 달리는 그의 온라인 구독자 수와 성공담을 듣다 보니 책상에 앉아 일해야 하는 우리 회사의 사무직보다는 그가 진심으로 좋아하는 직업에 더 관심이 갔다. 그가 이미 천직을 찾았다는 데 의심의 여지가 없었다. 범상치 않은 운명으로 만난 우리는 몇 시간 동안 그의 진로를 논했다.

나탈리야의 겸손함은 여기서 빛났다. 나는 언젠가 인터넷 마케팅에 도움을 받고 싶다는 생각에 그와의 연락을 계속 유지했다. 그가 이 분야에 탁월했기 때문이다. 우리는 이런저런 이야기를 나누다 마음을 연 그가 자신의 이야기를 털어냈다.

그는 10대 후반부터 온라인에서 활동을 시작했다. 그는 소형 카메라로 화장법부터 유행하는 옷, 연애 상담, 모델 알선소의 내부 사정과 지원 시 주의 사항에 이르는 다양한 영상을 제작해 왔다. 얼마 지나지 않아 20만 명가량의 구독자도 생겼다. 하지만 영상 제작을 취미 이상으로 생각하지 않았다.

시간은 흘러 고등학교를 졸업하고 대학에 가야 하는 시기가 찾아왔다. 성적이 좋았던 그는 의과 대학에 진학했다. 부모님은 두말할 것 없이 그를 아주 자랑스러워했다. "내 딸은 의사야!" 하지만 뭔가 잘못된 기분이었다. 의학은 큰 빚을 지기에 딱 좋은 학위였다. 졸업까지 20만 달러에서 30만 달러의 비용이 들기 때문이다.

몇 달 지나지 않아 잘못된 장소에 있다고 느낀 나탈리야는 자신과 학교는 어울리지 않는다고 결론지었다. 같은 시각 그의 온라인 구독자 수는 계속해서 늘어나 50만 명에 달했다. 그러자 상품을 홍보하고 싶은 기업들이 접촉해 왔다. 그는 다양한 상품을 홍보하며 영상 1건당 수천 달러의 수익을 내기 시작했다. 의대생의 신분으로 공부하는 동안에도 그의 홍보 사업은 꾸준히 성장했다.

나탈리야는 곧 갈림길에 섰다. 자신이 봐도 그는 인터넷 마케팅에 충분한 재능과 열정이 있었다. 하지만 온 가족이 염원하는 의사의 꿈을 포기하기란 쉽지 않았다. 친구와 가족에게 의대를 중퇴하고 인터넷 사업에 전념하겠다고 선언하는 상상을 해 보라. 얼마나 겸손해야 할지 짐작이 가는가? 그래도 결심을 바꾸지 않은 그는 소신대로 학교를 중퇴하고 캘리포니아주에서 자신만의 브랜드와 사업을 키워 나갔다.

오늘날 그는 170만 명의 구독자를 거느린 유명 온라인 홍보 대사로 활동 중이다. 제품을 홍보하며 받는 광고비뿐만 아니라 유튜브나 페이스북과 같은 플랫폼의 사용자 유입으로도 많은 수익을 올리고 있다.

성공에는 귀천이 없다

많은 사람 중 특히 젊은 청년은 진로를 선택해야 할 때 어쩔 줄 몰라 한다. 4년제 대학교나 전문대, 기술 학교에 진학하거나 공백기를 갖는 등의 선택들 말이다. 블루칼라 시장에 바로 뛰어드는 것도 하나의 선택이다. 요점은 이런 상황에서 많은 이가 무엇을 해야 할지, 또 어디로 가야 할지 혼란스러워한다는 것이다. 비단 이미 학교 진학을 단념하고 직업 전선에 뛰어든 사람들만의 고민도 아니다.

≪전공 미정자를 위한 진로 코칭(The Undecided College Student: An Academic and Career Advising Challenge)≫의 저자 버지니아 고든(Virginia N. Gordon) 박사는 40퍼센트의 대학 신입생들의 전공을 '미정'으로 추정했다. 매해 수많은 학생이 진로를

정하지 못한 채 대학에 입학한다는 뜻이다.

그들에게 대학은 '남들도 가니까 가는 곳'이다. 전공을 선택한 학생 4명 중의 1명은 3학년이 되기 전에 전공을 한 번 이상 바꾸는 것으로 나타났다. 전공과 거의 상관없는 직장을 구하는 경우도 흔하다. 워싱턴 포스트(Washington Post)는 졸업생 중 겨우 27퍼센트만이 본인의 전공을 활용해 취업한다고 밝혔다. 구직 웹 사이트 커리어빌더 역시 대학교를 졸업한 35세 이상 미국 근로자의 31퍼센트가 평생 한 번도 전공과 관련된 일을 하지 않는다는 연구 결과를 내놓았다.

위의 연구 결과들은 우리 현실의 모순을 시사한다. 첫째, 우리는 자기가 무엇을 하고 싶은지도 모르는 아이들을 무작정 대학에 보내고 있다. 둘째, 우리는 아이들이 원하는지 원하지 않는지도 모르는 졸업장에 지나친 시간과 돈을 쏟아붓도록 강요하고 있다. 더 중요하게는 이 학위가 훗날 취직에 도움이 될지 안 될지, 그들을 행복하게 해 줄지 아닐지 모른다는 것이다.

당신이 진짜 원하는 것은?

위험 부담이 너무 크다. 이미 알고 있지 않은가? 자신이 인생에서 바라는 바를 모르는 대가는 절대 작지 않다. 이 사실을 미국 연방 준비은행(United States Federal Reserve Banks)의 웹 사이트에서도 확인할 수 있다. 잘 기억해 두자. 450만 미국 학생들의 학자금 대출금은 사상 최고인 1.5조 달러를 기록했고 대학생 1명당 평균 대출금은 3만 4,144달러에 달한다.

그러나 진로를 선택하지 못해 치르는 금전적 비용이 앞으로 다가올 인생을 예상하지 못해 치르는 심리적 비용보다 낫다. 불편하고 스트레스 가득한 자유 없는 삶이라니, 내가 생각해도 무지의 대가치고는 너무 비싸다.

당신에게 묻겠다. 당신의 삶의 가치는 얼마인가? 원하지 않고, 발언권도 없고, 무엇 하나 통제할 수 없어 무력감을 느끼는 삶을 위해 얼마를 지불할 수 있는가? 세상 누구라도 자신이 선택하지 않은 인생에 값을 치러서는 안 된다. 그런 식의 결말을 맞아도 괜찮은 사람은 없다.

당신은 진실을 들을 자격이 있다. 지도와 지원과 충고를 받고 인생에 있는 여러 선택지를 직접 고를 자격이 있다. 이 선택이 당신에게 최고의 삶을 선사할 시발점이 될 것이다. 더 중요하게는 당신의 재능이 절실한 국가와 지역 사회의 발전에 이바지할 밑거름이 될 것이다.

세상은 너무 긴 시간 동안 숙련 노동을 무시해 왔다. 1980년대와 1990년대의 문화가 영화, 텔레비전, 광고, 대학교를 통해 대학을 유일한 성공의 길로 포장한 결과다. 이런 사회 분위기 때문에 대학에 가지 않으면 우습게 보일 것이라는 고정 관념이 만연하게 됐다. 믿어지는가?

기계공, 농부, 재봉사, 직공, 광부, 건설업자 등 많은 노동직은 과거에도 지금도 '이상' 하나 없이 생계를 유지하기에 급급한 사람들로 조명된다. 하지만 세상을 움직이는 힘은 블루칼라직에 종사하는 우리 주변의 평범한 사람들에게서 나온다. 보수나 성취감도 다른 직업 못지않게 만족스럽고 안정적이다. 이 사실을 아는 사람이 적었기 때문에 이런 어처구니없는 결론이 나왔을 것이다.

더욱이 성공을 이뤄 금전적으로 자유롭고 풍족해질 방법은 도처에 널려 있다. 하루가 다르게 치솟는 숙련 기술직의 수요가 느리지만 분명히 주목받고 있다. 지금 공급이 부족한 업계들은 향후 5년에서 10년 사이 꾸준히 수요가 높아질 것이다. 숙련 기술직이 무시당했던 시대는 지났다. 이제는 더 아름다운 기회의 시대가 도래할 것이다.

그러니 다시 한번 묻겠다. 당신 아니면 누가 당신의 진정한 꿈을 알겠는가? 당신이 무엇을 잘하는지 알겠는가? 꿈을 이루기 위해서 꼭 대학에 가야만 하는가? 아니면 다른 길도 열려 있는가? 무엇이 당신을 웃게 만드는가? 당신의 가능성은 어디까지인가?

Blue Collar Cas

부자는 시간으로
돈을 산다

남은 수명을 알 수 있다면 _①

블루칼라직이 언제부터 업신여겨졌는지는 불확실하다. 하지만 내가 알기로만 최소 10년 이상 같은 동향을 보인 것은 틀림없다. 블루칼라 노동자를 등한시하는 사회 풍토는 여러 원인이 동시에 맞물려 만들어 낸 부정적인 심리적 압박감에서 비롯됐다고 생각한다. 대학 진학을 강요하는 문화가 그 예다. 2000년대부터 아이들 사이에서 인기를 끈 비디오 게임도 하나의 원인으로 본다. 비디오 게임은 아이들의 주의를 흐리고 집안에만 붙들어 놓았다. 얼마 전까지만 해도 아이들은 밖에서 뛰어놀거나 심부름을 하는 등 야외 활동이 잦았고, 공구를 이용해 부모님과 뭔가를 만들어 보기도 했으니 말이다.

한번은 누군가가 블루칼라직을 선택하는 가장 큰 이유를 물었다. 나는 고민 없이 내 시간을 자유롭게 쓸 수 있는 점이라고 답했다. 공사 현장에서 보낸 40여 년의 세월을 돌이켜 봐도 내 대답은 변하지 않는다. 오히려 지나온 세월을 떠올리면 저절로 미소가 지어진다. 블루칼라직에 종사하는 삶이 아름답기까지 한 이유는 다른 무엇도 아닌 시간에 있다고 할 수 있다.

시간. 인생을 살다 보면 시간의 가치를 절실히 깨닫게 된다. 이번 장에서는 이런 결론에 다다른 계기와 시간을 의미 있게 보내는 방법을 알려 주겠다. 일분일초 귀중한 시간으로 얻는 금전적인 득과 실, 그리고 인생의 매 순간에 감사해야 하는 이유를 들어 보자. 우선 재미있는 이야기로 시작하겠다. 다소 충격적일 수도 있으나 잘 참고 듣길 바란다. 지금부터 전할 이야기는 시간에 대한 나의 생각을 완전히 바꿔 놓았으니 말이다.

수명 시계

미국인의 평균 수명은 78.74세이다. 일수로는 2만 8,740일이다. 이 날들을 더 작은 단위로 쪼개면 69만 220시간 5분이 된다. 이렇게나 작은 단위의 시간이 모이고 모여서 우리의 평생을 이루는 것이다. 당신은 지금쯤 '나의 시간은 얼마나 남아 있을까? 얼마가 남았는지 알게 되면 감당할 수는 있을까?'라고 생각할지도 모르겠다. 궁금하다면 간단한 계산으로 당신에게 남은 시간을 구해 보자.

1. 78.74에서 당신의 나이를 뺀다.

부의 역발상

2. 뺀 수에 365(1년)를 곱하면 인생에 남은 일수가 나온다.

3. 위의 수에 24를 곱해 시간으로 환산한다.

당신에게 남은 시간이다. 이 숫자 때문에 마음을 다치거나 암울해할 필요 없다. 당신의 마지막 4리터에 부정적인 감정을 들이붓기 위해 꺼낸 말도 아니다. 오히려 그 반대다.

나는 내게 주어진 시간이 빠르게 동나고 있음을 뼈저리게 실감하며 추운 오하이오의 겨울을 슬픔에 빠져 보내기도 했다. 하지만 폭풍이 지나간 자리에는 항상 해가 비추는 법이다. 지금부터 해 줄 이야기가 내 인생의 새로운 시작을 알리고 시간의 가치를 일깨웠다.

어느 20여 년 전의 유난히 혹독한 겨울이었다. 겨울이 다가오자마자 사업은 '비수기'에서 '적자의 시기'로 접어들고 있었다. 날씨가 풀려 작업이 가능한 3월까지 아무도 해고하지 않고 회사를 유지하려면 겨울 전에 최대한 많은 일거리를 확보해야 했다. 그러나 그 당시에는 쉽지 않은 일이었다. 내 일을 진심으로 사랑했지만 사장으로서의 책임감에 마음이 무거울 때도 많았다. 경영이 힘들 때는 특히 더했다. 누군가는 회사 일을 너무 사적으로 받아들인다고 비난할 수도 있을 것이다. 그렇지만 어떤 일이 있어도 직원들의 일자리와 월급만은 지켜 주고 싶었던 나로서는 돌아오는 크리스마스도 마냥 즐겁게 맞이할 수 없었다.

12월 말의 어느 추운 겨울날, 경영을 책임지는 10명 정도의 직원들과 조촐한 크리스마스 겸 연말 파티를 했다. 각자 집에서 좋아하는 음식을 가져와 나눠 먹으며 한 해 동안 일어난 재미있는 일화를 나누는 즐거운 날이었다. 오후에는 우스꽝스러운 선물을 주고받으며 배꼽을 잡고 웃었다. 힘든 시기에 한 줄기 단비 같던 추억이다.

선물 교환을 위해 모두가 내 책상으로 모여들었을 때였다. 내 차례가 되자 직원 한 명이 멋쩍게 웃으며 식빵 한 줄 크기의 선물을 전했다. 나는 괜히 선물 상자를 한 번 흔들어 보고는 천천히 포장을 풀었다. 상자 위에는 커다랗게 '수명 시계(Life Clock)'라고 적혀 있었다.

"수명 시계?" 내가 물었다. 선물을 준 직원이 웃으며 내 인생에 남은 날을 시간, 분, 초 단위로 변환해 보여 주는 탁상시계라고 설명했다. '재미있는 발상이군.' 나는 조용히 생각했다. 선물 교환이 끝나고 값싼 샴페인이 동나자 축제 분위기도 그제야 사그라졌다. 포옹과 작별 인사를 나눈 우리는 문단속을 마치고 각자의 가족과 연말을 보내기 위해 집으로 돌아갔다. 그때까지만 해도 이 시계가 내 인생을 어떻게 바꿔 놓을지 꿈에도 짐작하지 못했다.

남은 수명을
알 수
있다면 _②

연휴가 끝나고 다시 출근한 나는 생각했다. '까짓것 뭐 하는 시계인지나 보자.' 얇고 길쭉한 스텔스 폭격기 모양에 윤이 나는 고동색의 멋진 무늬가 돋보였다. '내 수명이 얼마나 남았는지 알아 봤자 슬프면 얼마나 슬프겠어?' 젊지만은 않았던 33살의 나는 시계에 나의 '남은 시간'을 계산하기 위해 필요한 정보를 입력했다. 심호흡을 하고 작동 버튼을 눌렀다. 시계의 불이 잠시 미친 듯이 깜빡이더니 아래의 숫자가 화면에 떠올랐다.

'376,680 (시간), 47 (분), 15 (초).'

'제기랄.' 내 인생이 그 전자시계 안에 한 줄로 요약돼 있었다! 여기서 뭘 더 해야 하나 싶어 설명서를 다시 훑었다. 그냥 그게 다였다. 나는 거꾸로 돌아가는 시계를 가만히 응시했다. 화면이 깜빡이며 몇 초가 흘러갔고 또 몇 분이 흘러갔다.

그 후 며칠 동안 시계를 쳐다보며 특정 업무에 시간이 얼마나 할애되는지 재 봤다. 고객에게 답신 전화를 돌리고, 회의에 참석하고, 회사 운영에 꼭 필요한 업무만 처리했는데도 시간은 쏜살같이 흘러갔다. 그다음 주 월요일에 시계를 보자 처음 설정한 시간에서 168시간이 지나 있었다. '이 시계는 다시 설정하지도 못하겠구나!' 그제야 실감이 났다. 흘러간 시간은 절대 돌려받지 못한다. 영원히 사라진 것이다! 잔잔한 공포가 파도처럼 덮쳐 왔다.

'시간은 한정돼 있는데 해야 할 일은 너무 많잖아!'

시간에 극단적으로 쫓기는 삶

그로부터 며칠 동안 내 하루를 제한하고 시간을 빨아먹는 흡혈귀들을 가려내기 시작했다.

'어떤 회의를 생략할 수 있을까? 꼭 필요한 회의라면 단축해도 될까? 용건이 없는데 꼭 만나야 하나? 누구한테 먼저 전화하지? 이메일 하나를 쓰는 데 시간을 얼마나 들여야 하나? 무의미한 회의에 시간을 대체 얼마나 쓴 거야? 아까 그 대화를 28분 동안이나 할 가치가 있었나? 간단한 결정 하나 하는

데 뭐가 이렇게 오래 걸려?'

　나는 현재에 충실하지 않으면 쉽게 낭비되는 시간의 양에 깜짝 놀랐다. 비단 개인만이 아닌 회사도 마찬가지다. 할아버지가 장난스럽게 하던 농담이 그제야 와닿았다. 할아버지는 이런 문제를 내고 스스로 답하곤 했다.

　"너는 어떤 사람이 100살까지 살고 싶어 하는지 알고 있니? 바로 99살까지 산 사람이란다!"

　시간이 얼마 남지 않았다. 적어도 나는 그렇게 느꼈다. 매 순간의 소중함이 새삼 와닿았다. 얼마나 많은 시간이 형식적인 업무와 의미 없는 갈등에 소모되는지 보이기 시작했다. 드라마 〈맥가이버〉에 나오는 폭탄이 터지기만을 기다리는 심정으로 하루에도 몇 번이나 시계를 쳐다보며 '시간 낭비'를 하는 자신을 발견했다. 그러지 않으려면 결단을 내려야 했다. 우선 하루 일과의 우선순위를 정하기로 했다.

　그러나 내 일상은 망가졌다. 불안하고 성가신 기분이 나를 따라다니며 내 양동이의 마지막 4리터를 가득 채웠다. 어디를 가든 깜빡이는 시계의 빨간 불빛만 생각났다. 매일 찾아오는 퇴근 시간, 사무실의 문을 닫으며 어둠 속에서 반짝이는 시계를 마지막으로 한 번 더 쳐다봤다. 불길한 풍경이었다. 자유의 뜻이 해방감이라면 나는 그 반대의 기분을 느꼈다. 시간이라는 개념에 묶여 옴짝달싹 못 하는 처지처럼 느껴졌다.

그러던 어느 날 아침, 잠에서 깬 나는 천장을 바라보며 말했다. "난 못
해. 움직이질 못하겠어." 자리에서 일어나 사무실에 가 봤자 수명 시계가 나
를 반길 생각을 하니 두려웠다. 시계는 끊임없이 깜빡이며 꿈에서까지 죽음
의 신처럼 나를 따라다녔다. 시계가 주는 메시지는 동기 부여는커녕 나의 생
명을 빼앗고 있었다.

나는 천천히 죽어 갔다. 곧 주변인들도 내 상태에 영향을 받기 시작했다.
사무실의 그 누구도 행복하지 않았다. 안 그래도 일거리가 부족해 우울한 회
사 분위기에 사장이 겪는 위기가 도움이 될 리 없었다. 사무실 안의 긴장감은
고조돼 갔다.

부의 역발상

내 시간을
갉아먹는 것들에서
벗어나라

그때만 생각하면 웃음밖에 나오지 않는다. 내가 불행해지자 직원들도 그렇게 느꼈던 게 분명하다. 아니면 그냥 '시간을 절약하기 위해 모든 업무를 빠르게 처리해야 했던 것이 불만이었을 수도 있다. 내가 보여 준 편집증에 가까운 행동을 달가워하는 사람은 아무도 없었다. 내가 겪은 증상은 '정보 과다로 인한 분석 불능(Analysis Paralysis)'으로도 알려져 있다. 당시의 나는 종종 아무것도 못 하고 시계만 쳐다보고 있었다. 연필을 쥐거나 보고서를 읽거나 심지어 전화 한 통도 걸지 못할 만큼 내게 남은 시간에만 골몰했다.

나는 시계를 멈추기로 했다. 이 광기를 끝낼 유일한 방법이었다. 솔직히 말하면 무서웠지만 그래도 내 의지는 확고했다. 그런데 이게 웬일인가. 전원을 끄는 스위치가 없었다! 시계를 끄려면 책상 밑으로 기어 들어가 콘센트의 플러그를 뽑아야 했다. 애타게 찾아 헤맨 해방감이 밀려오기 직전이었다. 이제 '수명 시계'는 영원히 빛을 잃고 더는 내 소중한 시간을 빼앗지 못할 것이다. 모든 것이 전부 괜찮아질 것이라고 믿었다.

플러그를 뽑고 지쳐 버린 나는 책상 밑을 다시 기어 나와 의자 위로 쓰러져 안도의 눈물을 흘렸다. 그리고 나서는 얼굴을 찌푸리며 이제는 수명 시계가 아닌 죽음의 시계(Death Clock)가 된 악당을 집어 들었다. 그런데 죽음의 시계는 여전히 돌아가고 있었다.

신이시여! 나는 온몸에 소름이 돋았다. '이게 어떻게 된 일이지?' 꼭 에드거 앨런 포(Edgar Allan Poe)의 소설 혹은 스티븐 킹(Steven King)의 소설 속에 갇힌 기분이었다. 분명히 전원 플러그를 뽑았는데 어떻게 아직 켜져 있는 거지? 이 시계는 초자연적인 시계란 말인가? 겨우 진정한 나는 그 이유를 알고 안도했다. '보조 건전지! 무시무시한 AAA 사이즈 보조 건전지!'

나는 곧바로 시계 뒷면을 열어 건전지를 뽑아 버렸다. 죽음의 시계는 그제야 조용해졌다. 악몽은 이제 안녕. 숨통이 트이는 기분이었다. 나는 시계를 건물 뒤 쓰레기통에 집어 던졌다. 시계가 근처 쓰레기 매립지로 실려 가고 살아 있는 기분을 만끽했다. 숨죽이며 지내던 직원들의 얼굴에도 두려움이 사라졌다. 내 인생의 남은 시간이 증발하고 사라지는 모습을 지켜봐야만 했던 4주간의 시련이 마침내 끝난 것이다.

부의 역발상

시간은 기다려 주지 않는다

이 경험은 이후 내게 긍정적인 영향을 끼쳤다. 분명 감당하기 힘들었던 갈등과 고뇌의 순간이었지만 그때 배운 교훈은 지금까지도 유용하게 쓰고 있다(전처럼 병적인 수준은 아니다). 죽음의 시계를 추천하고 싶지는 않지만 살면서 한 번쯤은 내 시간이 어디에 소모되는지 예민하게 의식해 보는 것도 좋은 경험이다. 평범했던 하루가 새롭게 느껴질 것이다.

그래서 정확히 무엇을 배웠냐고? 인생은 정말로 짧다는 것이다. 시간은 그만큼 소중하고 강력하다. 몇 가지만 기억하자. 당신도 곧 알게 되겠지만 시간은 어떻게 쓰냐에 따라 득이 될 수도, 실이 될 수도 있다.

예를 들면 재정을 살피거나 인생을 설계할 때 효율적으로 쓴 시간은 당신에게 득으로 돌아온다. 하지만 시간 관리에 실패하거나 일의 위험과 보상을 제대로 따지지 않고 결정을 망설인다면 불리하게 돌아올 것이다.

나는 시간의 소중함을 깨닫는 순간 마음이 홀가분해짐을 느낄 수 있다(적당히 깨달을 때의 이야기다). 인생이 짧다는 사실을 깨달으면 지금 당장 내려야 하는 중대한 결정들이 생긴다. 느긋하게 소파에 누워 드라마를 몰아 보고 싶었지만 어째 갑자기 내키지 않는다. 지긋지긋한 직장 일에 매사 불평만 하는 것도 시간을 그다지 효율적으로 사용하는 일은 아니다. 공통점도 없는 지인 부부와 식사를 해야 하는 타당한 이유도 느낄 수 없다. 그러자 대신 이렇게 말할 용기가 생긴다.

"아뇨, 괜찮습니다. 제가 바빠서요."

이 말 덕분에 하고 싶은 무엇이든 할 수 있는 자유 시간이 생겼다! 참으로 놀라운 개념이다. 시간의 속성을 이해하는 사람만이 꼭 해야만 하는 일뿐만 아니라 원하는 일에도 충실해질 수 있다.

그렇다면 이 거대한 행성 위 당신에게 남은 50만, 40만, 혹은 30만 시간을 어떻게 쓸 것인가? 부담스럽다면 조금 다른 식으로 물어보겠다. 지금 당신에게 주어진 24시간을 어떻게 쓸 것인가? 24시간 중 얼마만큼의 시간을 진로를 바꾸고, 목표에 집중하고, 다른 소중한 사람들과 보내고, 편안하고 평온한 삶을 누리는 데 쓸 것인가?

그렇게 생각하니 다른 일들은 대수롭지 않게 느껴진다. 내가 어찌할 수 없는 일들을 걱정하고 과거의 실수를 반복하고 작은 일에 화내며 원한을 품는 것도 마찬가지다. 당신 하루의 매 순간은 어떻게 흐르고 있는가? 잠깐이라도 자유로운 시간을 즐길 여유가 있는가? 자신에게 떳떳하고 스스로 결정한 시간, 사회의 시선으로부터 자유로운 시간 말이다.

당신을
부자로 만들어 줄
시간 활용법

이제 진정한 자유의 의미가 실감 날 것이다. 사람들은 자유라고 하면 보통 퇴근 이후의 시간을 떠올리곤 한다. "여가는 어떻게 보내세요?" 오늘 처음 만난 사람이 묻는다. 이해가 간다. 누구나 여가 시간이 소중한 법이다. 나도 참 좋아한다. 하지만 만약 모든 시간이 여가 시간이 될 수 있다면 어떨까? 온전히 당신이 통제하고 책임질 수 있는 시간. 그 시간의 근원이 직장이라면 어떨까? 직장에서도 가정에서도 자립적이고 주체적인 당신이라면 충분히 꿈을 좇을 자격이 있다. 당신을 기다리는 자유를 그려 보라. 당신이 성취할 모든 것들을 상상해 보라.

지금부터 시간을 어떻게 보낼지 생각해 보자. 최소한 시간을 아끼려는 노력이라도 해 보자. 물론 넷플릭스에서 한창 방영하는 최신 드라마를 무조건 외면해야 한다는 뜻은 아니다. 하지만 지금 하는 행동과 그 행동의 결과를 항상 머릿속에 유념하도록 하자.

아까 말했던 당신에게 득이 되는 시간 활용법을 알아보자. 여러 검증된 방법으로 시간을 이용해 개인의 재정을 더 수월하게 관리할 수 있다. 목표는 시간을 당신 편으로 만드는 것이다. 이는 부자의 삶을 사는 데 중요한 신용을 확립하고 쓰는 데 기초한다. 가계의 예산을 짜고 노후 자금도 모아야 한다. 여기에 접근하는 최상의 방법을 알아보겠다.

신용을 확립하라

회사 직원들에게 가장 먼저 묻는 것은 그들의 신용 상태다. 대부분은 아직 신용을 확립하지 않았거나, 확립했으나 올바르지 않게 사용하는 경우가 많다. 신용이 무엇인지도 모른다면 신용 카드와 관련된 대화를 나눈다. 현명하게만 사용하면 신용을 확립하기에 좋은 방법이기 때문이다.

최대한 빨리 만들 것도 당부한다. 이는 무리해서 돈을 쓰거나 분수에 넘치게 소비하라는 뜻이 아니다. 물론 자제력이 가장 중요하다. 하지만 차를 할부로 사거나 담보 대출을 받으려면 신용 기록이 필요하다. 세상이 개인의 신뢰도를 증명할 다른 방법을 찾아내지 않는 이상 신용을 확립하는 것이 최선이다. 언뜻 납득이 잘 안 될 수도 있지만 꼭 해야 하는 일이라는 것을 잊지 말자.

그렇다면 신용은 어떻게 쌓을까? 가장 간단하게는 비교적 발급이 쉬운 상점 전용 신용 카드(Retail Credit Card)가 있다. 사고 싶은 물건이 있는 상점의 신용 카드를 발급하자. 수중에 현금이 있어도 상관없다. 고지서가 우편으로 도착했다면 그때 바로 전액을 갚자. 물건값만큼의 현금이 충분히 없으면 애초에 소비를 하지 말라는 뜻이다.

이 대목이 가장 중요하다. 우리의 목적은 신용 카드 회사에서 돈을 빌리는 것이 아니다. 책임감 있는 소비 습관을 증명하고 신용을 얻으려는 것이다. 이를 몇 달 동안 반복하면 건강한 신용 등급의 초석이 생긴다. 몇 달 동안 꼬박꼬박 고지서를 갚아 갔다면 이번에는 이자율이 낮은 마스터 카드나 비자 카드를 발급하자. 중요한 것은 감당할 수 있는 만큼만 쓰고 고지서는 바로바로 갚아서 이자를 피하는 것이다. 없는 돈은 쓸 수 없다. 신용 카드를 직불 카드라고 생각하자. 위의 주의 사항만 지킨다면 당신은 집이나 차를 살 때까지 이 방법으로 높은 신용 점수를 쌓을 수 있다.

간단한 소비의 법칙을 기억하자. 후회를 부르는 어리석은 소비를 피하고 당신을 편안하게 해 줄 물건들만 구매해라. 절대 흔들리지 마라. 한번은 TV에서 올바른 소비 습관에 꽤 유용한 속임수를 본 적이 있다. 물건을 살지 말지 고민된다면 물건을 구입하고 잠시 상점에 맡긴 것처럼 연기해 보자. 다음 며칠 동안 그 물건 생각을 떨칠 수 없다면 언제든지 다시 가서 사면 된다.

만약 생각이 나지 않는다면? 아마 처음부터 그렇게 갖고 싶거나 필요하지 않았다는 뜻이다. 형편에 맞는 소비인지 고민된다면 이 간단한 심리 테스트를 거쳐 보자. 구매 의사 결정 과정이 놀랍게 개선될 것이다.

부의 법칙 ①
신용 카드
사용법

이자를 논하지 않고서는 돈에 관해 이야기했다고 할 수 없다. 이자에는 2가지 종류가 있다. 좋은 이자와 나쁜 이자. 좋은 이자는 당신을 부유하게 할 것이고 나쁜 이자는 당신을 가난하게 만들 것이다. 먼저 나쁜 이자부터 시작해 보자. 신용 카드의 이자는 많은 이자 중에서도 단연 최악이라 할 수 있다. 득이 아닌 실이 되는 이자다. 애초에 신용 카드는 당신의 재정에 깊숙이 침투해 절대 떠나지 못하도록 만들어졌다.

예를 들어 보겠다. 소품 대여점에서 탁자를 빌리듯이 신용 카드도 잠시 빌리는 돈이라고 생각해 보자. 탁자는 당신 것이 아니다. 행사가 진행되는 동안 잠시 빌리는 것뿐이다. 소품 대여점은 당신이 탁자를 쓰는 동안 대여비를 챙긴다. 대부분의 사람은 행사가 끝나자마자 재빨리 탁자를 반납한다. 사용이 끝났는데 창고에 넣고 대여비가 불어나기를 바라지는 않을 것이다.

그렇다면 왜 돈은 탁자처럼 취급하지 않는가? 그 돈은 은행에서 잠시 빌렸을 뿐이다. 심지어 대여비도 천문학적인 금액이다. 미국의 다국적 개인 금융 기업 크레딧카르마(Credit Karma)에 따르면 신용 카드의 평균 이자율은 16퍼센트다. 몇몇 신용 카드 회사는 최대 24~26퍼센트의 이자를 청구하기도 한다! 이렇게 높은 이자와 원금을 다 납부하려면 수년이 걸린다. 바로 이것이 신용 카드 회사의 목적이다. 마치 잘못된 연인 관계 같다. 누군가와 교제를 시작했는데 상대방이 당신을 절대 놓아주지 않는 관계. 바보 같지 않은가?

신용 카드는 신용을 올리기 위해서만 쓴다

이제 반대의 상황을 가정해 보자. 돈을 빌려주고 이자를 받는 일은 어떤가? 이제야 대화가 되는 기분이다! 이것이 바로 투자다. 다른 이에게 돈을 빌려주고 그 대가로 이자를 받는다. 투자에는 많은 종류가 있지만 이 책에서는 초반에만 규율을 잘 지키면 따를 수 있는 아주 간단한 발상에만 초점을 맞추겠다. 세계적으로 유명한 재정 전문가 데이브 램지(Dave Ramsey)에 의해 대중에게 알려진 이 발상의 이름은 "너 자신부터 챙겨라(Pay Yourself First)"이다. 정말 많은 사람이 이 말을 자주 한다.

"여윳돈이 생기면 노후를 위해 저축할 거야."

알아챘는가? '여윳돈이 생기면.' 이 사람이 어떤 사람인지 벌써 어느 정도 파악된다. 명심할 점이 있다. 첫째로, 뜻밖의 횡재를 제외하면 여윳돈이 저절로 굴러오는 경우는 없다. 여윳돈이 문을 두드리며 "나 왔어!" 하는 모습을 본 적이 있는가? 당연히 없을 것이다.

더 중요하게는 화자가 노후 대비를 우선시하지 않거나 할 줄 모르는 사람이라는 것을 보여 준다. 가계 예산에 관해서는 차차 다루겠지만 노후 대비가 최우선 과제라면 미래를 위한 재무 설계가 얼마나 쉬운 일인지 먼저 알려 주고 싶다. 쭉 유지될 수 있는 편안하고 평온하고 자유로운 삶을 위한 설계 말이다. 재정의 최종적 목표를 마음의 최전방에 두고 일찌감치 전략을 세우는 것 자체가 짜릿한 일이다. 내 말을 믿어도 좋다. 설계의 중요성을 알았으니 예시를 통해 아주 기초부터 배워 보자.

나부터 챙기라는 말에는 딱히 정의가 필요 없다. 말 그대로다. 매주 금요일에 임금이 들어온다면 한 푼이라도 쓰기 전에 일정 금액을 따로 덜어 저축하자. 이제부터가 중요하다. 저축은 당신의 손이 닿지 못하는 곳에 해야 한다. 벌써부터 당신의 신음이 들린다. 하지만 사실이다. 이 방법은 처음 딱 한 번만 고통스럽다. 지금 다니는 직장의 면접 날을 떠올려 보자. 구직 활동 중이라면 이 기발한 방법을 바로 써먹을 수 있다. 면접의 어느 시점에서 연봉이 주제로 떠오르면 내가 말한 계획을 실천해 보자.

- 신용 카드는 신용 등급을 올리기 위해서만 쓰자. 가능하면 카드를 쓴 날 바로 갚자. 돈 빌리는 일을 최대한 자제하자.

부의 법칙 ②
득이 되는
저축법

이야기의 진행을 위해 4만 달러의 연봉을 제안받았다고 가정해 보자. 즉시 마음속으로 "와, 연봉이 3만 7,000달러라니, 맘에 드네!"라고 말하자. 방금 무슨 일이 일어났는지 알겠는가? 간단하다. 앞으로의 생활은 실제로 받을 돈에서 3,000달러 부족한 3만 7,000달러의 연봉으로 꾸리게 될 것이다. 가진 적이 없으면 잃을 수도 없다. 이해가 가는가? 비상금을 포함한 가계 지출이 실질적으로 더 적은 수입에서 빠져나가는 셈이다. 1주일만 지나도 더 적은 돈으로 유지하는 생활에 익숙해질 것이다.

돈은 우리의 사고방식에 영향을 끼치는 아주 중요한 요소다. 사람은 많이 벌면 그만큼 더 쓰는 법이다. 유감스럽게도 인간의 기본적인 행동 양식이라고 할 수 있다. 하지만 당신은 다르다. 당신은 경리과에 찾아가 무슨 이유를 대서라도 급여의 일정 금액을 당신조차 손대지 못하는 계좌에 따로 빼 달라고 부탁할 것이다. 최근 몇 년간 많은 직원이 내 금고에 본인들의 직불 카드를 보관해 달라고 부탁해 왔다. 우습지만 사실이다. 그리고 우습지만 효과적인 방법이다.

안전한 투자 수단을 찾아라

이쯤에서 이 대화에 시간의 마법을 더해 보자. 시간은 돈이고 돈은 시간이다! 아주 단순한 이치다. 득이 되는 이자, 좋은 이자를 살펴보자. 이자와 시간은 돈과 각별한 사이다. 백만장자가 될 준비가 됐는가? 농담이 아니다. 우리 회사에만 적어도 30명의 신흥 백만장자들이 있다. 20대에서 30대로 이뤄진 이 직원들은 일과가 끝나면 은퇴 후의 생활이 보장됐다는 사실에 안도하며 집으로 돌아간다.

우선 그들은 매주 50달러의 저금이 그리 어렵지 않다는 것을 깨달았다. 또 50달러를 쉽게 낭비하는 것 역시 어렵지 않다. 외식을 몇 번 하거나 매일 비싼 커피를 마시거나 입지도 않을 옷을 사면 금방이다. 얼마나 많은 사람이 고된 하루를 마치고 귀갓길에 술, 패스트푸드, 담배를 사며 돈 낭비를 일삼는다고 생각하는가? 조금이라도 계속 쓰다 보면 금방 액수가 커진다. 몇 주 동안만 얼마를 썼는지 기록해 보면 금방 알 수 있다. 돈을 헤프게 쓰는 편이 아닌데도 생활이 힘든 사람이라면 이렇게 반문할 수도 있다.

부의 역발상

"말로는 뭘들 못 해. 1주일에 50달러가 어디서 생겨?"

그렇다면 당신의 소비 습관을 자세히 들여다보자. 주 50달러가 힘들다면 20달러는 어떤가? 10달러는? 봉급이 오르면 금액은 나중에 차차 늘려 가도 된다. 하나의 체계를 정립한다는 생각으로 임하자. 시간과 이자와 돈이 함께할 때의 위력을 과소평가하지 말자. 꿈을 이루는 삶의 요소는 여기서부터 만들어진다.

예비 백만장자의 길로 향하고 있는 젊은 블루칼라 노동자들은 은퇴를 어떻게 준비하고 있을까? 401(k)(미국의 퇴직 연금 제도. '포오원케이'라고 발음한다)가 그들을 돕고 있다. 많은 회사가 주급에서 일정 금액을 제해 401(k)나 다른 퇴직금 저축 계좌에 저금하도록 지원한다. 일반적으로 퇴직금은 총소득의 15퍼센트가 적절하다고 권해진다. 회사가 제안하는 401(k)의 연금 수령액과 추가 보조금이 기대에 부응한다면 이 계좌를 최대한 활용하자.

미국의 저축 예금 계좌 중 가장 좋은 조건은 고용주가 보조하는 401(k) 계좌다. 은행이 제공하는 일반 저축 예금 계좌에 저금하는 금액은 세금을 공제한 금액이다. 쉽게 말해 1달러를 저금했지만 세금을 공제하면 75센트에만 이자가 부과되는 셈이다. 저금을 아예 안 하는 것보다는 낫지만 은퇴 자금을 불리기 위한 더 좋은 방법을 찾아야 한다.

401(k) 계좌는 면세 대상이다. 1달러를 저금하면 1달러가 그대로 당신 것이라는 뜻이다. 벌써 75센트만 저금했을 때보다 은행 잔액의 4분의 1이 앞서게 된다. 미국에서는 많은 기업이 더 뛰어난 직원들을 끌어들이기 위한 수

단으로 401(k)와 보조금 지원을 강조한다. 지원금은 보통 당신이 저금한 금액의 25퍼센트로, 급여의 일정 비율을 초과할 수 없다.

마법은 여기서부터 시작된다. 앞서 저금한 온전한 1달러에 회사 보조금 25센트가 추가로 적립된다. 결론적으로 1달러를 저금할 때마다 75센트가 아닌 1달러 25센트가 생긴다. 무려 50센트나 더 많은 금액이다. 멋지지 않은가? 이렇게 몇 년만 저금하면 얼마나 큰 금액으로 불어날까? 어마어마할 것이다. 보다시피 나는 401(k)의 열성 팬이다. 우리 회사가 제공하는 401(k)도 계속해서 백만장자를 배출해 낼 것이다.

이 놀라운 일이 어떻게 일어났는지 궁금한가? 당신의 미래를 책임져 줄 돈, 이자, 시간의 공식을 기억하자. 이 셋은 호흡이 척척 맞는 동업자다. 조금의 엄격함이 이 셋과 맞물려 어떤 보상을 선사할 수 있는지 설명하겠다. 특히나 사회생활을 일찍 시작했다면 잘 들어 보기를 바란다. 지금부터 하는 이야기는 믿기 힘들 정도로 놀라울 것이다.

- 투자 수단을 찾자. 투자 사업에 종사하는 가족과 지인들에게 조언을 구하자. 고용주나 나라로부터 보조를 받을 수 있는 상품이 있는지 물어보자. 있다면 기회를 놓치지 말고 최대한 빨리 시작하자!

부의 역발상

부의 법칙 ③ 일찍 시작하는 저축의 위력

은퇴 자금은 얼마가 적당할까? 미국인 10명 중 6명이 편안한 노후를 위해 10만 달러가 필요하다고 답했다. 그러나 램지 솔루션(Ramsey Solutions)의 연구 결과는 잔인한 현실을 보여 준다. 은퇴 연령에 가까워진 베이비 붐 세대의 절반이 평생 1만 달러 이하로 저축한 것이다. 미국인들이 위기의식을 느끼지 못한다는 뜻이 아니다. 대부분은 자신들의 저금이 턱없이 부족하다는 사실을 잘 알고 있다. 실제로도 미국인의 절반이 노후 걱정에 잠을 이루지 못한다고 한다. 하지만 당신은 괜찮다. 이 책을 읽고 있으니까!

노후 대비는 어려워 보이지만 너무 걱정하지 말자. 당신도 충분히 할 수 있다. 고도의 지능이 필요한 일이 아니다. 단순히 지금부터라도 시작하면 된다. 마음이 놓일 만큼 저축하고 싶다면 지금 당장 시작하는 수밖에는 없다. 시간이 지날수록 오르는 급여와 이자율을 이용해 은퇴 자금을 마련하자. 당신이 은퇴하는 날, 돈 자루를 든 요정이 당신을 기다리는 마법 같은 일이 일어나지 않는 이상 스스로 해야만 하는 일이고, 또 생각보다 쉽다.

은퇴 저축은 소득이 생기자마자 시작하라

여기 당신의 은퇴를 도울 돈, 이자, 시간의 삼박자를 잘 보여 주는 예시가 있다. 나이가 같은 두 사람을 예로 들어 보자. 24세의 잭과 질은 데이브 램지의 웹 사이트에 올라온 게시물 '10대가 백만장자가 되는 방법(How Teens Can Become Millionaires)'에 등장하는 인물들이다. 두 사람 다 은퇴 자금에 관심이 있지만 질은 바로 저금을 시작했고 잭은 10년 동안 저금을 미룬다. 여기서 생긴 차이가 흥미롭다. 이 예시를 떠올리는 데 유명 작가이자 재정 자문가인 크리스 호건(Chris Hogan)에게 많은 도움을 받았다.

질은 첫 직장을 찾자마자 은퇴 준비를 시작했다. 24세의 질은 (그의 회사가 지급하는 3,000달러의 보조금과 함께) 1주일에 50달러씩 10년 동안 401(k)에 저금했다. 이만하면 됐다고 생각한 그는 35세의 생일 이후에는 저금을 멈췄다.

높긴 하지만 과거 S&P 500(스탠더드 앤드 푸어사가 발표하는 500개의 대형 기업이 포함된 주가 지수)의 평균 수익률과 같은 수준인 6~10퍼센트의 연간 수익률과 회사 보조금을 더한다면 65세가 될 때쯤에는 훌륭한 노후 자금이 모일 것이다. 그래서 그게 얼마냐고? 우선 잭의 이야기를 듣고 나서 말해 주겠다.

부의 역발상

질과 동갑인 잭도 24세의 나이에 첫 직장을 얻었다. 아까도 말했듯이 잭은 사회생활을 시작하고 나서도 10년 이상 저금을 미뤄 왔다. 10년 후에야 때가 왔다고 느낀 그는 30년 동안 매년 3,000달러를 저금했다.

65세가 된 두 사람은 서로의 투자금을 비교해 보기로 했다. 질은 24살부터 (3,000달러씩 10년 동안) 3만 달러를 저금했다. 잭은 34살부터 (3,000달러씩 30년 동안) 9만 달러를 저금했다. 잭의 계좌에는 60만 달러의 돈이 모여 있었다. "나쁘지 않은 액수야. 그렇지?" 잭은 자랑스럽게 말했다. 이번에는 질의 차례다. 우리는 질이 잭보다 10년 앞서 저금하기 시작했다는 사실을 기억해야 한다.

매주 잭과 같은 금액을 10년 동안만 저금한 질의 계좌에는 100만 달러가 있었다! 믿기 힘들다는 것을 안다. 하지만 모두 사실이다. 저금의 힘, 이자의 요술, 그리고 부정할 수 없는 시간의 위력을 실감하는 순간이다.

- 지금의 나이와 상관없이 언젠가는 은퇴하고 싶을 때가 올 것이다. 그러나 65세, 55세, 혹은 45세가 돼서 계획하기 시작한다면 이미 늦었다. 소득이 생기면 바로 은퇴를 위한 저축을 시작하자. 아직 20대일 때 배우는 것이 가장 좋다.

부의 법칙 ④
예산
쪼개기

장기적인 저축 계획을 세우고 성공하는 일은 생각보다 어렵지 않다. 돈을 보는 방식 또한 성공에 아주 중요한 역할을 한다. 당신이 목표를 설정해서 삶을 진행하고 직장에서 얻는 수입으로 원하는 인생을 일구는 방법을 알려주고 싶다. 그러니 이 장의 마지막은 소중한 돈을 현명하게 쓰는 방법을 배우며 끝맺는 것이 좋겠다.

아직도 학교에서 돈 쓰는 방법을 안 가르치다니 믿기지 않는다. 신용 카드는 만들기는 쉽지만 올바르게 쓰는 방법을 배우기 힘들다. 그러니 힘들게 번 돈을 어떻게 써야 가계가 풍족해지는지 꼭 가르쳐 주고 싶다. 예시는 찾아보기 쉽다. 인터넷에 잠깐 검색만 해도 예산을 어떻게 짜야 하는지 다양한 의

견을 찾아볼 수 있다. 지출의 분류나 비율에 대한 의견은 재정 전문가마다 다르지만 나는 아래 데이브의 의견을 추천하고 싶다. 물론 사람에 따라 자녀가 태어나거나 학자금 대출금을 갚는 등의 변수는 충분히 고려해야 한다.

- 저금 — 10퍼센트
- 기부 — 10퍼센트
- 식비 — 10~15퍼센트
- 공과금 — 5~10퍼센트
- 주거비 — 25퍼센트
- 교통비 — 10퍼센트
- 건강 관련 비용 — 5~10퍼센트
- 보험료 — 10~25퍼센트
- 취미 — 5~10퍼센트
- 용돈 — 5~10퍼센트
- 기타 — 5~10퍼센트

예산은 단순하게, 실행은 철저하게

위는 가계 예산을 분배하는 예시일 뿐이다. 이 예시를 참고해서 자신만의 예산안을 짜 보도록 하자. 몇 퍼센트의 비용을 어디에 쓸지는 당신이 가장 잘 안다. 목록의 첫 번째 비용에 주목하자. 우연으로 맨 위를 장식한 것이 아니다. 저금은 늘 1순위여야 한다. 조금은 집요해져도 된다. 기억하자. 진정으로 편안하고 평온하고 자유로운 삶이 우리의 목표다. 그리고 이 모든 것은 마음 놓을 수 있는 은퇴 자금을 마련하는 데서 시작한다.

우리의 조부모님 세대는 매주 생기는 지출을 관리하기 위해 각각 집세, 공과금, 식비라고 써진 깡통에 1달러 지폐를 모았다. 요즘에는 스마트폰으로도 가능하다. 두 방법 모두 절제된 저축 습관을 길러 주고 재정을 개선한다는 점에서 같다고 할 수 있다.

지금까지의 간단한 조언을 따른다면 당신도 평생 돈 걱정 없이 살 수 있다. 돈 관리에 철저해지면 고지서에 진땀 뺄 일도 없다. 정말 필요한 것을 살 만큼의 돈은 항상 가질 수 있으리라. 이미 다 지불한 신용 카드 대금과 불어나는 저금이 당신의 이상을 향해 나아갈 힘을 실어 주리라.

더 자신감을 갖고 당당해져라. 미래에 대한 걱정, 불안, 두려움 대신 안정감으로 양동이의 마지막 4리터를 가득 채워라. 더 놀라운 기회들이 자연히 모여들고 신중하게 그려 낸 인생의 그림이 하나씩 실현될 것이다. 목표를 차례차례 달성하는 당신을 그 누구도 막을 수 없다.

• 돈 문제를 반드시 정리하자. 예산을 단순하게 세워 철저하게 지키자.

부의 역발상

역발상
8

이룰 수 없다면
목표가 아니다

목표는
처음이 아니라
끝을 세운다

당신의 새로운 인생을 만들 준비를 끝마칠 시간이다. 바라건대 지금쯤 당신이 미래의 가능성을 명확하게 볼 통찰력을 얻고 인생의 계획을 점검하며 돈 관리에 더 신중해졌기를 바란다. 이제 목표를 세우는 데 집중하고 하나하나 달성하는 일만 남았다.

괜찮다면 목표의 뜻을 확실히 짚고 넘어가고 싶다. 여기 내가 추려 낸 목표의 사전적 정의가 있다. '야망, 지향, 혹은 바라는 결과의 대상. 여행의 도착지.' 흥미롭지 않은가? 목표의 정의를 다른 말로 하면 '끝맺음'을 의미한다. 목표를 세우고 출발선에 서는 동시에 도착지를 바라보며 뛰는 것과 같다. 끝을 마음에 두고 시작하는 것이다.

스티븐 코비(Stephen R. Covey) 박사는 그의 저서 ≪성공하는 사람들의 7가지 습관≫에서 목표 설정 과정을 설명했다. 그는 뭐든지 마음의 눈으로 그렸을 때 한 번, 목표가 이뤄졌을 때 한 번, 총 두 번 만들어진다고 말한다.

나는 이 사고방식을 길에 비유하고 싶다. 코비 박사에 따르면 어떤 목표든 마음이 처음 대상을 그려 내고 성취하면서 많은 과정을 겪고 탄생한다.

이 장에서는 목표에 이르는 길에 관해 이야기할 것이다. 인생에서 원하는 바를 찾아내고 반드시 이루는 길 말이다. 약간 강박적인 내 성격 탓도 있다. 나는 하기로 마음먹은 일은 무슨 일이 있어도 끝장을 본다. 그리고 내가 길보다 더 강박적으로 집착하는 주제는 없다.

목적지를 향해 길을 열어라

나는 인생의 대부분을 말 그대로 기반을 다지며 보냈다. 그리고 내 밑에서 땅을 파며 일하는 수백 명의 직원이 인생의 방향을 구축하도록 물심양면으로 도왔다. 나는 여가나 휴가를 온갖 종류의 길에 쏟는다. 산책로, 시골길, 심지어 골프 코스도 상관없다. 어쨌든 긴 길들의 연속이면 상관없다.

왜 귀한 여가 시간을 군이 길에 할애하냐고? 그 무엇도 길을 걸을 때만큼 나를 멋진 곳으로 인도하는 명료성, 희망, 영감을 줄 수 없기 때문이다. 길에는 많은 의미가 있다. 본격적으로 길을 논하기 전에 우리가 아는 길의 뜻이 같은지 사전을 통해 알아보자.

부의 역발상

- 사람이 걷기 위해 특별히 만들어진 선로. 특수한 목적으로 만들어진 노선이나 경로.

- 사람 또는 물건이 따라 여행하거나 움직이는 노선이나 경로.

- 한 장소와 다른 장소 사이의 산책로나 노선.

- 결과나 목표로 이어지는 일련의 행위.

- 좁은 길. 혹은 어디론가 이어지는 길.

- 시작과 끝이 분명하고 거리 측정이 가능한 보행로.

- (보통 예상 가능한 시간 안에) 원하는 장소, 물건, 혹은 결과로 향하는 길.

길. 이 정의들에 따르면 우리는 알든 모르든 비유적이거나 문자 그대로의 길을 걷고 있다. 그렇다면 당신이 걷는 길은 원하는 장소나 물건이나 결과로 이어져 있는가? 당신이 내딛는 걸음은 목적지를 향하고 있는가? 아니면 목적지에서 점점 더 멀어지고 있지는 않은가?

이제 최근에 걸었던 길을 떠올려 보자. 조깅하기 좋은 장소로 이어진 오래된 산책길이었나? 강둑으로 이어진 숲속의 오솔길이었나? 아니면 코스 사이사이 골프 카트가 다니는 길? 처음으로 새로운 길을 발견해 꼬불꼬불한 곡선을 따라 걸었을 때의 기분을 기억하는가? 또렷하게 기억날 때까지 잘 생각해 보자.

남의 돈처럼 말하면 남의 돈이 된다

마지막으로 길에 올랐던 적이 꽤 오래전일 수도 있지만 지금만큼 이 기억을 떠올리기 좋을 때는 없다. 숨이 멎는 듯한 바다의 풍경이나 초록이 무성하게 펼쳐진 산의 전경이 보이는 종착지로 이어지는 길. 이런 길을 걸을 때의 기분은 단순히 목적지에 도착하는 것보다 더 큰 의미가 있다.

당신이 쭉 갈망했지만 지금 이 순간까지 깨닫지 못했던 감각과도 같다. 당신뿐만 아니라 많은 사람이 자유나 즐거움이 어떤 느낌이나 형태인지 모른다. 눈부시게 아름다운 산 정상, 웅장하게 펼쳐진 경치, 고요한 초원에 다다르기 바로 직전에 제자리에서 빙글빙글 돌거나 다른 길로 돌아서기 때문이다. 눈앞에 얼마나 놀라운 보상이 있는지 모르고 길을 완주하려는 시도조차 하지 않는다. 대신 멋지게 사는 사람들을 보며 이렇게 말한다.

"재미있는 일은 혼자 다 한다니까. 참 운이 좋아!"
"좋겠다, 야. 부러워."
"아, 알았어. 근데 난 어차피 그런 데 관심 없어."
"복권 당첨되면 그때 두고 보자."

우리는 곧잘 자신을 제한하는 부정적인 단어를 쓰곤 한다. 시작도 하기 전에 자유로 이어지는 길을 포기하기도 한다. 늘 바라던 일을 성취했거나 목표를 세우고 그 길을 따라갈 때의 놀라운 감각을 겪어 보지 못했기 때문이다. 단 1초라도 직접 돈을 벌고 성공해 본 사람은 하루도 빠지지 않고 목표를 설정하고 달성하려 들 것이다.

사실 우리는 겁이 나는 것이다. 우리는 "그거 바보 같은 생각이네", "그걸 왜 하려고 그러는데?", "내가 이렇게 살았으니까 너도 똑같이 해야 해"라는 말을 들으며 자랐다. 자유나 선택은 박탈당한 채 타인이 기대하는 일만 하며 수동적으로 살아왔다. 스티븐 코비 박사가 말하듯 타인과 환경이 우리와 우리의 인생을 주무르도록 내버려 둔 채 사는 것이다.

하지만 뭔가를 성취하는 데서 오는 놀라운 기분을 당신도 느낄 수 있다면 어떨까? 그때는 길을 골라 따라갈 수 있겠는가? 안면 기형에 빼빼 말라 대학도 나오지 않은 켄 러스크가 한 회사의 사장이 돼 부를 누리고 세계를 여행했다면 당신도 분명히 할 수 있다. 그러니 돈을 벌고 싶다면 남을 부러워하지 말고 나도 벌 수 있다고 여겨야 한다.

새로운 길을 따라 걷기

나와 4명의 형은 내가 5살 때부터 눈만 뜨면 집 근처의 숲속을 뛰놀았다. 우리는 어른 없이 남자아이들만 남겨졌을 때 할 법한 일을 모두 하며 자랐다. 자전거를 타고 개울까지 경주하고, 비비탄총을 쏘고, 정처 없이 거리를 쏘다니기도 했다. 한여름에는 동네를 가로지르는 구불구불한 골짜기를 따라 옆마을로 통하는 우리만의 길을 개척했다. 그 옆으로는 항상 가스관이나 고압선, 석유 탐사지 등이 있어 길이 끊길 때까지 걸었다.

어린 나이에도 집에서 너무 멀리 왔다고 느낄 때까지 길을 따라 걸었다. 해가 뜨고 질 때까지 숲속에서 놀았다. 길게 뻗은 길은 우리의 대담함과 모험심을 불태웠지만 우리를 다시 집으로 데려다주는 평안함의 상징이기도 했다. 아직 휴대폰이나 내비게이션이 나오기 전의 세상에서 길은 생명줄과도 같은 지식과 발견을 의미했다. 좋은 길 하나면 세상 어떤 지도도 부럽지 않았다. 우리는 항상 멋진 장소로 이끌어 주는 길을 믿었다.

수년이 지나 어른이 된 지금, 나와 형제들은 늘 찾던 오솔길이나 산을 오르는 일이 적어졌다. 하지만 우연히 새로운 길을 발견할 때마다 어린 시절처럼 편안했고 손에 만져질 듯 생생한 자유를 느꼈다. 내가 발견했던 모든 길은 나의 일부와 같았다. 나는 여전히 그 감각을 믿는다.

지금도 새로운 길을 발견하면 그 길이 어디에서 어떻게 만들어졌는지 궁금하다. 길을 밟았던 최초의 발걸음과 많은 사람을 이끌어 준 그 장소의 특별함. 길고 좁은 길이 닦아질 때까지 무수한 발걸음에 해어졌을 세월의 흔적을 상상하게 된다.

부의 역발상

평생 미뤄 온
초호화 휴가를
떠나는 방법

난생처음으로 스코틀랜드에 방문했던 2000년도의 가을, 인생에서 마주하는 길들이 내게 얼마나 중요한지 알게 됐다. 다른 이들도 자유를 얻도록 도우려면 내 경험을 활용해야 한다는 사실을 깨달은 것도 그때였다.

나는 골프를 정말 좋아하는 아마추어 골퍼. 개인적으로 골프만큼 재미있는 스포츠는 없다고 생각한다. 골프장 안에는 압도적인 평온함이 감돈다. 내 여가 시간 대부분은 여기서 사용된다. 내가 고른 골프채와 6.2킬로미터 이상 펼쳐진 아름다운 풍경만 있다면 혼자라도 괜찮다. 무슨 일이 일어나도 나의 즐거움은 내가 책임질 수 있기 때문이다. 골프처럼 혼자 할 수 있는 스포츠의 제일 좋은 점은 모든 것이 나에게 달려 있다는 것이다. 좋든 나쁘든

중간이든 상관없다. 그날의 날씨나 골프장의 상태에는 관여할 수 없지만 내가 시합에 갖고 오는 것들은 온전히 내 책임이다. 참 멋진 기분이다.

나는 근 몇 년간 골프를 통해 목표 설정을 해 왔다. 골프채를 쥐거나 휘두를 때의 자세, 공을 치는 방법처럼 개선할 점은 항상 많다. 앞으로 어디서 경기할지 목표를 정하는 일도 즐겁다.

"갈까 말까" 대신 "언제 갈까"

1990년대 초의 나와 친구들은 골프의 고향이라고 불리는 세계에서 가장 오래된 골프장 올드 코스(Old Course)에 가고 싶었다. 스코틀랜드의 세인트앤드루스에 위치한 이 골프장은 나와 16명의 친구에게는 버거운 목표일 수도 있었다. 그야말로 골프계의 아버지라고도 불리는 장소기 때문이다.

국내로 떠나던 흔한 주말여행과는 차원이 달랐다. 여권을 발급받고, 수천 킬로미터 떨어진 거리의 호텔을 예약하고, 시차가 다른 지역들을 경유하는 비행기표를 예매하고, 커다란 여행 가방에 짐을 가득 싸고, 천금보다 귀한 골프채들을 먼저 도착지로 발송하고, 여행자 보험 등 여행 관련 준비를 철저히 해야 했다.

신중한 계획은 물론이고 돈이 정말 많이 들었다. 평소의 소비 패턴이나 혼자 떠나는 여행에 쓴다고는 상상도 하지 못할 금액이었다. 우리에게는 엄청난 규모의 여행이었다. 어쨌든 계획을 짜기 시작했다. 인생에서 꼭 한 번은 가야 하는 여행이었다. 모 아니면 도라고, 지금이 아니면 언제 또 이런 여행을 가겠는가? 우선 '꿈'의 여행 일정표를 짜고 돈은 나중에 걱정하기로 했

부의 역발상

다. 나는 스스로에게 물었다.

'우리가 꿈꾸는 최고의 휴가는 어떤 모습일까?'

지금까지의 휴가 중 단연 역대급의 휴가가 돼야 했다. 골프도 원 없이 치고 싶었다. 그러려면 올드 코스뿐만 아니라 카누스티(Carnoustie), 웨스턴 게일스(Western Gailes), 킹스반스(Kingsbarns), 턴베리(Turnberry) 같은 세계적으로 유명한 골프장에도 들러야 했다.

이 일정을 다 소화하려면 전세 버스, 운전사, 짐꾼도 필요했다. 또 이제는 숙박 시설로 변신한 역사적인 성곽에도 묵고 싶었다. 기왕 갔으니 오래된 성곽의 정취를 즐기는 것도 좋지 않겠는가? 그렇게 꿈에 그리던 여행 계획을 모두가 볼 수 있도록 종이에 적으니 곧 현실적인 문제가 다가왔다. 과연 얼마만큼의 비용이 들까?

여행에 일가견이 있는 스티브가 이런저런 계산을 하더니 모두에게 나쁜 좋은 소식을 전했다. 우리가 세운 '역대급' 여행을 가려면 인당 5,000달러의 비용을 내야 했다! 모두 충격에 휩싸여 머리를 긁적였다. 꿈의 여행이 산산이 조각나기 직전이었다. 그때 내게 좋은 생각이 떠올랐다.

"갈지 안 갈지를 논하지 말고 언제 갈 건지를 정하자."

몇몇은 어리둥절하게 나를 바라봤다. 나는 여행 날짜를 미루고 그동안 충분한 경비를 모으자고 제안했다. 평생 단 한 번뿐인 경험을 놓칠 수는 없었다. 식당의 냅킨에 좀 더 계산해 본 우리는 3년 후에 여행을 떠나기로 했다. 우리는 우리가 감당할 수 있는 만큼만 투자하기로 했다. 1인당 매주 30달러씩 156주 동안 저금하면 목표한 금액에 도달하리라.

말도 안 되는 소리처럼 들리지만, 여행을 고대하다 보면 시간은 금방 흘러간다. 우리의 스코틀랜드 모험은 바로 그 순간 현실이 됐다. 꿈의 골프 여행은 이제 '만약'이 아닌 '언제'를 기약하게 된 것이다.

실패하지 않는
목표 달성
5단계 법칙

—

놀라운 여정에 오를 계획이 실현되면 무어라 설명할 수 없이 좋은 감정이 해일처럼 밀려든다. 이 좋은 감정은 또 다른 좋은 감정을 부르고 그 감정들은 비행기 바퀴가 땅을 박차고 날아오르기 전부터 우리의 가슴을 뛰게 한다. 우리는 스코틀랜드에 가기도 전에 삶의 주도권을 잡을 때만 오는 '자유'를 만끽하고 있었다.

좋은 감정과 마찬가지로 자유도 또 다른 자유를 부르는 법이다. 시간을 어떻게 쓸지 자기 주도적인 선택을 하기 시작하면 어느새 더 자유롭고, 자립적이고, 살아 있는 기분을 느낄 수 있다. 궁극적인 자유의 길에 오르려면 시간의 소중함을 깨달아야 한다. 지금 하는 일을 잘 살펴보고 당신이 진정으로 원하는 것에 집중하자. 당신이 원하는 것이 무엇인지 어떻게 알 수 있냐고? 당신이 갈망해 온 감각, '세상에, 믿기지 않아'라는 말이 저절로 나오는 감각을 느낄 때가 분명 있을 것이다. 나는 비행기에서 내리자마자 친구들에게 돌아서서 같은 말을 했다.

"우리가 진짜 스코틀랜드에 오다니, 믿어져?"

그게 바로 자유다. 당신을 편안하고 평온하고 자유롭게 만드는 일만 하며 인생의 주도권을 쥘 때 얻는 자유 말이다. 당신의 직업은 상관없다. 어느 학교를 나왔는지 혹은 나오지 않았는지 아무 상관없이 자유로워질 수 있다. 필요한 것은 무엇이든 이미 당신의 내면에 있다.

당신에게는 시간도 많다. 짧다면 짧은 인생이지만 하루는 누구에게나 똑같이 24시간만 주어진다. 그 시간 동안 무엇을 할지는 당신에게 달렸다. 어떤 감정을 갖고 무슨 경험을 할지는 당신이 결정한다.

당신만을 위한 자유의 길을 선택하라. 목표만 실행한다면 세계 최고의 휴가를 떠나도 되고, 원하는 차를 사도 되고, 여가 시간을 자유롭게 보내도 된다. 당신의 직업은 편안함과 평온함과 자유를 얻는 데 어떤 영향도 끼치지 못한다. 귀중한 시간과 자원을 어떻게 활용할지는 일단 마음먹기만 하면 나머지는 저절로 풀리는 법이다.

누구나 할 수 있는 5단계 성취의 법칙

당신을 향한 타인의 시선에서 자유로워져라. (그럴 시간이 없다!) 당신을 둘러싼 갈등과 부정적인 태도에서 자유로워져라. (당신이 원하는 사람과 장소에만 집중하기에도 시간이 부족하다!) 원하지 않는 감정과 경험에서 한 발짝 멀어질 때마다 원하는 감정과 장소에 한 발짝 가까워지리라. 훌륭하다. 그게 바로 자유다.

당신이 보내는 시간을 찬찬히 살펴보자. 시간 기록기에 24시간을 맞추고 그동안 무엇을 하는지 상세하게 적어 보자. 시간을 어떻게 보내고 있는가? 당신이 한 일은 당신을 자유에 가까이 데려다주는가? 아니면 그 반대인가? 당신은 자립적인 사람인가? 스스로의 길을 찾아 나서는 편인가 아니면 누군가의 허락을 기다리고 있는가? 당신이 갈망하는 '스코틀랜드'는 어디인가? 수명 시계가 멈추기 전 무엇을 경험하고 싶은가? 그 경험을 꼭 현실로 만들어 줄 목표의 길을 만들 수 있겠는가?

막연한 이상에서 시작한 당신의 꿈을 성공적으로 완수하도록 도와줄 단계별 목록을 만들었다. 당신이 되고 싶은 사람이 되고 편안함과 평온함과 자유로 가득한 인생을 시작하는 데 필수인 일련의 행동 지침이다.

나는 우리 회사의 직원들이 목표를 세울 수 있도록 지도하며 여러 가지 다양한 방법을 실험했고, 누구나 쉽게 따라 할 수 있는 5단계를 완성했다. 아주 간단하다는 점이 가장 먼저 눈에 띌 것이다. 단순할수록 더 잘 따라 할 수 있다. 함께 시작해 보자.

1단계:
"결심"은
생각보다 더 대단하다

제일 쉬운 단계다. 그냥 자신을 칭찬하기만 하면 된다. 큰 소리로 말하자. "잘했어!" 제대로 들었다. 소파에서 일어나 더 나은 사람이 되기 위해 노력하는 자신을 칭찬하자. 지금 바로 해 보자! 왜 이렇게 강조하냐고? 삶이 달라지려면 상황이 나아지기만을 기다리는 사람들에게서 떨어져야 하기 때문이다. 인간에게는 상황에 적응하고 현상을 수용하는 천부적인 능력이 있다. 그래서 우리는 지금 이대로도 괜찮다고 스스로를 설득한다. 아무것도 하지 말고 현 상태만 유지해도 좋다고 스스로를 세뇌한다.

'괜히 더 좋은 인생을 만들어 보겠다고 위험을 감수할 필요는 없지. 있는

부의 역발상

그대로도 좋잖아. 그러니 편안한 소파에 파묻혀 있어도 괜찮지 않을까?'

괜찮지 않다. 앞서 1장에서 인생의 목표에 관심을 쏟는 사람들이 얼마 없다고 보여 준 버지니아 공대의 연구 결과를 기억하는가? 이 연구 결과는 댄 자드라(Dan Zadra)의 베스트셀러 ≪파이브: 왜 스탠포드는 그들에게 5년 후 미래를 그리게 했는가?≫에도 인용됐다.

이 연구는 인간의 목표 설정과 달성 능력을 측정하기 위해 100명을 대상으로 실시됐다. 자드라는 연구 대상자의 80퍼센트가 '아무 목표도 없다'고 대답한 것으로 보고했다. 10명 중 8명이 미래를 전혀 꿈꾸고 있지 않다는 뜻이다! 끊임없이 목표를 세우고 달성하는 사람으로서는 과히 충격적인 결과다. 이어 인구의 16퍼센트만이 목표를 세우지만, 그마저도 그 내용은 기록하지 않는 것으로 나타났다. 나는 이들을 '언젠가를 기약하는 사람들의 모임'에 가입한 '꿈을 꾸는 사람들'이라고 명하겠다.

더욱 놀라운 것은 나머지 4퍼센트만이 펜과 종이를 꺼내 목표를 상세하게 기록하고, 그 4퍼센트의 4분의 1만이 실제로 목표를 정기적으로 꺼내 보며 진척 상황을 검토했다는 사실이다. 나머지 4분의 3은 서랍에 목표 목록을 넣어 두고 다시는 꺼내지 않는다. 그러니 목표 설정을 진지하게 생각하는 이 희귀한 1퍼센트의 사람들이 달성하기로 마음먹은 목표를 대부분 혹은 전부 이루는 것도 딱히 놀랍지는 않다.

인구의 16퍼센트만이 목표를 설정한다

요점은 이거다. 이 1퍼센트의 사람들은 나머지 99퍼센트보다 8배 이상의 소득을 번다! 목표란 참 강력하지 않은가? 이제 이 통계를 찬찬히 들여다 보자.

- 우리 중 80퍼센트는 목표 자체가 없다.
- 16퍼센트는 목표가 있지만 어떤 방식으로든 목표를 기록하지 않는다.
- 4퍼센트는 목표를 기록한다.
- 1퍼센트는 기록한 목표에 관심을 쏟는다.
- 이 1퍼센트는 나머지 99퍼센트보다 8배 많은 소득을 얻는다.

이제 이것들을 주의 깊게 읽어 보자. 당신이 속한 부류는 어디인지 스스로에게 물어보자. 당신이 변화할 수 있는 가능성도 생각해 보자. 스스로에게 아래의 질문을 해 보자.

- 나는 어느 부류에 속하는가?
- 어느 부류에 속하고 싶은가?
- 어느 부류에 속할 수 있는가?
- 어느 부류에 속해야만 하는가?

이제 목표 설정 과정에 첫발을 디딘 자신을 칭찬해 주자. 목표를 설정하는 것만으로도 16퍼센트밖에 없는 인구의 행렬에 동참한 것이다. 그러나 여기서 멈추지 말자. 어느 목표든지 항상 기록하겠다고 스스로와 약속하자. 그리고 항상 보이는 곳에 그 목표를 두고 겨우 1퍼센트의 인구에게만 허락된 성취의 길에 들어선 자신을 칭찬해 주도록 하자.

2단계: "당장" 할 수 있는 일부터 시작한다

앞서 이상을 가능한 한 생생하고 상세하게 그려 내는 일의 중요성을 알아봤다. 1장에서 그렸던 크레용 그림을 기억하는가? 지금부터 그림을 한 조각 한 조각 이상과 목표에 따라 분류해 보자. 우선 가장 쉬운 것부터 시작해야 한다.

'몇 달 안에 실현 가능한 목표를 찾아라!'

지긋지긋한 고지서를 완납하거나 체중을 감량하거나 대형 텔레비전을 사는 것도 목표가 될 수 있다. 직장에서 중요한 업무를 처리할 수도 있고 임

부의 역발상

금 인상이나 더 많은 고객의 유치도 좋은 목표다. 아니면 대학 학위가 없어도 수입이 높은 나만의 블루칼라직을 찾아 나서도 좋다. 본인의 적성에 맞고 생계를 꾸려 나갈 자신만 있으면 된다.

어떤 목표를 설정하든 당신이 계속 전진하도록 긍정적인 감정을 불어넣는 선택이어야 한다. 스트레스를 해소하는 목표를 선택하자. 20리터들이 양동이를 기억하는가? 그 표면에 어떤 감정이 찰랑이고 있는가? 만약 부정적 감정이 넘실거린다면 어떤 감정으로 교체하고 싶은가? 돌아오는 고지서 납부일 때문에 초조한가? 그렇다면 스트레스와 초조함을 긍정적인 행동을 부르는 긍정적인 감정으로 대체해 보자.

"성가신 신용 카드 대금을 다 갚아 버릴 거야. 정말이야. 다 갚아 버리고 다시는 떠올리지 말아야지."

자, 기분이 어떤가? 당신은 할 수 있다. 어떤 일도 가능하다. 당신은 스트레스와 초조함에 고통받기만 하는 힘없는 피해자가 아니다. 당신은 선택할 수 있다. 바로 긍정적인 선택을 할 권리가 있다.

천리 길도 한 걸음씩

이런 소소한 승리들은 인생의 편안함과 평온함과 자유를 목적으로 함을 기억하자. 길 하나를 성공적으로 완주할 때마다 당신은 목표를 설정하고 달성하는 일에 자신감이 붙을 것이다. 작은 승리들이 모여 큰 성공을 부른다.

자신의 현재 모습과 스스로가 생각하는 이상적인 모습의 통제권은 결국 자신에게 있다는 사실을 깨달을 때 내면의 자신감도 점점 자라는 법이다. 그러니 한 번에 하나씩, 작지만 달성 가능한 목표부터 시작하자.

이제 감이 좀 오는가? 좋다. 3단계는 가장 어렵다고 할 수 있는 튼튼하고 성공적인 경로 설계의 단계다. 이 단계에서는 신중하고 솔직한 계획성이 필요하다. 이 단계의 핵심은 성공의 가능성을 확실히 구축하는 것이다. 기억하자. 당신이 정한 목표를 달성하기까지 걸리는 시간이 중요한 것이 아니라 스스로가 그 목표를 이룰 수 있다고 믿는지가 중요하기 때문에 꼭 자신에게 솔직해야 한다. 다음 단계에서는 편안함과 평온함과 자유로 향하는 길의 마지막 발판과도 같은 목표의 세분화를 알아보자.

　　당신의 목표는 작은 조각으로 나눠져서 종착지로 향하는 디딤돌 역할을 한다. 당신은 매주 디딤돌 하나를 건널 수 있다는 확신이 있어야 한다. 계획을 세울 땐 신중하고 현실적으로 가능한 양의 에너지와 관심과 돈만 쏟도록 하자.

　　보통 여기서 계획의 성패가 좌우된다. 이 과정에서 목표까지 디딤돌이 몇 개인지, 몇 단계를 거쳐야 하는지는 신경 쓰지 말자. 한 번에 한 걸음 걷는 데 집중하자. 다시 말하지만 제대로 설계만 했다면 길의 길이는 중요하지 않다. 목표를 이루는 최고의 방법은 목표를 의미 있는 기준에서 실행 가능하고 눈에 보이는 단계로 나누는 것이다. 분명한 시작과 끝이 있어야 신중하게 계획한 길이라고 할 수 있다. 또 일단 걷기 시작했다면 되돌아 나올 방법이 없어야 한다.

현실적인 예로 당신이 23킬로그램을 감량하고 싶다고 가정해 보자. 몇 달 안에 무리하게 뺄 생각은 하지 말자. 합리적인 목표를 세우고 목표를 세분화해야 한다. 0.45킬로그램씩 50주 동안 감량하자. 0.45킬로그램은 3,500칼로리다. 그렇다면 1주일에 3,500칼로리를 소모하거나 덜 섭취해야 0.45킬로그램이 빠진다는 뜻이다.

이 사실은 당신의 목표와 어떤 관련이 있는가? 목표를 달성하려면 하루에 500칼로리를 덜 섭취해야 한다. 실행하기 어렵다고 생각하는가? 500칼로리를 빼려면 간식을 두 번 덜 먹거나 와인 두 잔을 마시지 않으면 된다. 그만큼의 간단한 운동을 해도 좋다. 아니면 30분만 운동하고 간식을 한 번만 덜 먹어도 된다.

당신의 최종 목표는 50주 안에 23킬로그램을 감량하는 것이다. 주간 목표는 0.45킬로그램을 감량하는 것이다. 일간 목표는 500칼로리를 덜 섭취하거나 소모하는 것이다. 매시간의 목표는 당신의 궁극적인 목표를 뒷받침하는 선택을 내리는 것이다.

목표가 구체적일수록 실천도 구체적이다

이제 감이 좀 오는가? 목표를 정했다면 목표 달성에 필요한 행동을 파악하고 곧바로 실행하자. 매일 혹은 매주 할 수 있는 일을 차례차례 해치우다 보면 50주 정도는 눈앞에서 증발하듯 순식간에 지나간다. 살이 23킬로그램 빠졌을 뿐 아니라 건강도 기하급수적으로 좋아질 것이다. 더 힘이 나고 다른 목표를 향해 나아갈 의욕도 늘 것이다.

위는 하나의 예시일 뿐이지만 내가 무슨 말을 하려는지 이해했으리라 믿는다. 액수가 크지 않은 고지서를 예로 들어 보자. 최근 우리 회사에서 몇 년간 일한 직원 하나가 내 사무실로 찾아왔다. 다른 직원들이 경로 설계 과정을 활용하는 모습을 지켜보던 그는 자신도 동참하기로 결심했다. 큰 계획을 세우는 방법을 배우고 싶었지만 함부로 시작하기가 무섭다고 했다.

그에게는 유럽에 한 번도 만나 보지 못한 가족이 있다. "언젠가는 가족들을 만났으면 좋겠어요." 그는 말했다. 목표가 너무 높다고 생각한 그는 괜히 희망을 품었다가 실망하고 싶지 않았다. 실패와 실망에 대한 두려움이 그의 가장 큰 장애물이었다. 그리고 그 두려움은 유럽행 비행기에 오르는 데 일절 도움되지 않았다! 그의 상황을 돕기 위해 무엇이든 해야만 했고 또 할 수 있었다. 어려워 보여도 불가능한 목표는 아니었다. 우리는 곧 머리를 맞대고 이 목표를 현실로 만들 궁리를 하기 시작했다.

일단 여행 경비를 계산했다. 가족 상봉을 위해 매주 얼마를 따로 저금할 수 있는지도 계산했다. 단 몇 분 만에 길의 윤곽이 잡혔다. 여행의 전체 비용은 2,200달러. 그는 여행을 위해 수백 달러의 돈을 불규칙적으로 저금해 왔다. 여기에 매주 30달러씩 63주 동안만 저금하면 내년 봄쯤에는 가족과 만날 수 있었다. 언니에게 전화를 걸어 신이 난 얼굴로 유럽에 간다는 소식을 전하는 그의 모습에 나도 기쁜 마음을 감출 수 없었다.

그가 벤치를 털고 일어나 직접 경기에 뛰어들기로 결심했기에 가능한 일이었다. 고전 영화 〈쇼생크 탈출〉의 대사를 인용하자면 그는 '바쁘게 죽기보다는 바쁘게 살기'를 선택했다. 그 무엇도 한번 길을 걷기 시작한 그를 막을 수 없었다.

상상할 수 있는 어떤 목표든지 이 방법으로 이룰 수 있다. 무엇을 기다리고 있는가? 크레용으로 그린 인생 계획을 꺼내 들어라. 이상의 한 부분을 골라 목표로 만들자. 그리고 각 단계를 이루기 위해 얼마만큼의 확신이 필요한지 고민해 보라. 각 단계의 중요한 부분을 어떻게 달성할지 계획하고 행동에 옮겨라. 이제 4단계로 넘어갈 준비가 됐다.

부의 역발상

4단계:
"행동력"에
시동을 건다

단계별로 인생의 길을 계획하고 설계하는 데서 오는 장점은 '일단 세우면 이뤄지는' 목표 달성 방식에 있다. 이 단계들은 무의식적으로 일어나는 과정임을 기억하자. 우리가 세운 목표들을 힘들이지 않고 손쉽게 달성하는 것 자체가 목표다. 이해가 가는가?

지금부터 그 방법을 알아볼 것이다. 이 4번째 단계는 기계에 시동이 걸리고 작동하기 시작하는 모습을 지켜보는 단계와 같다. 하지만 우선 3단계까지의 과정을 다시 되짚어 보자.

• 1단계에서는 게으름을 이기고 소파에서 일어난 자신을 칭찬했다.

- 2단계에서는 꼭 이뤄야만 하는 목표를 정했다.
- 3단계에서는 세분된 목표로 성공을 향한 길의 발판을 설계했다. (목표=큰 목표를 이루는 작은 목표들×시간의 흐름)

이제 계획을 실행에 옮길 때다. 바로 행동력이 4단계의 핵심이다. 평소에 듣고 싶었던 강의를 당장 등록해 보자. 어서 헬스장에 등록해 트레이너와 함께 운동할 날짜, 시간, 섭취한 칼로리, 소모한 칼로리, 몸무게를 논해 보자. 지금 경리과에 찾아가 급여의 일부가 비상시에도 손댈 수 없는 계좌로 이체되도록 설정하자.

이제 이해하겠는가? 당신의 목표는 무슨 일이 있어도 이뤄진다. 심지어 일단 시동만 걸리면 그 후는 알아서 해결되리라. 그러니 긴 여정의 시작을 준비하자. 당신에게는 뒤돌아보지 않고 죽기 살기로 목표에 임하는 마음가짐이 있다. 눈앞의 길을 걷자. 이제 겨우 출발점에 섰지만 목적지는 너무나 분명하다. 길에 올라 걷자. 이 길이 스스로 설계한 내 것이라는 사실을 떠올리니 자신감이 샘솟기 시작한다.

겁먹지 말고 실행하라

당신의 세상은 기대로 가득 차 있다. 말로 형용할 수 없는 성취감이 벌써 양동이의 마지막 4리터에 스며든다! 당신의 인생과 당신이 꿈꾸는 편안함과 평온함과 자유의 행방은 온전히 당신에게 달렸다. 100명 중 1명만 가입하는 특별한 클럽에 온 것을 다시 한번 축하한다!

마지막 단계에서는 당신이 목표를 포기하지 못하게 막아 줄 보험을 이야기할 것이다. 사소한 일상의 예기치 못한 장애물들을 막아 낼 견고한 방어 체계가 필요하다.

이 방해물은 우리를 길에서 떨어뜨려 놓기 위해 안달이 난 작은 괴물과도 같다. 하던 일에 의욕을 잃도록 강요하고, 잘 걷던 걸음을 멈추게 만들고, 심지어 온 길을 되돌아가게 만들기도 하는 우리의 마음은 가히 놀랍다고 할 수 있다. 우리의 마음은 우리가 포기하지 않게 힘을 보태기도 하는 동시에 일을 방해하거나 실패를 정당화하기도 한다. 이에 그치지 않고 우리가 걷는 길에 확신을 잃고 아예 벗어나도록 겁을 주기도 한다.

그렇지만 이 두려움을 혼자 헤쳐 나가지 않아도 된다. '많으면 많을수록 좋다'는 말은 지금도 유효하다. 바로 우리의 길을 더욱 견고하게 만드는 마지막 단계의 핵심이다.

5단계:
"여기저기에"
목표를 소문낸다

마지막으로 당신을 아끼고 당신의 잠재력을 믿는 사람들을 찾아 목표를 공유하라. 흔히 '백지장도 맞들면 낫다'라는 말을 들어 봤다면 그 말도 사실이다. 여기서 한 걸음 더 나아가 당신의 목표에 관여해 줄 사람을 찾자. 다음 장에서 다시 언급하겠지만 보통 '오늘을 사는 사람들의 모임'에서 찾을 수 있다. 당신이 성공하길 바라며 응원하고 지지하는 사람을 현명하게 선택해야 한다. 자신만의 목표도 분명한 사람이어야 한다.

적임자를 찾았다면 그 사실을 일방적으로 알리지 말고 공유하도록 하자. 비슷해 보이는 이 두 단어의 중요한 차이점을 설명하겠다. '알리는 것'은 쉽다. 듣는 사람 쪽으로 얼굴을 돌리고 말하기 시작하면 그만이다. 그러나

'공유하는 것'은 조금 다르다. 더 깊은 개념의 이해를 위해 제대로 정의해 보겠다.

공유한다는 것은 공동체의 일부가 된다는 뜻이다. 우리는 60억의 인구와 지구를 공유한다. 직장과 가정과 사회의 일원으로서의 의무도 공유한다. 다른 맥락이지만 주식과 채권을 통해 회사를 공유하기도 한다.

우리는 '공동'의 경제에서 오는 끊임없는 혜택을 받으며 살아간다. 항상 뭔가를 주고받고 사고파는 것이 일상이다. 누군가와 마음을 터놓고 공유하다 보면 자연스럽게 개인적인 이야기가 나오기 마련이다. 행동을 공유하다 보면 각자 역할이 생기기도 한다. 각자의 방법으로 역할을 다한다.

목표를 세울 때는 반드시 당신의 성취와 노력을 공유할 수 있는 사람을 찾길 바란다. 당신의 성공을 자기 일처럼 여기며 곁을 함께하는 사람 말이다. 또한 당신이 현재와 미래를 바라보는 사고방식과 성공에 도달하기까지의 계획이 180도 바뀌었다는 사실을 수용할 줄 알아야 한다. 물론 당신의 바뀐 사상이 그들에게 버거울 수도 있다. 하지만 진정한 동반자라면 당신에게 깊은 의미가 있는 목표를 공유했다는 사실을 영광스럽게 생각해야 한다.

동반자는 당신에게 확신을 준다. 타인에게 자신의 욕망을 공개하는 순간 이전과 완전히 다른 마음가짐이 생기기도 한다. 자신감이 자라며 시작하려는 일에 더 굳은 믿음이 생기는 경우도 흔하다. 길 위의 동반자는 당신이 길을 얼마나 갔는지 지켜봐 주고, 넘어지면 일으켜 세워 주고, 필요할 때 의지가 되며, 길을 가는 당신의 결의를 굳혀 주는 역할을 한다.

주변 사람들의 용기를 얻어라

목표를 나누는 일을 생각할 때면 어린 시절의 추억 하나가 떠오른다. 많은 이가 나와 같은 경험이 있으리라 생각한다. 친구들과 함께 처음으로 수영장 위의 다이빙대를 올려다본 날이었다. 가장 높은 다이빙대는 아니지만 바로 그 밑에 있었던 중간 높이의 다이빙대를 쳐다봤다. 아마 다이빙대에 올라 뛰어내리기로 마음먹은 순간부터 속이 울렁거리고 벅차게 느껴졌으리라.

나는 다이빙대에서 뛰어내릴 용기와 집념을 찾기까지 몇 시간이나 친구들과 그 이야기만 했다. 친구들은 나를 부추기며 뛰어내릴 용기를 줬다. 당신도 그런 경험이 있는가?

여기부터가 중요하다. 재잘거림을 멈추고 사다리까지 걸어가 페인트칠이 벗겨진 철제 계단을 오르던 그때의 그 기분을 기억하자. 사다리에 첫발을 올렸을 때부터 다이빙대에 다다를 때까지 당신의 행동 하나하나를 긴장한 채 지켜보는 친구들의 얼굴을 몇 번이나 돌아봤는가? 아마 아주 많이 돌아봤을 것이다. 서로의 얼굴에 떠오른 결의를 손에 땀을 쥐며 확인했으리라.

다이빙대의 끝으로 향할수록 당신의 몸무게가 그대로 느껴진다. 마치 그만 내려가라고 경고라도 하듯이 말이다. 밑에서 당신을 바라보는 친구들의 얼굴을 다시 한번 확인했다. 믿지 못하는 표정에서 공포에 찬 표정까지 다양한 얼굴이 보인다. 정말 뛰어내리려면 손가락이 하얘질 만큼 꼭 붙잡은 난간을 놓아야만 한다는 사실을 곧 깨닫는다.

4.5미터 상공의 널빤지 위에 위태롭게 서 있던 당신은 이제 막 대망의 비

행을 시작할 참이었고 곧 앞서 배운 5단계의 진수가 발현됐다. 시속 40킬로미터로 물에 떨어지면 얼마나 아플지 궁금하면서 당신의 마음은 과연 정말 뛰어내려도 될지 망설였을지도 모른다.

사다리를 오르고 몸을 절벽에 내던지기로 결심하기 전에도 인생은 썩 괜찮지 않았던가? 망설이던 당신은 용기를 얻고자 친구들의 얼굴을 돌아봤다. 가장 필요할 때 곁에 있어 주는 길 위의 동반자만큼 보고 싶은 얼굴은 없다. 당신이 신뢰하는 이들이 "할 수 있어!"라고 소리치며 큰 미소와 격려를 보낸다. 믿기지 않을 만큼 아주 강력한 힘이 당신을 대담하게 만든다. 다이빙대로 몸을 돌려 공포를 마주한 당신은 가장자리로 내려가 심호흡을 했다. 그리고 마침내 뛰어내렸다!

내가 궁금한 것은 이거다. 물가에서 당신을 응원했던 친구들의 존재는 성공적인 다이빙을 하기까지 얼마나 큰 도움이 됐는가? 못해도 절반은 다 친구들 덕이었으리라. 당신을 전적으로 지지하는 동반자와 목표와 계획을 나눌 때의 위력은 아무리 높게 평가해도 지나치지 않다. 어깨에 손을 얹고 길을 함께 걸어 주는 이들은 당신을 위해 행복을 빌고 매일 기도한다. 이 사실이 훗날 비틀거리는 당신에게 안정이 될 것이다.

반드시
피해야만 하는
함정들

—

물속에 뛰어들 준비를 마친 다이빙 선수에게는 열렬한 지지자도 있지만 그 반대의 경우도 존재한다. 당신이 필요할 때 손 내밀어 줄 조력자를 신중하게 골라야 하는 이유다. 유튜브 인플루언서로 활동하는 나탈리야의 이야기로 돌아가 보자. 지금은 성공을 거둔 그도 한때 잘못 사귄 '친구들' 때문에 암울한 시기를 보낸 적이 있다. 그가 한창 유튜브 영상의 조회 수와 구독자 수를 빠르게 늘려 가던 때였다.

나탈리야는 그와 같은 분야에서 성공한 다양한 인플루언서들이 모여 있는 캘리포니아주로 이사했다. 다른 성공적인 인플루언서들과 같이 살게 된지 얼마 지나지 않아 그의 인생은 감당할 수 없을 정도로 엇나가기 시작했다.

그가 사귄 '친구들'은 그의 목표와 사업에 비협조적이었고 그의 경력을 망치기에 이르렀다.

현실과 온라인상의 자신의 경계가 흐릿해지기 시작하며 매일 술과 마약 파티가 열렸다. 본인도 감당할 수 없을 만큼 바닥으로 떨어진 나탈리야의 주변인들은 통제 불능의 상태에 빠진 그에게 아무런 도움도 주지 않았다.

그를 걱정한 어머니가 연락을 시도하다 결국 포기했던 때를 설명하며 나탈리야는 눈물을 삼켰다. 연락을 차단당한 어머니는 유튜브 영상 속에서만 딸을 만날 수 있었다. 그의 어머니는 약물로 망가져 가는 딸을 보며 하염없이 눈물을 흘렸다고 한다. 나탈리야는 어머니를 고통에 빠뜨렸다는 죄책감에 부끄럽고 슬펐다. 엉뚱한 관중들이 나탈리야의 성공을 누구보다 바란 단 한 사람이었던 어머니를 밀어 내고 동반자 자리를 차지했던 것이다.

5개의 단계 개요

지금까지 공유에 관해 이야기했다. 당신의 인생을 바꿀 아주 중요한 단계를 실행하기로 마음먹었다면 조금의 수고 정도는 감수해야 한다. 매일 아침 같이 운동할 친구가 헬스장에서 나를 기다린다면 혼자 운동할 때보다 더 빠르게 좋은 결과를 거둘 것이다. 당신의 곁을 지켜 주고 이끌어 주고 도와주고 안정시켜 주고 힘들 때 어깨에 손을 얹어 줄 누군가를 찾는 일은 성공을 위해 꼭 거쳐야 하는 중요한 과정 중 하나다.

당연하게도 현재에 충실해야 평온함을 얻을 수 있다. 당장 눈앞의 인생에 최선을 다해라. 스트레스와 불안감을 주는 일을 피하고 마음을 편하게 먹자. 삶의 모든 영역에서 목표를 명확히 하라. 목표가 있으면 하루하루가 지루할 틈이 없다. 다음 5단계를 이용해서 어떤 목표든 성취해 보자.

- 1단계: 목표 지향적인 스스로를 칭찬하자.
- 2단계: 이루고 싶은 목표를 정하자. 그 목표가 왜 중요한가?
- 3단계: 큰 목표를 세분화시켜 실현 가능성을 높이자. 크레용 계획법으로 그린 인생 계획 중 하나를 골라 집중하자. 목표를 작은 단계들로 나눠 하나씩 현실로 만들자. 목표를 위해 매주 얼마씩 저금할 수 있는가? 얼마만큼의 시간, 돈, 노력이 필요한가? 목표 달성까지 얼마나 걸리겠는가?
- 4단계: 실행에 옮겨라. 매일 목표를 위해 전진했다면 결과에 전전긍긍하지 않아도 된다. 무엇을 계획해도 의심할 여지없이 이뤄질 것이다. 3단계에서 이미 시간도 계산했으니 정확히 언제 목적지에 도착할지도 알 수 있다!
- 5단계: 당신의 성공과 실패를 함께할 이를 찾아라. 그들과 정기적으로 소통하기 위해 어떤 계획을 세웠는가?

내가 본 것만 해도 수백 명의 사람이 이 5단계로 말로만 꿈꿔 왔던 목표를 달성했다. 당신도 충분히 할 수 있다. 마음만 먹으면 뭐든 성취할 수 있다. 평온한 인생을 살고 싶다면 목표 설정부터 시작해 보자.

영영 가난할 바에야
한 번 실패하고 만다

어차피
모두가
처음을 겪는다

수공업자라면 누구나 자기만의 사업을 꿈꾼다. 매년 성공을 꿈꾸는 수백만 명의 열정적인 자영업자들이 자신만의 운명을 개척하기 위해 사업에 뛰어든다. 나도 마찬가지였다. 그리고 오늘날 나의 행적을 돌아보면 이보다 더 좋은 인생은 없으리라는 생각이 든다. 다시 돌아가도 똑같이 살았을 것이다. 건설업계에서 보낸 날들은 성공의 밑거름이 돼 지금의 나를 만들었다. 블루칼라 시장은 자신만의 사업을 시작하고 좋아하는 일을 직업으로 삼을 수 있는 몇 안 되는 최적의 분야라고 자신 있게 말할 수 있는 이유다.

그래서 이번 장은 성공적인 인생을 위한 노력의 필수 요소에 집중해 보고자 한다. 정직함, 진실성, 공정성, 믿음, 약속한 일을 시간 안에 완수하는 능력 등 사업 수완이 뛰어난 사업가라면 누구나 지닌 전형적인 자질보다 한 차원 높은 요소들을 이야기해 볼까 한다.

물론 위의 요소들도 스스로 부끄럽지 않고 자랑스러운 사업체를 만드는 데 꼭 필요하다. 주변의 많은 사업가가 사업을 오래 유지하는 비결을 물었다. 당신이 자영업에 딱히 관심이 없더라도 지금부터 할 이야기는 인생의 어느 방면에서나 활용할 수 있다. 창업을 꿈꾸거나 경력상의 중대한 결정을 해야 하는지에 상관없이 더 나은 삶을 살고 더 많은 돈을 벌고 싶은 사람이라면 귀 기울여야 할 3가지 기본 개념을 소개하고 각 개념의 의미를 설명할 이야기를 들려주겠다.

당신이 고층 건물을 짓는다면?

우리들 대부분은 자신의 회사를 차려 본 적이 없을 것이다. 창업은 내가 오랫동안 머무른 안전지대에서 벗어나야 하는 쉽지 않은 일이다. 재정적으로 안정된 직장과 과거를 뒤로한 채 일이 잘 풀리지 않으면 평생 저축한 돈을 잃을 수도 있는 위험을 감수해야 한다.

사실 아무런 위험도 감수하지 않고, 아무것도 배우지 않고, 아무것도 하지 않으며 당신의 진가보다 별 볼 일 없는 사람으로 사는 것이 훨씬 쉽다. 하지만 그대로 포기하기 전에 당신의 마음을 돌릴 기회를 달라.

수년 전 나는 어떤 상황의 누구에게나 도움이 되는 삶의 교훈을 배운 적

부의 역발상

이 있다. 배운 순간부터 32년간 수백 번의 영업 회의, 직원 회의, 개인 면담을 거치며 셀 수 없이 공유해 온 교훈이다. 나는 이를 '고층 건물을 짓는 방법'이라 부른다. 당신에게도 의미 있는 교훈이 되기를 바란다. 이 이야기의 목적상 복잡하고 난해하고 상상도 해 본 적 없는 일의 예시로 고층 건물이 적합하다고 판단했다. 다음 문장을 소리 내어 말해 보자.

"고층 건물을 지어 본 적은 없지만, 만약 지었다면 … 했을 거야."

이미 업무를 완수한 시점에서 상황을 바라보는 것이 이 활동의 핵심이다. 목표의 종착지를 알고 출발하는 것과는 또 다른 접근 방식이다. 마치 전에도 같은 일을 해 본 적이 있는 것처럼 연기하다 보면 멋진 건물은 물론 인생의 어떤 문제도 헤쳐 나갈 자신감이 생길 것이다.

조금 더 깊게 파고들어 보자. 태도만 조금 바꾸면 그 일이 얼마나 어렵고 복잡하고 불가능해 보이는지는와 상관없이 목표나 업무를 달성해 낼 수 있다는 말이다. 이전에 벌써 해 본 적이 있는 것처럼 그 과정을 상상하거나 새로운 것을 배우려는 마음만 있으면 된다. 의지만 있으면 무엇이든 할 수 있다는 것을 다시 한번 강조하겠다. 전에도 해 본 것처럼 느낄 수 있다면 무엇이든 할 수 있다.

이는 창업을 시작하는 당신이 진정하는 데 큰 도움이 된다. 초조함은 대부분 두려움에서 오기 때문이다. 세상의 시선과 불가능에 대한 두려움, 가장 크게는 실패에 대한 두려움이 우리를 초조하게 한다. 하지만 어떤 고난이든 당신 안에 있는 능력으로 충분히 이겨 낼 수 있다는 사실만 안다면 안심해도 좋다.

내 말에 증거가 필요하다면 지금 당장 주변을 둘러보자. 인류가 그저 빙빙 도는 구체에 불과한 지구 위의 돌, 흙, 공기, 물을 당신이 지금 보고 듣고 맡고 맛보고 만지는 모든 것들로 바꿔 왔다. 그러니 당신도 충분히 할 수 있다. 고층 건물은 물론 원하는 것은 무엇이든 만들어 낼 수 있다. 어떻게 그게 가능하냐고? 간단하다. 완성에서부터 거꾸로 출발해 보자.

할 수 없던 일도
할 수 있게
하는 방법

큰 건물을 시공하거나, 미용실을 열거나, 기술을 배우기로 결심했거나, 혹은 심각한 가정 문제가 있는지에 상관없이 당신이 원하는 결과가 어떤 모습인지 분명히 그려야 한다. 첫걸음을 내딛기 전에 원하는 목적지를 떠올려라. 달성하고 싶은 결과를 생각해 보자. 다 완성된 '고층 건물'로 봐도 된다. 크기가 정말 어마어마하지 않은가?

하지만 당신은 전에도 이 건물을 지어 본 적이 있다. 내 말을 이해할 수 있겠는가? 건설에 쓰일 수많은 자재를 하나하나 떠올리기만 해도 부담스럽다. 그래도 괜찮다. 당신은 이미 완성된 건물을 본 적이 있다. 벌써 완성된 건물의 모습이 보인다. 그러니 시작하자. 당신은 이미 길에 올랐다. 다시 한번 소리 내어 말해 보자.

"고층 건물을 지어 본 적은 없지만, 만약 지었다면 설계도와 부지를 먼저 확보했을 거야."

이 활동의 원리를 알겠는가? 행동하기 전에 상황을 분석하고 질문을 함으로써 문제점을 해결할 수 있다. 일을 시작하기도 전에 머릿속에는 이미 목적지까지의 전개도를 펼치는 셈이다. 이번에는 조금 다른 질문을 해 보자.

"또 뭐가 필요할까? 전문 인력과 자재, 그리고 설계 팀도 필요해. 누군가는 고층 건물을 설계해야 하잖아. 건축가가 필요하겠지? 그래, 건축가 먼저 섭외해야겠다."

또 생각한다. '좋아, 설계를 해야 된다면 다른 분야의 전문가도 섭외해야지. 공학과 건설 분야의 전문가가 필요할 거야. 예산 쪽의 전문가도 필요하고. 아, 자재를 공급받을 공급처도 마련해야지. 철강 공급업자? 전기 공급업자? 건물 기반을 다지는 업체도 찾아야지. 냉난방과 환기 장치도 필요하겠지?' 이렇게 건물이 모습을 드러낼 때까지 계속 질문하자! 질문을 많이 하면 할수록 정답에 다다를 수 있으리라.

내가 무슨 말을 하려는지 알겠는가? 당신은 건물은커녕 개집 하나도 짓지 못하던 사람에서 무려 프로젝트 매니저와 접촉해 사업 계획을 논하는 사람이 된 것이다. 질문을 하거나 도움을 줄 사람을 찾기 위해 꼭 어느 분야의 전문가가 될 필요는 없다. 당신이 모든 질문의 답을 알 필요도 없다. 답을 가진 사람을 찾기만 하면 된다.

거꾸로 생각하기

문제를 분석하고 각 단계별로 필요한 것이 무엇인지 가늠한 뒤 상황에 맞는 올바른 행동을 취하라. 완성된 건물의 모습 자체라고 할 수 있는 최종 단계를 항상 염두에 두다 보면 그 사이의 과정은 당신의 의지와는 상관없이 반강제로 진행되는 것이나 다름없다. 여기에는 우리 마음의 책임도 있다. 사람의 마음은 일이 수월해질 때까지 전체 과정을 잘게 쪼개 힘겨운 구간을 극복하려는 경향이 있기 때문이다.

이 개념이 잘 이해되는가? 머릿속에 그려 보기도 쉽고 일단 시작만 한다면 효율성도 높다. 하지만 효율성을 극대화하려면 거꾸로 생각하기, 즉 맨 끝에서부터 출발해 시작점까지 거슬러 가야 함을 다시 한번 명심하자. 물론 꼭 필요한 질문과 그 질문의 답을 가진 조력자를 찾는 것도 잊지 말자.

1983년의 겨울 어느 날, 처음으로 이 간단한 개념을 사용할 기회가 생겼다. 20살이었던 나는 당시 일하던 회사의 가맹점 개업을 위해 타지에 나와 있었다. 그때 내 상사는 성격이 급해 결정을 먼저 하고 질문은 나중에 하며 세부 사항은 무시하는 사장이었다.

"시카고에 가맹점을 열 거야. 가서 진행해 봐."

사장이 말했다. 정말 그게 다였다. 지시도, 개요도, 설명도 없었다. 진짜 아무것도 없었다. 사람도, 전망도, 예산도, 장비도, 심지어 사무실도 없었다. 있는 것이라고는 말도 안 되게 촉박한 개업 날짜와 그가 즉석에서 만들어 낸 임시 일정뿐이었다.

어쨌든 길을 떠난 나는 조용히 이 '고층 건물'을 짓기 위한 질문들의 답이 알아서 나타나 주기만 바랐다. 그 후 몇 달 동안 이 초짜 사장을 위해 새 가맹점 위치를 물색하며 보냈다. 사장에게는 가맹점을 차릴 만한 돈은 있었지만 경험은 없었다. 경험이 아예 전무하다고 봐도 좋았다. 어쨌든 위치는 정해졌고 내부를 용도에 맞게 꾸미는 일만 남았다.

나는 그날 처음으로 부동산 중개인과 만났고, 처음으로 건축업자를 소개받았고, 처음으로 전화를 설치하고, 처음으로 내부 공간을 설계하고, 처음으로 시카고주의 제일가는 시공자들에게 소리를 질렀다. 내가 아무리 소리를 질러 봤자 들은 척도 안 하는 것은 둘째 치고 나보다 68킬로그램은 더 나가고 30센티미터는 족히 큰 사람들이었다.

"가맹점을 세워 본 적은 없지만, 만약 세웠다면 아마 이렇게 했을 거야."

이 시기를 지나며 내가 가장 자주 한 말이다. 절대 쉬운 일은 아니었다. 하지만 곧 벽이 세워지고 그 위에 페인트가 칠해졌다. 사무실에는 가구가 들어오고 전화 소리가 울렸으며 직원들이 늘어났다. 10주라는 시간 동안 먼동이 틀 때부터 해가 질 때까지 개업에 전념했다. 그리고 나의 맹장이 파열되고 나서야 새 사무실은 문을 열었다.

부의 역발상

나는 한 번에 1가지 질문씩 묻고 답하며 내 힘으로 고층 빌딩을 세워 냈다. 이 삶의 교훈을 당신과 공유하는 이유는 간단하다. 고층 건물은 바로 당신이 꿈꾸고 상상하는 무엇이든 될 수 있기 때문이다!

나만의
고층 건물을
지어라

최근 이 개념이 실전에 쓰였던 영광스러운 일이 있었다. 친구 중 한 명이 소비자가 매일 사용할 수 있는 애플리케이션을 개발한 것이다. 그는 대형 상점에서 차에 싣지 못할 정도로 큰 물건들을 사면 집까지 운반해 주는 앱을 개발하고 싶었다.

예를 들어 상점에서 큰 화분을 샀다고 가정해 보자. 계산하려고 보니 화분뿐만 아니라 흙 6포대와 할인 중인 묘목 1그루도 구입하게 됐다. 세일을 어떻게 그냥 지나치겠는가? 문제는 오늘 가게에 포드 포커스(Ford Focus, 포드의 준중형차 모델)를 타고 왔고, 집까지 물건을 싣고 갈 방법이 없다는 것이다.

하지만 걱정할 필요 없다. 스마트폰의 앱만 이용하면 가까운 지역의 화물차 운전자가 10분 안에 나타나 물건들을 집까지 안전하게 운반해 줄 것이다. 소액의 수수료만 지불하면 된다. 이 서비스를 새로 산 잔디 깎는 기계나 대형 텔레비전 등을 운반해 주는 우버(Uber, 모바일 차량 예약 이용 서비스)라고 생각하면 된다. 이 멋진 발상에 매료된 나는 친구가 내게 도움을 요청했다는 사실에 가슴이 벅찼다.

친구는 앱 개발에 관련된 지식이나 경험이 전무했다. 회사를 차리는 방법은 물론 이 '고층 건물'을 지어 본 적이 없었다. 그러나 그에게는 좋은 아이디어와 헌신적인 태도가 있었다. 이 프로젝트를 성공해 내기 위해 노력도 불사했다. 그 정도만 있어도 내가 그의 투자자가 될 이유는 충분했다.

목적지부터 시작해 전체 과정을 거슬러 올라가 단순한 부분으로 나누는 일 말고도 필요한 것이 있다. 헌신과 열심히 일하려는 의지가 필요하다. 인내해야만 한다. 당신만의 '고층 건물'을 지으려면 많은 체력과 각오가 필요한 것이 당연하다. 그러니 서두르지 말고 당신의 호흡에 맞춰 나가자. 그래도 전에 해 본 일이니까 힘든 일만은 아니다! 또 그 과정에서 생기는 당신의 실수를 용서하자. 처음부터 정답만 갖고 시작하는 사람은 없다. 실수는 당연히 생기는 법이다. 같은 실수를 되풀이하지만 말자.

평생 평온함을 유지하고 싶다면 자신감을 가져야 한다. 설령 한 번도 해 본 적 없는 일 앞에서도 마찬가지다. 이는 모든 일이 전부 잘 풀리지는 않을 것을 어느 정도 예상해야 한다는 뜻이기도 하다. 목적지까지의 과정을 더 사소하고 실행 가능한 행동으로 나눌 준비도 해야 한다. 하지만 좋은 소식도 있다. 침착하게 당장 주어진 일을 충실하게 완수해 간다면 장담컨대 당신의 목적이 무엇이든 이뤄질 수밖에 없을 것이다. 고층 건물만큼 큰 목표도 거뜬히 말이다.

물론 길에 안개가 자욱할 때도 있다

모든 계획이 항상 저절로 떠오르지는 않는다. 인생에는 설명서가 없는 법이니까. 그럼에도 불구하고 세간에 널리 알려진 설명서가 하나 있기는 하다. 학교에 가고, 좋은 성적을 받고, 대학에 진학해 직장을 잡고, 승진을 하는 일. 하지만 우리도 잘 알다시피 이 설명서 하나로 '오류'나 '오작동'이나 '가서 진행해 봐' 같은 변수에 완벽하게 대처할 수는 없다.

미래를 계획하고, 친구를 만들고, 바람직한 결혼 생활을 유지하고, 갓난아기를 사회에 이바지할 건강한 인재로 키워 내고, 자신만의 고층 건물을 짓는 데 필요한 복잡한 절차를 차근차근 설명해 줄 설명서 같은 건 없다. 우리 한 사람 한 사람은 언젠가 자신만의 고층 빌딩을 한 채 이상 짓게 되리라. 그때가 되면 우리는 남들과 다른 길, 다른 시간으로 목적지까지 도달하는 방법을 스스로 알아내야 한다.

목표가 무엇이든 (또 어떤 걸림돌을 만나든) 당신에게는 반드시 이룰 수 있는 놀라운 힘이 있다. 평정심을 잃을 필요도 없다. 지금 이 순간에도 세상에는 매일 새로운 고층 건물이 지어지고 있다. 경력과 상관없이 누구에게나 처음은 있는 법이다! 여기 구체적인 충고들을 적어 봤다.

- 지금까지 배운 교훈을 당신의 삶과 관련지어 생각해 보자. 당신이 짓고 싶은 '고층 건물'은 무엇인가? 계획을 위해 제일 먼저 어떤 질문부터 시작해야 하는가? 따라 해 보자. "…을 지어 본 적은 없지만, 만약 지었다면 아마 …부터 했을 거야."

- 이 목표에 얼마나 헌신할 수 있는지 판단하자. 당신의 탄력성은 어느 정도인가? 얼마나 끈질길 수 있는가? 완성까지 열심히 노력할 의지가 있는가? 목표를 달성한 자신을 상상할 수 있는가?

- 생각해 둔 '고층 건물'은 있지만, 마음의 준비가 덜 됐다는 당신에게 묻고 싶다. 무엇이 두려운가? 무엇이 당신을 망설이게 하는가? 실패가 걱정되는가? 고민을 덜기 위해 지금 당장 어떤 조치를 취할 수 있는가?

모든 걸 잃고도
다시 일어서는 능력
_탄력성 ①

다른 분야에 도전해 더 만족스러운 삶을 쟁취하는 데 필요한 또 다른 자질은 탄력성이다. 고층 건물을 짓기로 결심했다면 꼭 필요한 자질이다. 여기서 탄력성이 무슨 의미인지 궁금하지 않은가? 내가 말하는 탄력성은 사물을 있는 그대로 받아들이고 다음과 같이 말할 수 있는 능력이다.

'이 또한 지나가리라. 내게는 인생의 좌절과 장애물을 딛고 일어설 힘이 있다.'

이는 암울한 상황에서도 한 줄기 희망을 찾는 긍정적인 마음을 보여 준다. 탄력성이 뛰어난 사람이라면 좌절하는 대신 '나는 이 상황을 호전시킬 수 있어'라고 말할 수 있다.

솔직해지자. 인생은 잔인하다. 우리 중 누군가는 끔찍한 환경에서 태어나고 누군가는 연이은 불행에 좌절하기도 한다. 내게 있어서는 딸의 흑색종 선고가 그 불행 중 하나였다. 탄력성은 이런 힘든 시기를 이겨 내도록 도울 뿐만 아니라 인생의 역경, 비극, 고통, 혹은 상실이나 바라지 않았던 변화에 대처하는 자세를 가르친다. 그리고 위기를 기회로 바꾼다.

내가 아는 사람 중 가장 탄력성이 뛰어난 이는 몸소 긍정의 힘으로 내게 많은 것을 가르쳐 준 27년 지기 친구 마크 마틴이다. 나는 마크만큼 행복한 사람을 본 적이 없다. 가정에 헌신적이고 주변 사람에게 다정한 그는 성공적인 화물 운송 및 물류 회사의 사장이기도 하다.

마크에게는 낚시를 하거나, 술을 마시거나, 배를 타거나, 그냥 함께 어울릴 때의 모든 순간순간을 특별하고 인상 깊게 만드는 능력이 있다. 그는 항상 최선을 다해 인생을 즐긴다. 그를 모르는 사람이라면 아마 이렇게 말할지도 모르겠다.

"정말 운이 좋았네!"

하지만 마크의 탄력성과 밝은 성격은 필요로 인해 탄생했다. 비극을 마주하고 견뎌 낸 그는 마음을 추스르고 완전히 다른 사람으로 다시 태어났다. 마크를 어떤 사람으로 불러도 좋지만 그의 성공만큼은 운에서 오지 않았다.

인생의 벼랑 끝 승부

1978년, 학교에서 돌아온 18살의 마크는 그의 인생을 뒤바꾼 악몽과 맞닥뜨린다. 어머니의 차는 평소와 다르게 차고에 있었고 양아버지의 화물차는 집 뒤편에 숨듯이 주차돼 있었다. 마크는 순간 뭔가 이상하다는 것을 느꼈다. 양아버지의 폭력은 갈수록 더 심해졌고 견디다 못한 어머니는 15년간의 결혼 생활에 종지부를 찍으려 노력하던 참이었다.

이 시간에는 직장에 있어야 할 양아버지의 화물차를 보며 몹시 나쁜 일이 일어났음을 직감했다. 속이 뒤틀려 집안에 들어가지도 못한 채 경찰에게 전화했다. 도착한 경찰관들은 이내 소름 끼치는 장면을 목격했다. 어머니를 잔인하게 살해한 양아버지가 헛간 뒤에 세워 둔 화물차 안에서 스스로 목숨을 끊은 채 발견된 것이다.

18살의 마크와 두 형제는 세상에 홀로 남겨졌다. 친척도 가족도 없었다. 친아버지는 소식이 끊긴 지 오래였고 어머니는 살해당했다. 비탄에 빠졌다는 표현이 어떻게 그의 심정을 대변할 수 있을까. 그가 느꼈을 고통, 슬픔, 충격은 감히 상상도 할 수 없다.

말할 것도 없이 마크는 이듬해를 방황하며 보냈다. 마크는 이 한 해 동안의 생활을 '감각이 마비된' 시기라고 부른다. 이제 겨우 어린아이 티를 벗은 그는 슬픔에서 헤어날 겨를도 없이 유산을 정리하고, 집을 팔고, 부모가 남기고 간 비극의 잔해를 처리해야만 했다. 게다가 설상가상으로 닥친 생활고 속에서 어린 동생들까지 돌봐야 했다.

부의 역발상

계속 처져 있을 수는 없었다. 어른다운 결정을 내릴 때였다. 마크는 곧바로 상자를 제작하는 공장에 취직했다. 빠르게 돌아가는 반송대 위에 실려 오는 상자들을 붙잡아 25개 묶음으로 포장하는 업무로 스트레스가 많은 일이었다. 고작 30분밖에 없는 점심시간에는 짜증 가득한 감독관의 지휘 아래 미처 붙잡지 못한 상자들을 마저 묶어야 했다. 하지만 일하는 내내 마크의 머릿속은 1가지 생각으로 가득했다.

'내가 평생 이 일만 해야 하는 건 아닐 거야.'

모든 걸 잃고도
다시 일어서는 능력
_탄력성 ②

그는 혼잣말을 했던 자신을 회상했다. 고등학교에 다닐 때는 딱히 대학에 진학할 생각이 없었다. 그러나 어른이 되고서는 인생의 다음 장을 심각하게 고민하며 자연스럽게 진로를 고민하게 됐다. 어머니가 돌아가시고부터 변호사와 보내는 시간이 많았던 그는 생각했다.

'변호사가 되면 어떨까…. 저 사람들이 하면 나도 할 수 있겠지.'

마크는 그 길로 털리도 대학교를 찾았다. 당당하게 학적과로 향한 그는 어디서 법학 수업을 등록할 수 있는지 물었다. 어느 학교에서 '학부 과정'을 밟았냐는 질문에 그는 "오크 하버를 졸업했습니다"라고 대답했다. 어리둥절한 표정의 안내원은 다시 질문했다. "마틴 씨, 오크 하버라는 대학교는 들어본 적이 없는데요." 마크는 대답했다. "오크 하버 고등학교요. 학부 과정을 오크 하버 고등학교에서 마쳤다고요!"

마크는 이 재미있고 자조적인 이야기로 수년간 주변 사람들을 웃게 했다. 이는 그의 성격을 그대로 보여 준다고 생각한다. 그는 한계를 모르는 사람이었다. 털리도 대학에서의 짧은 대화를 마치고 나오는 그에게는 한 치의 부끄러움도 망설임도 없었다.

그는 더 좋은 인생이 자신을 기다리고 있음을 알고 있었다. 평생 반송대 위의 상자나 묶으며 살고 싶지 않았던 마크는 자신의 운명을 개척할 방법을 찾기 시작했다. 어쨌든 학사 학위 없이 법대를 다닐 수는 없었고 당장 실현 가능한 선택을 검토하며 마음을 추슬렀다. 그의 탄력성이 진가를 발휘하는 순간이었다.

마크는 그 후에도 상자 공장에서 일하며 오랜 연인 신디와 결혼식을 올렸다. 꾸준히 일해 공장의 기계 관리자로 승진도 했다. 얼마 뒤에는 생산과 주문, 배송과 수령까지 책임지게 됐다. 책임자로 일하며 상자에 관한 업무 지식을 모두 익힌 뒤에는 유력한 승진 대상자로 선정됐고, 곧 자신보다 나이가 두 배는 많은 직원을 관리하며 공장의 생산 효율 증대와 비용 절감에 공헌했다. 끝내는 미시간주에 있는 본부의 수송부를 담당하기에 이르렀다.

진흙 속에서 핀 꽃

경력이 쌓이며 그의 가족에게도 새로운 일원이 생겼다. 그와 신디 사이에 딸 아만다가 찾아온 것이다. 배송 시간과 비용을 계산하고 고객들의 주문을 처리하며 본부의 새로운 자리에서 주 60시간 동안 쉴 새 없이 근무했지만 혼자 버는 월급으로 가족을 부양하기란 쉽지 않은 일이었다.

그러나 마크는 스스로에게 더 큰 잠재력이 있다고 믿었다. 담당하는 업무가 늘어나며 월급이 조금씩 오르기는 했지만 성에 차지 않았다. 마크는 다가온 연봉 협상 시기가 반가울 지경이었다. 하지만 더 높은 임금을 요구하자 상사에게서 예상과 많이 다른 답이 돌아왔다. "마크, 자네 연봉은 벌써 최고점에 달했어. 사실 내가 받는 액수랑 별 차이도 없을 거라고." 마크가 그동안의 성과를 언급하며 굽히지 않자 상사가 답했다.

"아니, 돈을 더 벌고 싶었으면 변호사가 됐어야지!"

보통 사람이라면 낙담할 수도 있었지만 마크는 개의치 않았다. 그가 세상을 바라보는 시각은 남달랐다. 마크는 이 세상에는 나쁜 소식과 '양아버지가 내 어머니를 죽인' 정도의 나쁜 소식이 있다는 사실을 누구보다 잘 알았다. 상사와의 대화에도 단념하지 않고 사무실을 나오는 마크에게 강렬한 깨달음의 순간이 찾아왔다.

지난 6년에 걸쳐 쌓은 1만 2,000시간의 현장 경험과 사업 수완은 그의 경력에 새로운 방향을 제시하기에 충분했다. 마크는 기회가 찾아오자마자 망설임 없이 달려들었다. 그렇게 새로 근무하게 된 물류 회사에서도 몇 년의 시간이 흘렀고 회사가 형편없이 운영되고 있다고 판단한 그는 자신만의 사업을 꾸리기로 결심했다. 마침내 1989년 초의 어느 월요일, 오늘날 캠웨이 운수 회사(Camway Transportation)로도 알려진 신디와 마크 운수 회사(Cindy and Mark Transportation)가 탄생했다.

모든 걸 잃고도
다시 일어서는 능력
_탄력성 ③

물류업계에서의 성공은 좋은 응대에서 오는 좋은 관계에 달려 있고, 좋은 관계 또한 좋은 응대에서 오는 법이다. 마크는 회사를 운영하며 해야 하는 일과 해서는 안 되는 일을 배웠다. 개업 첫날, 8건의 의뢰와 함께 회사는 문을 열었다. 생계를 꾸리기 위해 수천 시간을 일하며 얻은 값진 지식으로 세계 곳곳을 가리지 않고 찾아가는 운수 회사를 일궈 냈다.

다음 몇 해 동안 화물차, 기차, 선박, 항공기를 확보하며 고객 서비스를 중시하고 물건을 제시간에 정확하게 운반하는 업체로 명성을 떨쳤다. 마크는 일반 책상보다 훨씬 큰 회의실용 탁자를 사용했다. 그리고 그 위로 완벽하게 정리된 수백 개의 배송 주문서가 빼곡히 덮여 있던 기억이 난다. 그 모습

부의 역발상

은 세계 지도 위에 전함 모형을 움직여 가며 분주하게 군사 작전을 짜는 전략 회의실을 방불케 했다.

2004년, 국제 규모의 화물차 운송 회사가 마크의 회사를 인수하고 싶다는 제안을 해 왔다. 오랜 협상 끝에 계약을 성사한 마크는 당시 43세에 불과했다. 이제 신디와 마크는 돈 걱정 없이 오래오래 행복하게 살 수도 있었다. 실제로도 몇 년간은 플로리다주에서 뱃놀이를 하고, 콜로라도주에서 스키를 타고, 사우스다코타주의 스터지스까지 주문 제작한 할리 데이비슨(Harley Davidson, 미국의 모터사이클 제조사)을 타며 즐겁게 지냈다.

하지만 이야기는 여기서 끝이 아니다. 마크는 지금까지 목적을 위해 물불 가리지 않는 긍정적이고 목표 지향적인 삶을 살아왔다. 남부 플로리다주를 배한 척으로 누비며 물고기란 물고기는 다 잡고, 할리 로드킹(Harley Road King, 모터사이클 기종 중 하나)을 타고 서부를 마음껏 질주했으며, 산 정상을 오르내리며 원 없이 스키를 탔다. 그럼에도 젊은 날의 그를 움직여 성공을 거두게 한 목표는 아직 그의 가슴에 남아 있었다. 그의 의지가 그를 다시 불타게 했다.

생각을 현실로 만드는 위력

2009년, 시나마 운송 회사(Cynamar Transportation)는 그렇게 문을 열었다. 마크와 신디도 다시 사업에 뛰어들었다. 새로운 본부에 다시 한번 화물차, 항공기, 선박, 기차가 내는 소음이 울려 퍼졌다. 회사는 지금도 매해 성장을 거듭하고 있고 두 사람이 세운 목표가 달성될 때까지 계속해서 성장할 것이라고 확신한다.

마크는 언제든 사업을 정리하고 여생을 즐길 수 있었다. 18살의 그가 겪었던 일을 생각하면 누구도 그런 선택을 비난하지 못할 것이다. 하지만 그의 마음속 깊은 곳에는 더 좋은 삶을 위한 욕구, 긍정적인 태도, 노력만 있다면 마음먹은 것은 무엇이든지 이룰 수 있다는 믿음이 있었다.

'안 된다'는 말은 그에게 아무 의미 없었다. 삶의 비극과 실망, 반송대 위를 굴러오는 상자조차도 그의 진가를 깎아내리지 못했다. 그는 자신에게 더 좋은 삶이 찾아올 것을 굳게 믿었다. 그리고 그 삶을 쟁취하는 데 법대는 물론 어떤 대학교의 학위도 필요하지 않았다.

어떻게 이런 일이 가능한지 궁금한가? 마크는 일단 맡은 업무는 완벽하게 해내고 현장과 실전에서 배운 경험을 삶에 그대로 활용했다. 물론 경영대나 법대에서도 고객 관계를 가르치기는 하지만 실제로 현장에서 몸으로 부딪치며 배우는 것보다 더 확실한 방법은 없다.

물론 공장 조립 라인의 직공에서 수백만 달러 규모의 물류 회사 경영자가 된 마크의 이야기는 이례적이라고도 할 수 있다. 하지만 확실히 말해 주겠다. 이는 절대 불가능한 이야기가 아니다. 나는 마크와 비슷한 수없이 많은 사람의 이야기를 평생 들었다. 반송대 끝에 서서 '내가 평생 이 일만 해야 하는 건 아닐 거야'라며 혼잣말을 하던 18살의 소년은 자신의 힘으로 부의 길을 개척했다. 마크 마틴은 내게 생각을 실현으로 옮기면 원하는 것은 무엇이든 이룰 수 있다는 사실을 가르쳐 줬다.

나도 당신에게 가르쳐 주고 싶다. 더 좋은 삶을 누릴 수 있음을 믿고 더 나은 목표를 위해 노력할 의지만 있다면 당신의 인생이 지금 어떤 모습이든 상관없다. 마크가 그러했듯, 당신이 갈망하는 목표로 이어진 당신만의 길을 꺾이지 않는 탄력성으로 헤쳐 나가라.

안 될 것 같아도
밀고 나가는 자세
_끈기 ①

끈기는 장애물을 마주하고도 계속 전진할 수 있는 능력이며 헌신과 탄력성처럼 유능한 사람과 회사를 만드는 초석이다. 살다 보면 삶의 방해물에 걸려 넘어지는 일이 허다하다. 시련의 돌파구를 찾으려면 자리에서 털고 일어나 다시 경기에 뛰어들어야만 한다.

1가지만 기억하자. 나는 지금 유명한 기업의 최고 경영자들처럼 사업이 크게 성공한 사람들의 이야기만 하고 싶은 것이 아니다. 끈기와 헌신과 탄력성은 누구에게나 있다. 어떻게 장담하느냐고? 당신이 발상, 계획, 상품, 용역에 확고한 생각을 갖고 있다면 위의 자질들은 당신 안에서 점점 성숙해져 끝내는 삶의 일부가 될 것이기 때문이다.

목표와 결과를 마음에 새기고 자신만의 고층 건물과 성공적인 사업을 키우는 데 열중하다 보면 살면서 마주치는 걸림돌은 당신의 옷자락조차 붙들지 못하리라. 그리고 그 과정에서 만나게 될 운 좋은 이들에게도 당신의 탄력성과 끈기는 빛을 발할 것이다. 여기 그 사례가 있다.

켈리와는 20년 전 그의 빵집에서 처음 만났다. 그는 밀가루투성이에 키가 크고 기운이 넘치는 제빵사였다. 가게 안을 바쁘게 누비다 손님이 말을 걸 때만 숨을 돌렸다. 그는 시골의 빨간 헛간이 떠오르는 자신의 빵집을 자랑스러워했다. 겉보기에는 예스럽지만 그의 손이 많이 간 새 건물이었다. 일반 식료품점에서는 찾아볼 수 없는 다양한 맛과 종류의 식빵이 그의 특기이자 자랑거리였다.

그의 빵은 깨끗했다. 인공 재료, 색소, 화학 물질을 전혀 넣지 않아 건강을 생각하는 빵이었다. 빵들은 저렴하지 않은 가격으로 조금씩만 판매됐고 방부제가 들어가지 않아서 1주일 안에 다 먹어야 했다. 한마디로 정말 맛있는 빵이었다. 당연히 고객들이 떼를 지어 찾아왔다.

켈리의 이야기

20년 후, 책을 집필하기 위해 준비 중이던 나는 켈리의 이야기를 세상에 알리고 싶었다. 인터뷰를 시작하기 전만 해도 완벽한 빵을 만들기 위해 일평생을 바쳐 온 교양 있는 여인의 모험담을 기대했지만 그는 예상과 전혀 다른 이야기를 들려줬다. 물론 그가 어떤 인생을 살았을지라도 결과는 똑같았을

지 모르겠다. 하지만 처음 만났을 땐 알지 못했던 그만의 끈기의 길을 알게 되자 그의 이야기는 더욱 흥미로워질 수밖에 없었다.

12살이었던 그는 자유분방하고 거친 소녀였다. 그를 사랑하는 완벽한 어머니가 있었지만 자신을 이해하지는 못한다고 말했다. 아버지는 석유를 채굴하기 위해 항상 시외로 나갔다. 그는 많으면 많다고 할 수 있는 자유를 실컷 누리며 자랐다. 여느 10대처럼 몰래 술도 마시고 신나게 놀러 다니며 반항적인 시기를 보내기도 했다. 그는 대학에 다니며 아버지가 바라는 대로 장학금은 탔지만 제대로 공부하지는 않았다. 그저 아버지를 기쁘게 하려고 학교에 다니는 기분이었다.

그런 그에게도 하나의 소원이 있다면 가족이 돈 걱정 없이 편히 살 수 있는 환경을 마련하는 것이었다. 시간이 갈수록 이 생각은 집요해졌다. 학교에서 특별한 즐거움이나 목적을 찾지 못한 그는 생활비를 보태기 위해 식당을 전전하며 종업원 생활을 했다. 21살에 결혼을 하고 얼마 지나지 않아 쌍둥이가 탄생했다. 인생의 모습은 계속해서 바뀌었지만 자신의 힘으로 개척하고 싶었던 성공의 모습은 항상 그의 마음속 깊숙이 자리했다.

그가 그리는 이상들은 달콤한 사랑의 말과도 같았다. 그의 세계와 그 주변의 모든 것이 꼭 그 이상 같기만을 바랐다. 그러나 짧은 결혼 생활 중 남편이 알코올 중독자라는 사실이 밝혀지자 둘은 곧 이혼했다. 켈리는 생계를 유지하고 아이들을 키우기 위해 식당 종업원 자리로 돌아갔고 몇 년 후에는 친절한 응대 솜씨를 인정받으며 바텐더로 승진했다. 자주 들러 늦게까지 술을 마시다 가는 단골손님들도 생겼다.

그렇게 6년이라는 시간이 흘렀다. 많은 사람을 만나고 많은 것들이 바뀌었지만 그가 차마 떨쳐 낼 수 없는 감정들이 자꾸만 떠올랐다.

안 될 것 같아도 밀고 나가는 자세
_끈기 ②

그러던 어느 날 성공한 사업체를 여러 개 운영하는 손님이 식당에 찾아 왔다. 중후한 분위기의 노신사는 오랫동안 구상해 온 빵집의 꿈을 토로하며 켈리와 많은 이야기를 나눴다. 그 후 몇 달의 준비 끝에 빵집 문을 연 노신사 는 켈리를 판매원으로 고용했다. 장사가 성행하자 켈리는 판매 실적에 따라 상여금을 받으며 가게를 직접 운영해 보지 않겠냐는 제안을 받았다.

2년 동안 빵을 팔며 생활이 나아지자 그가 꿈꿔 온 좋은 삶이 점점 현실 로 다가오기 시작했다. 더 많이 파는 만큼 소득이 늘었기에 새로운 손님을 유 치하려는 노력을 아끼지 않았다. 이제는 입소문을 타 유명해진 가게의 빵을 시식할 수 있도록 동네의 테니스장과 골프장, 행사가 있는 곳이면 어디든 찾아갔다.

켈리의 끈기에는 보상이 따랐다. 은퇴를 앞둔 노신사가 켈리의 잠재력을 알아보고 켈리에게 가게를 넘겼다. 켈리는 곧 여러 재료와 제조법을 써 보며 직접 빵을 굽기 시작했고 끈기 있게 사업을 진행했다. 두 아이는 하루가 다르게 자랐다. 켈리에게 실패란 있을 수 없는 일이었다.

걱정이 무색할 만큼 가게는 날로 번창해 곧 수요를 따라가기 힘들 지경이었다. 사무실, 병원, 상점들에서 정기적으로 주문이 들어왔고 빵들은 굽자마자 날개 돋친 듯 팔려 나갔다. 수요를 따라가려면 빠른 시일 안에 가게 규모를 확장해야 했다. 켈리는 투자 자금을 구하기 위해 지역 은행에 대출 신청을 하러 찾아갔다.

은행 업무를 해 본 사람이라면 누구나 1가지 사실을 잘 알고 있다. 은행은 돈을 쉽게 내어 주지 않는다. 신생 기업에는 특히 더 인색한 법이다. 하지만 켈리는 여기서도 역시 끈기에 대한 교훈을 배울 수 있었다. 그는 사업을 확장하기 위해 은행 대출을 받으러 간 날을 회상하며 웃어 보였다.

언젠가를 기약하는 사람들 VS 오늘을 사는 사람들

아침 일찍 빵을 구워 운동복 바지 차림에 머리를 질끈 묶고 머리부터 발끝까지 밀가루를 뒤집어쓴 모습으로 은행에 들어선 그를 본 (양복을 차려입은) 은행원들의 표정이 인상 깊었다고 한다. 은행원은 곧바로 사업 계획서를 보여달라고 요청했다.

"사업 계획 순서도나 예상 매출과 비용, 수익률 관련 자료는 없습니까?"

"그런 건 가져오지 않았는데요."

은행원의 질문에 켈리는 조금 위축돼 대답했다. 그러나 좌절하지 않고 사업의 성패를 좌우하는 수요를 보여 줬다. 그리고 크라이슬러(Chrysler)나 허니 베이크드햄(The Honey Baked Ham Company) 같은 큰 거래처를 확보하고 각각의 기업에 매주 수백 덩어리의 빵을 납품하고 있음을 설명했다! 현재의 수요에 맞추기 위해 구워 내는 빵만 해도 수천 덩어리였다. 색색의 도표도 전망도 없었지만 그는 끈질기게 은행원을 설득했다. 그리고 결국 대출 승인을 받아 냈다.

켈리의 자랑스러운 빵집 컨트리그레인스(Country Grains)는 그렇게 우여곡절 끝에 문을 열 수 있었다. 작은 마을의 구멍가게처럼 친근한 그의 빵집은 매일 화물차에 빵을 가득 실어 배달하며 오늘도 성황을 누리고 있다. 나는 이날까지도 켈리의 얼굴도 보고 맛있는 샌드위치도 살 겸 빵집에 들른다.

세상에는 실천하는 사람과 꿈만 꾸는 사람, 이렇게 두 종류의 사람이 있다. 이들의 유일한 차이점은 그들을 움직이는 생각과 그 의지를 발휘하는 개인의 자질이라고 할 수 있으리라. 성공과 성취에 관해서라면 사람들은 보통 두 '모임'이나 집단 중 하나에 소속돼 있다고 생각한다. 여기서부터는 주의하기를 바란다. 나는 이 두 모임 모두의 일원이었다. 그래서 이들이 원하는 목적을 성취하는 방식이 아주 다르다는 것을 알고 있다.

이 두 부류는 '언젠가를 기약하는 사람들의 모임'과 '오늘을 사는 사람들의 모임'이라고 부른다. 이름만 들어도 각 모임의 성질이 짐작 가지만 둘의

미묘한 차이를 이해하면 당신에게 큰 도움이 될 것이다. 이는 당신과 당신의 목표에도 영향을 끼칠 수 있다. 또한 당신이 어느 모임에 속할지는 당신에게 달렸다는 사실도 기억하자. 이제 두 모임에 대해 알아보자.

언젠가를 기약하는 사람들의 모임

　　언젠가를 기약하는 사람들의 모임은 아무리 회원이 많아도 정원이 다 차지 않는다. 주차장이 꽉 찬 것처럼 보여도 항상 한두 대 정도는 더 들어가는 것과 같은 이치다. 아주 많은 잠재적 회원이 매일매일 모임에 들어온다. 가입이 쉬울뿐더러 두 팔 벌려 환영받기 때문이다. 이 모임의 회원들은 보통 다른 모임이 있는 줄 모르고 가입한다. 살면서 이 모임밖에는 들어 본 적이 없다. 그도 그럴 것이 빨간 불도, 우회로도, 방해물도 없이 찾기 쉬운 곳에 있기 때문이다. 분위기도 훌륭하다. 따뜻하고 안전하고 익숙하게 느껴진다. 대부분 회원들의 부모도 모임의 일원임을 발견할 수 있을 것이다. 심지어 조부모, 사촌, 친구와 동기들까지 모임에서 찾을 수 있다.

이 모임은 비슷한 사람들로 가득 차 있다! 조금만 어울려도 서로가 얼마나 좋은 뜻을 품은 사람들인지 알 수 있다. 그들과 함께 지내다 보면 아래와 같은 말이 실제로도 쉽게 들려온다.

"언젠가 내 사업을 시작할 거야."

"아, 진짜? 나도 언젠가 나만의 비영리 단체를 설립할 거야!"

"그것도 좋은 생각이긴 한데 나는 언젠가 온 가족과 함께 크루즈 여행을 떠날 거야!"

"언젠가는 내가 꿈꿔 온 집을 지을 거야."

"언제 한번 점심이나 먹자."

"언젠가 꼭 그 요가 수업을 들어야지."

"언젠가는 401(k) 계좌를 만들 거야."

말만 번지르르한 사람을 조심하라

잘 자랄 나무는 떡잎부터 알아본다고 했다. 장차 언젠가를 기약하는 사람들의 모임의 회원이 될 아이들은 어릴 때부터 태가 난다. 어른이 돼서 하고 싶고, 되고 싶고, 가고 싶은 것이 뭐냐고 물으면 이 아이들은 "언젠가는…"으로 말문을 연다. 그렇게 같은 대답만 하던 아이들은 자라서도 같은 대답을 한다. '언젠가는'이라는 단 한마디면 이 모임의 평생 회원권을 얻기 충분하다.

이들은 유쾌하고 긍정적인 사람들이다. 함께 나눌 좋은 이야기도 많을 것이다. 가입하자마자 열렬한 환영을 받을 게 뻔하다. 가입 신청서를 바로 처리해 주면 좋겠지만 이들은 최적의 조건을 기다리며 차일피일 검토를 미룰 것이다. '어떻게든 되겠지. 언젠가는 꼭 할 거야!'가 모임의 공식 좌우명이기 때문이다.

설마 이 모임의 가입을 고려하고 있는가? 다시 생각해 보길 바란다. 가입하면 탈퇴가 불가능하니 조심하자. 많은 회원이 증언하듯 일단 들어가면 떠나기가 쉽지 않다. 그 이유도 간단하다. 모두 '언젠가'는 모임을 떠나고 싶지만 정작 그 '언젠가'가 찾아오지 않기 때문이다. 또 회원들이 서로를 놓아주기 싫어하는 것도 이유 중 하나다. 다른 회원들이 떠나지 못하도록 모두가 합심해 많은 시간과 에너지를 들여 핑계를 대고 설득한다.

"집을 산다고? 요즘 집값이 얼만 줄 알아?"

"저축해서 뭐 해? 내일 무슨 일이 생길지도 모르는데 오늘을 즐겨야지."

"사업을 하고 싶어? 그거 골치 아픈 거 아냐? 그냥 다니던 직장이나 계속 다녀. 안전하잖아!"

"언젠가 돈을 더 많이 벌면 그때 하면 되지."

나는 선의로 가득 찬 사람들이 하는 이런 말들을 실제로도 반복해서 들었다. 이런 말을 들을 때마다 정말이지 창문에서 뛰어내리고 싶은 심정이었다. 그들과 대화한 45분을 돌려받지도 못할뿐더러 자신들의 미래와 성공도 저런 식으로 방해했을 것을 생각하니 자리를 지키는 것만도 고역이었다.

요점은 이 모임이 하는 일 없이 꿈만 꾸는 사람들에게 꼭 맞다는 것이다.

이들은 다른 사람들이 잘되는 꼴을 보지 못한다. 당신이 긍정적인 변화를 꾀할 때마다 모임에 머물러 계속 자신처럼 살기를 바라는 마음에 일부러 콧방귀를 뀌는 것이다. 모임에서 벗어나려 할 때마다 그들은 애원한다. "가지 마. 여기서 우리랑 있어야지!" 대부분이 이 언젠가를 기약하는 사람들과 같이 숨 쉬고 일하며 살아간다는 사실을 모른다. 심지어 자주 듣다 보니 '언젠가'라는 단어에 면역이 생겨 우리도 종종 같은 말을 쓰기도 한다.

이들에게 생기는 일

지금부터 이들에게 무슨 일이 생기는지 알려 주겠다. 은퇴 시기가 다가오거나 생이 끝날 때 삶은 그들에게 특별한 상을 수여한다. 상의 이름은 '평생 비—공로상'이다. 이 상은 '후회만 가득한' 인생을 산 후보들에게만 특별히 주어진다. 당신 주변에도 많은 수상자가 있다. 아래는 그들에게서 많이 들어 본 익숙한 말들이다.

"장래성도 없는 그런 직장 따위 진작에 그만뒀어야 했는데."
"내 사업을 했어야만 해."
"시도라도 해 봤다면 좋았을 텐데. 이젠 어땠을지 알 방법이 없지."
"그 휴가를 갔어야 했는데."
"아이들에게 더 관심을 쏟아야 했는데."
"운동을 더 열심히 해야 했는데."

같은 일을 겪었던 내 말을 믿어도 좋다. 열심히 인내하고 일했던 나의 젊은 날은 빛을 발했고 이제는 앞으로 펼쳐질 즐겁고 평화로운 나날만을 고대한다. 더 간단하게 말하자면, 인생을 뒤로 미룰 수는 없다. '언젠가'라는 말은 당신이 알아채기도 전에 빠르게 다가와 당신의 엉덩이를 걷어찰 것이다. 아이들은 눈 깜빡할 새에 다 자라 품을 떠날 것이다. 평생이 걸려도 이루지 못할 것 같았던 목표는 추억 속에만 존재할 것이다.

인생은 빠르게 흘러간다. '언젠가'가 '절대'가 되지 않게 하자. 말도 안 되는 '평생 비—공로상'에 집착하며 '좀 더 나은 인생을 살았으면' 하며 후회만 가득한 사람들과 가까워지지 말자. 당신은 그것보다 더 나은 대접을 받을 자격이 있다. 세상 모두가 그것보다 더 나은 대접을 받을 자격이 있다. 그래서 나는 당신에게 더 나은 선택을 제안하려고 한다. 여기 시간을 낭비하지 않고 행동이 재빠른 사람은 지금 당장 가입할 수 있는 모임을 소개하겠다.

오늘을
사는 사람들의
모임

오늘을 사는 사람들의 모임을 주차장에 빗대어 표현하면 슬쩍만 봐도 언젠가를 기약하는 사람들의 모임보다는 차가 적은 것을 알 수 있다. 왜일까? 그야 회원 수가 더 적으니 당연한 일이다. 하지만 여기서는 회원의 수보다 질이 더 중요하다. 당신의 주변인들도 신중하게 고르도록 하자. 당신에게 힘과 동기를 부여하는 사람들을 최대한 많이 곁에 둬야 한다.

진지하게 생각해 보자. 피로 이어진 가족은 고를 수 없다지만 인생의 목표를 함께할 사람만큼은 현명하게 선택해야 한다. 길을 걷다 지칠 때 당신의 버팀목이 돼 줄 수 있는 사람, 당신이 필요로 할 때 어깨에 손을 얹어 위로해 줄 사람을 찾자.

오늘을 사는 사람들의 모임은 언젠가를 기약하는 사람들의 모임과 겉보기에는 별로 다른 것이 없다. 모임 안에서는 작은 무리의 사람들이 다른 무리와 대화하는 모습을 볼 수 있다. 다들 별문제 없어 보인다. 모두가 행복하고 열정적이다. 하지만 이 모임은 기운 자체가 다르고 사람들에게서는 미소와 자신감이 넘쳐 난다. 당신은 본능적으로 이곳에 머무르고 싶은 충동을 느낀다. 모임을 자세히 둘러보도록 하자.

이들에게 생기는 일

이곳의 대화는 이전의 모임에서 나눈 대화와 사뭇 다르다. '언젠가'만 기약하던 사람들에게서 느꼈던 연민도 없다. 오히려 그 반대로 사람들의 단어 선택 자체가 다르다. 질문에 상관없이 모든 답변이 긍정적이고 결과 지향적이다. "언제 점심 한번 먹자"라는 질문에는 "휴대폰으로 내 일정 볼 수 있어. 다음 주 화요일은 어때?"라고 되묻는다. 상대가 "그래, 우리 새로 연 초밥집 가보자. 거기서 봐!"라고 대답하며 구체적인 점심 약속이 만들어진다.

이곳의 사람들은 401(k) 계좌를 언제 열지를 이야기하지 않는다. 미래의 수입을 고대하며 서로의 투자 포트폴리오를 비교하는 모습만 볼 수 있다. 아무도 언젠가 요가 수업을 들을지도 모른다고 생각하지 않는다. 그와는 정반대다. 처음 들었던 수업 10번이 얼마나 좋았는지, 토요일 아침 수업에 동참하자고 부추기는 대화만 오간다.

이들은 직장에서의 이상과 계획을 세운 사람들이다. 그 계획은 수요가 많은 분야의 기술을 배우는 것일 수도 있고, 그 기술을 통해 자신만의 사업을 꾸려 나갈 밑바탕이 될 경험을 얻는 것일 수도 있다. 한두 명의 직원에서 시작해 수백 명 규모의 기업을 키운 뛰어난 사업가들이 있다. 이들의 성공은 아이디어의 가치를 믿고 미리 계산된 위험을 감수했으며 구체적인 계획으로 모든 경우의 수를 대비했기에 가능했다.

이들은 대부분 더 가진 사람이 더 베풀어야 한다는 정신으로 자신의 성공을 사회에 환원하기도 한다. 그러나 주택이나 새 화물차를 구매할지, 미뤄 온 휴가를 갈 것인지 등 희망에 찬 고민을 하는 사람은 없다. 모임 밖에서는 듣기 힘들어 신선할 정도로 느껴지는 대화만이 오간다. 회원 중 하나가 부동산 중개업자를 고용했고 벌써 계약과 은행 대출도 완료했다고 자랑스럽게 이야기하는 것처럼 말이다.

다른 점도 발견할 수 있다. 행동하는 사람들로 가득 찬 이 모임은 당신의 목표가 무엇이든 전적인 지지와 도움을 줄 것이다. 당신의 인생관이 얼마나 높은 곳을 목표로 하는지 상관없다. 오늘을 사는 사람들은 본인의 열등감에 사로잡혀 당신의 계획을 비웃는 실수 따위는 하지 않는다. 회원이 굳이 필요하지는 않지만 가입할 의지만 있다면 두 팔 벌려 환영하는 모임이다. 또 언젠가를 사는 사람들의 모임과는 다르게 당신의 결정이 무엇이든 당신의 앞날이 좋은 일로 가득하기를 빌어 주기도 한다.

이 모임의 회원이 돼 가장 좋은 점은 목표로 가는 과정에서 다른 회원들이 보여 주는 호의라고 생각한다. 그들은 당신이 자신의 목표를 책임감 있게 관리하길 바란다. 또 당신이 목표를 향해 정진하고 있는지 수시로 점검하며 물어 올 것이다. 그들은 항상 곁에서 성취의 크기에 상관없이 당신의 성공을 자기 일처럼 기뻐해 준다. 가장 중요한 것은 당신이 추구하는 편안함과 평온함과 자유의 의미를 그들과 함께 누리는 것이다.

이 모임의 사람들처럼 사는 법

1. 잠시 하던 일을 멈추고 두 모임을 당신과 주변인들의 인생과 관련지어 보자. 그동안 주로 어떤 모임에 어울려 왔는가? 둘 중 어떤 모임이 당신을 잘 나타낸다고 생각하는가? 당신의 친구, 가족은 어떤 모임에 속하는가? 꼭 두 모임 중 하나에만 속한다고 말할 수 있는가?

2. 당신이 언젠가 하겠다고 결심했던 일 중 하나를 적어 보자. 그 언젠가를 오늘로 만들려면 당장 무슨 일부터 시작해야 하는가?

3. 당신이 하겠다고 결심했고 실제로도 이뤄 낸 일 하나를 적어 보자. 기분이 어땠는가? 도움이 필요하지는 않았는가? 목표 달성까지 당신을 도와준 사람이 있는가?

4. 당신이 세운 목표가 무엇이든 꼭 도움이 될 것 같은 사람 3명 이상의 이름을 적어 보자.

앞서 이미 우리가 꿈꾸는 이상적인 인생을 그려 봤다. 이제 그 이상을 다시 한번 뚜렷하게 떠올려 보자. 당신이 살고 싶은 이상적인 인생의 모습을 마음속에 그려 보도록 하자. 행복하지 않은가? 아마 언젠가를 사는 사람들의 모임에서 말한 적이 있을지도 모르겠다. "언젠가는 …을 하길 항상 꿈꿔 왔

부의 역발상

어"라고.

이번 장에서 나는 당신이 언젠가 이루고 싶은 꿈을 단 한 번이라도 현실로 이루도록 도와주고 싶다. 당신이 목적지에 닿을 수 있도록 길을 제시하는 것이 이 책의 목적이기도 하다. 물론 모든 변화가 한꺼번에 일어나지는 않는다. 처음에는 작은 승리부터 시작해도 좋다. 다음에는 2개, 3개의 승리를 한 번에 거머쥐고, 그러다 보면 당신도 모르는 사이 점점 더 커다란 승리가 눈앞에 성큼 다가올 것이다. 오늘을 사는 사람들의 모임에서 보내는 시간이 유익하길! 목표를 세우는 족족 달성해 낼 수 있으리라.

Blue Collar Cas

나누면 배가 되는
부의 역설

돈 벌고
성공하는 것보다
중요한 가치

대망의 마지막 장에서는 조금 파격적인 선언을 하고자 한다. 평생 주변 인들에게서 들어온 말과 아주 판이해서 이해하는 데 시간이 걸릴지도 모르겠다. 믿기 힘들지도 모른다. 대중은 사회에서 통용되는 일반적인 생각만 진실이고 그 외는 다 가짜라고 단정 짓는 경향이 있기 때문이다. 이제 당신의 인생에서 가장 중요한 것이 무엇인지 생각해 보자. 이 말을 이해하기 위해 틀에 박힌 생각에서 벗어나야 한다면 그래도 좋다.

인생의 의미를 직업으로 정의하지 말자. 다시 한번 말하겠다. 당신의 직업이 인생의 행복을 좌우해서는 안 된다. '무슨 일을 하며 사는지'보다 '그 일로 무엇을 하는지'로 인생을 정의하자. 당신이 편안하고 평온하고 자유로운 인생으로의 여정에 오르려면 꼭 기억해야 하는 중요한 사실이다.

인생의 정의와 그 주변 요소를 논하려면 꼭 고려해야 하는 선택이 있다. 나는 이 선택이 삶의 진정한 가치를 대변한다고 생각한다. 이 선택은 당신의 재능이다. 당신만의 재능을 발견해 날카롭게 갈고닦아 세상과 나눌 수 있기를 바란다. 지금쯤 이런 생각이 들지도 모르겠다.

'잠깐만, 좋아할 수 있는 직업을 선택하고 싶어서 이 책을 샀는데 이제 와서 직업은 행복의 부차적 요소일 뿐이라고?'

바로 맞혔다. 더 설명하자면 자신과 가족을 부족함 없이 돌볼 수 있는 성공한 인생은 손만 뻗어도 닿는 거리에 있다. 일에 대한 자부심, 지역 내의 사회 공헌, 시간과 돈과 재능의 기부처럼 인생에서 가장 중요한 것들에 대한 관점을 지킨다면 더 빠르게 쟁취할 수도 있다. 꼭 대기업 경영자나 연예인이나 운동선수가 돼야만 성공을 거둘 수 있는 것은 아니다.

직업은 결코 행복의 척도가 될 수 없다

아마 친구나 가족, 심지어 소셜 미디어의 포스터에나 적혀 있을 법한 말 들을 수도 없이 들어 왔으리라.

"멈추지 말고 계속 승진을 노려라."
"좋아하는 일을 하면 돈은 저절로 따라오는 법."

"당신의 행동이 당신을 정의한다."

"쉬지 말고 꿈을 좇아라."

어디서 한 번씩 들어 본 적이 있지 않은가? 나는 위의 문구들과 조금 다르게 생각한다. 이론상으로는 달콤하지만 현실에서는 최선의 충고가 될 수 없기 때문이다. 그럼 왜 이런 충고들이 별로일까? 얼마나 많은 부모가 자신의 자녀는 유명한 운동선수가 될 것이라고 믿는지 생각해 본 적 있는가? 합숙 활동이나 학교, 혹은 경기장 한편에서 부모와 코치들이 아이들에게 소리친다.

"네 꿈을 펼쳐! 너 프로 선수가 되고 싶잖아. 포기하지 마! 할 수 있어!"

하지만 작은 동네의 고등학교 축구팀 코치에게 다가가 이렇게 속삭이는 사람은 그 어디에서도 본 적이 없다.

"축구에 그렇게 관심이 많다면 그냥 일요일마다 텔레비전에서 하는 축구 경기나 챙겨 보고 월요일에는 당신 아버지가 운영하는 자동차 정비소에 가서 일하는 게 낫겠어요. 그 편이 더 멋진 인생을 살 수 있을 거예요."

우리는 아주 극소의 아이들만이 프로 선수가 될 수 있다고 말해 주지 않는다. 1만 명의 아이 중 소수만이 프로로 전향할 수 있고, 일단 프로 선수가 된다고 해도 그 장래는 불투명하다. 미식축구로 예를 들어 보자. 미국 프로

미식축구 선수 협회(NFL Players Association) 선수들의 평균 활동 기간은 3.3년에 불과하다!

그렇다면 또 다른 질문이 고개를 든다. 그다음은? 이미 부를 얻었으니 은퇴해도 상관없지 않을까? 틀렸다. 우리가 보통 알고 있는 프로 선수의 연봉은 5년 동안 선수로 활동해야만 거머쥘 수 있는 것이 현실이다. 5년을 채우지 못한 선수들은 스포츠가 아닌 다른 분야에서 만족스러운 직업을 찾기 위해 고군분투한다. 아까도 말했지만 43퍼센트 이상의 대학 학위 소지자가 자신의 전공과 관련이 없는 분야에서 일한다는 사실이 이를 더욱 분명하게 만든다.

똑같은 성공을
좇는 삶은
공허하다

내 주변에도 대학 졸업과 동시에 부족함 없는 인생을 꿈꿨지만 상상과는 다른 현실에 실망하고 좌절한 이들이 많다. 50~60대 나이에도 불구하고 매사에 부정적이고 잃어버린 꿈, 가난, 불만족스러운 직업에 억울해하는 사람을 수없이 봐 왔다. 이는 원하는 인생을 계획하기보다 무슨 일이 일어나기만을 바라는 버릇의 결과라고 생각한다. 앞서 우리는 인구의 80퍼센트가 목표 없이 살아간다는 사실을 배웠다. 뚜렷한 방향성 없이 세월만 흘려보내는 이들이 너무나도 많다.

더 좋은 인생, 더 놀라운 삶은 빠른 승진이나 아주 커다란 성공에만 있지 않다. 내 주변인 중 행복하고 만족스럽게 사는 사람들은 자신의 직업을 목적을 이루는 긍정적인 수단으로 여기며 사랑하는 방법을 배웠다. 마음속에 그려 온 멋진 인생을 현실로 만들기 위해 당장 눈앞에 주어진 일에 집중했다. 열성적인 노력 끝에 자기 분야의 전문가가 됐고, 이는 곧 성공의 밑거름이 됐다. 노력해서 얻은 개인의 재능을 사회와도 나눈다.

사람들은 노동과 직업의 의미를 너무나도 자주 잊는다. 심지어 은행에 쌓아 둔 돈의 양이 개인의 가치를 의미한다고 착각하는 지경에 이르렀다. 실제 삶이 얼마나 편안하고 평온하고 자유로운지는 상관없다.

일이 잘 풀리지 않거나 힘든 시기가 온다면 어떻게 하겠는가? 아직도 지갑에 가득한 돈이 인간의 가치를 정한다고 말할 수 있는가? 당신이 가진 것 하나 없이 태어났다면? 가난으로 사람의 가치를 가늠할 수 있는가? 당연히 그럴 수 없다. 하지만 무의식적으로 그렇게 생각할 수는 있다.

돈으로 살 수 없는 당신만의 재능

나는 의사도 아니고 대학에서 인간 행동과 심리를 전공하지도 않았지만 이렇게 분명한 사실을 지적하려고 노벨상 과학 분야 수상자만큼 똑똑할 필요는 없다. 간단한 이야기다. 많은 사람이 자신의 가치를 직업이나 연봉으로 결정하기 때문에 극심한 생존 경쟁이 계속될 수밖에 없다. 사람은 돈 몇 푼에 노예가 되기도 한다. 이러한 풍토가 만연한 현대 사회에서 돈은 일종의 명함 같은 것이다. "나는 돈이 있다, 고로 나는 존재한다." 같은.

지금 이 순간에도 많은 젊은이가 학자금에 허덕이며 좋아하지도 않는 직

부의 역발상

장에 출근하고 있다. 이들은 자신이 무슨 학교를 졸업했고 무슨 회사의 어떤 직책을 맡고 있고 은행 계좌에 돈이 얼마나 있는지가 본인의 인간다움과 실제로 느끼는 행복을 결정한다고 굳게 믿고 있다.

하지만 낙심하지 말자. 당신은 저들과 다르다. 오프라 윈프리(Oprah Winfrey)가 말하듯 이제라도 알게 됐으니 더 잘하는 일만 남았다. 아무것도 몰랐던 전과는 다르게, 이제 적어도 나그네쥐(절벽에서 뛰어내려 집단 자살을 한다고 알려진 들쥐. 맹목적으로 남을 따라 행동하는 군중 심리를 설명할 때 자주 언급된다) 무리처럼 생각 없이 절벽으로 남을 따라 뛰어내리지는 않을 것이다.

우리 솔직해지자. 세상에서 제일 부자라고 해도 그 부가 욕심과 속임수에서 비롯됐다면 다 무슨 소용인가? 내 주변에도 경제적으로는 부족함이 없지만 불행한 지인들이 너무나 많다. 다른 사람보다 더 잘나고 못난 사람은 없다. 석유를 채굴하든 정화조를 청소하든 당신의 가치는 변함없다. 얼마를 버는지보다 당신이 보여 주는 진심과 타인에게 최선을 다하는 모습이 당신의 진정한 가치를 나타낸다.

다시 한번 말하지만 우리의 출신이나 가정 환경 등 태어나면서 갖는 제약은 아무 의미가 없다. 베푸는 일에는 때와 장소가 없기 때문이다. 또 우리 모두에게는 세상이 애타게 기다리고 있는 재능이 1가지씩은 있는 법이다.

돈 문제 없는 인생을 계획하라

인생의 의미는 자신의 재능을 발견하고 그 힘으로 남을 도와 세상을 더 살기 좋은 곳으로 만드는 데서 온다고 생각한다. 우리는 그러려고 태어났다. 나의 특별한 재능을 찾아 세상에 선물하기 위해서. 나는 러스크 산업 주식회사(Rusk Industries Inc.)의 대표다. 착암기로 땅을 뚫고, 타르와 콘크리트 작업을 하고, 자갈이 수북한 덤프트럭을 일상처럼 써야 하는 고된 분야에서 일한다.

하지만 나는 내 직업을 사랑한다. 함께 일하는 동료들을 사랑하고 내가 운영하는 나만의 회사를 사랑한다. 힘든 일도 많았지만 아직은 다른 이들이 자신만의 목표를 찾고 스스로 계획한 길을 따라 목적지에 다다르도록 옆에서 도울 때가 가장 즐겁다. 사람들을 돕는 틈틈이 내 인생도 충분히 즐기고

부의 역발상

있다. 먼지 가득한 건설 현장에서 발견한 나의 진정한 재능이라고 할 수 있다. 사람들이 자신의 미래를 대비하도록 돕는 나의 재능은 시간이 지나 결국 내가 사랑하는 '직업'이 됐다.

몇 년 전의 일이다. 평소와 같은 주간 목표 회의 중, 우리 회사의 직원 한 명이 그동안 머릿속에서 그려 온 목표에 집중하고 싶지만 당장 생활비가 버거워 엄두가 나지 않는다고 고백했다. 알고 보니 그는 월급의 수천 달러가 전 남자 친구와 함께 살았던 아파트 월세로 쓰였고, 지난 2년 동안 수리할 돈이 없어 난방기가 고장 난 차로 혹독한 날씨를 뚫고 출퇴근해 왔다. 무거운 빚더미에서 벗어나는 것이 그의 꿈이었다. 또 언젠가는 아이들과 함께 플로리다주로 떠나 늙어 가는 어머니를 찾아뵙기를 소망했다.

나는 꿈을 이룰 확신에 찬 계획을 세워야 한다고 조언했고 곧바로 계획을 세우기 시작했다. 우리는 10개월 안에 모든 빚을 청산할 수 있는 저금 계획을 세웠다. 빚을 다 정리하자 차의 난방기를 고칠 수 있었다. 난방기 수리비가 해결되자 마침내 플로리다주에 있는 어머니를 보러 갈 여행비를 모으기 시작했다.

여행비는 다른 목표들보다 시간이 좀 더 걸렸지만 일단 길이 정해지자 한눈팔지 않고 저금에 집중할 수 있었다. 그렇게 16개월 안에 모든 목표를 달성했다! 무엇보다 이제는 해마다 어머니를 만날 수 있게 됐고 여윳돈도 생겼다. 빚 때문에 받는 스트레스, 두려움과 불안함을 편안함과 평온함과 자유로 맞바꾼 셈이다.

스스로를 책임져라

나는 지금까지 많은 이가 빚에서 벗어나 자신과 가족들을 위해 훌륭한 삶을 만들도록 도왔다. 그들은 일하러 가는 시간이 고통스럽지 않았다. 직업이 가장 중요한 목표 달성의 창구일 때 그 소중함이 와닿는 법이다. 거듭 말했지만 당신에게도 충분히 일어날 수 있는 일이다! 당신은 한 번이라도 이런 말을 한 적이 있는가?

"월급이 충분하지 않은 걸 어떡해."

"지금 버는 돈으로는 생활이 빠듯해."

"일은 열심히 하는데 빚이 너무 많아."

"물가가 너무 빨리 상승해서 내 월급으로 따라갈 수가 없어."

"너는 쉽게 말할 수 있겠지. 회사 사장이잖아."

"시급이 12달러밖에 안 된다고."

"도저히 집세를 감당할 수가 없어. 두 아이가 어린이집에 다니는데 양육비도 못 받고 부모님도 부양해야 해."

다 이해한다. 인생은 잔인하다. 우리가 노력하지 않은 것도 아닌데 인생의 변수는 우리를 끊임없이 괴롭힌다. 다 알고 있다. 하지만 지금부터는 당신도 상황을 바꿀 수 있다는 희망을 보여 주려고 한다. 제대로 들었다. 당신이 어떤 상황에 부닥쳤던 돌파구는 항상 존재한다.

냉정하게 들리겠지만 꼭 필요한 말을 해 주고 싶다. 오직 당신만이 당신의 인생과 결과에 책임을 질 수 있다. 마음가짐만 올바르다면 현재에도 미래에도 당신이 하고 싶은 것은 무엇이든지 이룰 수 있다.

시간당 12달러밖에 받지 못하는 직장이 싫어졌다면 그만둬도 좋다. 그곳보다 더 높은 시급을 줄 일자리는 많으니 가서 찾아보자. 변화를 위해 무엇이 필요한지 알아보자. 안전지대를 벗어나 다른 분야의 일을 시도해 보자. 힘들더라도 끝까지 버티며 당신의 기량을 꾸준히 늘리자. 가장 중요하게는 앞으로 찾아올 기회를 위해 긍정적이고 열린 마음을 유지해야 한다. 오직 당신만이 정할 수 있는 길에 올라 끝까지 버텨야 한다.

천 개의 인생에는 천 개의 돌파구가 있다

수많은 인생에는 겉보기에 해결하기 어렵고 절망적인 상황들도 많았다. 무일푼에 살아갈 희망을 잃었어도 결국 성공으로 향하는 돌파구를 찾아낸 사람들도 지켜봤다. 내 친구 마크, 짐, 팀은 내가 아는 사람 중 가장 탄력 있고, 긍정적이고, 이상 지향적인 사람들이다. 마크 마틴은 18살의 나이로 어린 동생들을 보살피고 생계를 책임져야만 했다. 사랑하는 어머니를 포함한 모든 것을 잃었음에도 말이다.

그러나 그가 인생을 포기했던가? 천만의 말씀. 짐 몰린을 기억하는가? 그는 자기 자신을 파멸로 몰아가던 가망 없는 약물 중독자였다. 돈은커녕 아무것도 없었지만 바로 그곳이 짐의 시발점이었다. 오늘날 성공적인 건설 회사 사장 자리에 오른 그는 누구보다 당당했다. 그리고 나탈리야. 다른 사람이 정해 준 의사의 길은 자신이 원하는 길이 아니었기에 자신의 열정의 소리에 귀 기울여 막대한 수입을 올렸다. 팀 데스포스. 그는 평생 갚지 못할 거라 생각했던 빚더미에서 벗어나 번듯한 새집을 장만했다.

당신도 할 수 있다. 이 책의 등장인물들뿐만 아니라 전 세계 수백만 이상의 사람들이 자신의 재능을 찾아 열심히 갈고닦아서 세상과 나눴다.

길과 길잡이를 찾아라

처음 우리 직원들이 심각한 돈 문제나 다른 사안을 들고 찾아오기 시작했을 땐 별생각 없이 적당한 충고를 해 줬다. 목표까지의 길을 계획하거나 원하는 인생을 그리는 일처럼 내가 이미 시도해 보고 효과가 있었던 방법들을 알려 주는 것이 전부였다. 하지만 상담자 수가 어느새 10명에서 20명으로, 20명에서 100명으로 늘어났다. 연이어 찾아오는 사람들마다 내게 도움을 요청했다.

"이 빚을 빨리 갚아 버리고 싶어요. 평생 종업원으로 살기는 싫어요."

"지긋지긋한 고물차 좀 그만 고치고 싶어요."

"항상 유럽에 사는 가족을 꼭 만나 보고 싶었어요."

"월세는 그만 내고 집을 사고 싶어요."

"이제 그만 미루고 척추 측만중 검사를 받고 싶어요."

"내게는 재능과 열정이 있지만, 그동안 외면해 왔어요."

이들은 모두 자신이 가고 싶은 길을 확실하게 알고 있었다. 자신이 인생에서 바라는 것이 무엇인지도 꽤 잘 알고 있었다. 그저 자신을 목적지까지 이끌어 줄 사람이 필요했을 뿐이다. 그리고 모두 그 과정에서 자신이 잘하는 무엇인가를 찾아냈다. 그것을 계기로 또 다른 자신을 발견하고, 다시 반복하며, 곧 자신에게 있는지조차 몰랐던 재능을 발견하기 시작했다.

나의 재능은 다른 이의 재능을 일깨우는 것이라는 사실을 바로 그때 깨달았다. 나는 그들이 진정한 인생의 길을 찾도록 도울 수 있었다. 그동안 받은 것이 많았기에 이제는 베풀 수 있었다. 아니, 이제는 자유롭게 베풀 수 있었다는 말이 더 적절하겠다. 그 무엇도 내 재능을 나누는 데 걸림돌이 되지는 못했다.

내가 가진 편안함과 평온함과 자유를 만나는 모든 사람과 나누고 싶었다. 내가 매일 온종일 느끼는 기분을 그들과 공유하고 싶었다. 재미있는 점은 내가 가진 것을 다른 이들과 나누면 나눌수록 배가 돼 돌아왔다는 것이다. 끝이 없이 돌아왔다. 나의 세계가 이렇게 명확하게 보였던 적이 있었던가. 나는 그제야 진정한 자유의 의미를 깨달았다. 돈은 물론이고 편안하고 평온하고 자유로운 상태가 무엇인지 깨달은 것이다.

부의 역발상

당신의 재능은 최고의 재산이다

중요한 질문을 하겠다. 당신은 무엇을 나눌 수 있는가? 재능을 찾기가 말처럼 쉽지는 않다. 진정한 재능을 찾기 위한 길에 나서자마자 할 일이 쏟아진다. 우리 중에서는 격려가 끊이지 않는 가정에서 자란 사람도 있다. 당신의 특출한 재능을 바로 알아보고 성공까지 아낌없는 지원을 해 주는 부모 밑에서 자랐을 수도 있다. 아니면 당신이 굉장한 재능의 운동선수거나 예술가, 음악가, 혹은 제빵사일 수도 있다. 그렇다면 축하한다! 참 잘된 일이다. 짐작하건대 부모님이 격려해 준 당신의 재능을 아직도 소중히 하며 살고 있으리라. 자기가 되고 싶은 모습과 하고 싶은 일에 제동을 걸고 한계를 부여할 수 있는 사람은 자기 자신밖에 없다.

그러나 저들과 달리 당신이 재능을 찾는 여정은 조금 고단할 수도 있다. 어떻게 보면 우리는 자신의 재능을 궁금해하도록 태어났다. 늘 스스로를 타인과 비교하기 때문에 생기는 일이다. 우리는 항상 다른 사람과 사물에 자신을 비교하며 묻는다.

'저 사람이 나보다 운동을 더 잘하나? 나보다 문제 해결을 더 잘하려나? 나보다 더 나은 음악가인가?'

질문의 대답은 '그렇다'이다. 누군가는 당신보다 항상 더 뛰어날 수밖에 없다. 누군가는 항상 당신보다 더 높은 수준의 교육을 받았을 테고, 일 처리가 더 빠르며, 돈 문제에 더 밝을 것이다. 흔히 말하듯이 비교는 기쁨을 앗아가는 도둑과 같다. 이 허튼 생각이 우리의 양동이를 꽉 채우기도 한다.

나만의 초능력을 포기하지 말자

한때 꽤 잘했다고 느꼈던 분야에서 추월당하면 우리는 생각한다.

'나는 절대 저렇게 못 할 거야.'

그리고 행동을 멈추며 말한다. "뭐하러 굳이 노력하지?" 하지만 다시 생각해 보길 바란다. 잭 니클라우스(Jack Nicklaus)를 보고 "어차피 저 사람만큼 잘하지도 못할 텐데 시도해서 뭐 해?"라고 했다면 오늘날 타이거 우즈(Tiger Woods)

가 탄생할 수 있었을까? 엘론 머스크(Elon Musk)가 "이미 빠른 차들이 많은데 경쟁이 안 되지"라고 했다면 테슬라(Tesla, 전기차로 유명한 미국의 자동차 제조사)는 세상에 나올 수 있었을까? IBM의 컴퓨터를 본 스티브 잡스(Steve Jobs)가 "누가 벌써 만들었네!"라고 했다면 애플 컴퓨터는 만들어질 수 있었을까? 아직 어렸던 스티븐 스필버그(Steven Spielberg)가 "영화를 만든다고? 됐어, 좋은 영화는 프란시스 포드 코폴라(Francis Ford Coppola)가 벌써 다 만들었는걸!"이라고 했다면?

누구나 자신만의 재능이 있고 나와 같은 재능을 지닌 사람도 분명히 존재한다. 그래도 자신의 재능을 여전히 활용할 수 있다. 꼭 활용해야만 한다. 왜냐고? 이 세상은 우리가 필요하기 때문이다. 당신에게는 내게 없는 재능이, 내게는 당신에게 없는 재능이 있다. 함께라면 많은 것을 해낼 수 있다.

이 세상을 우리와 다른 모든 이들에게 더 나은 장소로 만들 수도 있다. 그만큼 간단하다. 나는 항상 우리의 진심과 특별한 재능을 세상에 베푸는 것이야말로 진정한 자유라고 생각해 왔다. 직접 해 본 사람으로서 말하자면, 이건 정말 끝내주는 기분이다.

인생의
길잡이를
들여라

얼마 전 뉴리버고지 국립 공원에서 주최하는 행사에 참여했다. 이곳은 북미에서 가장 오래된 강 하나가 초록이 무성한 웨스트버지니아주의 산들을 뚫고 지나가는, 장대한 풍경이 일품인 지역이다. 강을 따라서 자랑스러운 미국의 일꾼들이 석탄불을 태우기 위해 노역했던 폐광들이 이어져 있다. 가족들과 스릴을 찾는 사람들에게는 낙원 같은 장소라 해도 과언이 아니다. 원한다면 캠핑, 등산, 낚시, 사냥, 짚라인, 줄이나 벽돌을 이용한 절벽 등반은 물론, 급류 타기 래프팅도 가능하다.

실제로 이 국립 공원의 세계적인 유명세는 난이도가 1단계부터 5단계까지 나눠진 '거대한 급류들'에서 시작됐다. 워터 파크처럼 잔잔한 물과 강 아래로 떨어지는 폭포를 동시에 즐길 수 있다는 뜻이다. 래프팅 회사들의 웹 사이트는 공원의 급류가 디즈니랜드의 느릿느릿한 놀이 기구들과는 전혀 다름을 경고한다. 이 경고는 사고나 사망 시 일절 책임지지 않겠다는 신체 포기 각서와 같다.

튀어나온 돌에 쓸리거나 커다란 돌과 충돌하거나 강력한 수류나 역류, 혹은 '구멍(Hydraulics, 높은 곳의 물이 절벽 끝이나 돌을 거쳐 하천의 깊은 물로 떨어지며 회전하는 현상)'으로 빨려 들 위험이 도처에 널린 장소다. 심장 떨리는 공포는 굳이 더 언급하지 않겠다.

즐거운 시간이 되리라. 곧 요금을 내고 신체 포기 각서를 쓰고 노, 구명조끼, 헬멧을 받아 들고 겁 없는 영혼의 무리와 버스에 올라 산을 내려갔다. 산을 내려가는 동안 버스 안의 가이드는 래프팅 코스에 도사린 갖가지 위험을 경고했다. 우리 중 누군가 래프팅을 포기하고 다시 산을 올라가도 절대 부끄러운 일이 아니라는 말도 덧붙였다. 보통 버스 한 대당 한두 명의 손님이 도전을 포기한다고 한다.

하긴 바위에 찢겨 죽는 것보다는 도망치는 것이 낫긴 하다. 확실히 겁이 많다면 쉽게 고무보트에 올라 미지의 위험이 가득한 강을 따라 내려갈 수는 없을 것이다. 도망치지 않고 도전하기로 한 사람들은 출발 전 간단한 설명을 들었다. 우리가 타고 내려갈 곳은 비교적 얌전한 물살이 흐르는 부분이었다. 폭풍 전의 고요와 같이 시작은 비교적 험하지 않은 코스였다.

가이드가 필요한 이유

가이드는 괜히 놀러 온 사람이 아니었다. 가이드 본연의 임무에 충실했던 그는 비장한 표정으로 말했다. "노를 한 번만 잘못 저어도 다 죽는 거예요." 나는 생각했다. '아, 예.' 아직 물살이 빠르지 않은 구간을 지나며 고무보트의 옆부분이 바닥과 만나는 곳에 발을 끼워 몸을 고정하는 법을 배웠다. '잠깐만, 고무보트랑 이어진 안전띠도 없어?' 가이드는 노 젓는 방법을 가르쳐 주며 배 위의 사람들이 협동해야 함을 강조했다. 우리는 그냥 가이드의 지시를 따르기만 했다. 그가 지시를 외치면 그대로 따랐다. 노를 쥐는 가장 좋은 방법도 배웠다. 그러던 어느 순간, 그가 아주 흥미로운 말을 던졌다.

"강이 자기 할 일을 하게 두세요. 강은 그냥 한 방향으로 흐를 뿐입니다."

강은 그저 한 방향으로 흐를 뿐이다. 배 위의 우리는 물살의 반대 방향으로 노를 저어 갈 생각이 없었다. 시작 지점에서 도착 지점까지 강을 타고 내려가며 죽지 않고 살아남기만 하면 된다. 강이 우리를 목적지까지 데려가도록 그냥 내버려 둬야 한다면 가이드는 대체 왜 필요했을까?

5분 만에 그 이유가 분명해졌다. 가이드는 우리가 노를 어디로 저어야 하는지 알려 줬다. 그 덕분에 강이 이끄는 곳에 자리한 거대한 바위를 피할 수 있었다. 가이드는 20년 넘게 급류를 따라 이 강을 넘나들었다고 했다. 그는 큰 바위가 있는 자리와 물살이 밀고 당기는 지점을 정확하게 알고 있었다. 강물이 밑으로 쏟아지는 자리와 떨어졌을 때 고무보트에 가해질 충격까지도 손바닥 들여다보듯 환히 꿰고 있었다.

부의 역발상

부와 성공은 혼자 이룰 수 없다

그는 그 강을 수도 없이 드나들었다. 우리 같은 초심자는 예상하기 힘든 변수들이 그에게는 일상이었다. 가이드 덕분에 짜릿한 래프팅을 즐기며 우리는 불가능하다고 생각했던 일을 해냈다. 그는 우리 각자의 특별한 능력을 일깨우고 보트에 오른 팀원들이 협동해 최대의 효율로 강을 내려갈 수 있도록 했다. 중간중간 농담을 던져 여행을 즐겁게 만드는 일도 잊지 않았다.

우리는 무사히 목적지에 도착할 수 있었다. 다들 개인의 역량과 보트의 일원으로 함께 래프팅을 끝마쳤다는 사실이 자랑스러웠다. 물론 강이 원하는 방향으로 물살을 타긴 했지만 큰 사고 없이 최종 목적지에 다다르기까지 열심히 노를 저은 우리의 역할은 결코 무시할 수 없었다.

'무슨 말을 하려는 거야?'라는 의문이 생겼다면 말해 주고 싶다. 당신은 지금 강을 타고 여행 중이다. 당신 인생 최고의 여행이 강을 타며 시작되려 한다. 물은 한 방향으로만 흐르고 있다. 당신은 태어난 그 순간부터 최종 목적지를 향해 가고 있었다. 이 여정에는 무수히 많은 바위, 거센 물살, 튀어나온 돌이 곳곳에 도사리고 있다. 조심하지 않으면 다칠 것이다.

우리 중 누군가는 너무나 두려운 나머지 아예 배에 오르지 않는다. 포기가 실패보다 낫다고 생각하기 때문이다. 그저 관중석으로 조용히 물러나 우리에게 왔어야 할 비난이 다른 이에게 돌아가기만을 기다리며 지켜본다. 배에 오르기로 한 나머지 사람들은 물에 겨우 뜨기만 했지 아직 어디로 가야 하는지는 모른다. 그래서 진로를 수정하거나 앞으로 닥쳐올 강 위의 위기를 경험으로 지도하고 안내할 수 있는 가이드가 필요한 것이다.

도움받고 도와줘라

우리가 인간으로서 가진 잠재력을 최대치로 발휘하도록 몰아붙여 줄 가이드가 필요하다. 혹은 우리가 죽지 않고 안전하게 강을 내려가도록 끝까지 자리를 지켜 줄 사람이 필요할지도 모르겠다.

만약 목표 하나 이루지 못한 채 끝없는 소용돌이에 갇힌 기분이라면 당신이 겪어 온 인생과 당신이 꿈꾸는 소망, 당신이 향하는 목적지와 당신이 인생에 바라는 것이 무엇인지 누구보다 잘 아는 가이드에게 찾아가자. 그들은 당신이 미처 보지 못한 가능성을 볼 수 있는 사람들이다. 당신의 장점과 가능성을 보고 진심으로 당신의 성공을 바라는 사람들이다. 우리의 목표를 기억

부의 역발상

하자. 우리가 원하는 부와 자유는 자신만의 진정한 재능을 깨닫고 나누는 데서 온다. 지금쯤 많은 이가 이렇게 생각하고 있을지도 모르겠다.

'아무도 필요 없어! 나 혼자도 괜찮아! 열린 마음과 긍정적인 특징들을 배웠으니 이제 혼자서도 잘 살 수 있어!'

잘된 일이다. 당신의 그런 자신감이 싫진 않지만 현실에서 혼자만의 힘으로 성공하기란 불가능한 일이다. 성공에는 윤리적이고 의욕이 넘치는 긍정의 노력가가 되는 일 외에도 당신의 길을 함께 걸어 줄 든든한 친구, 조언자, 지지자가 필요하다.

긴 여정의 성패가 여기서 갈림을 명심하고 서둘러 길을 함께할 동반자를 고르도록 하자. 도움을 주고받을 수 있는 조력자를 찾자. 그리고 그 도움의 순환 고리를 지속하자. 누군가의 도움이 주는 힘은 당신의 생각보다 더 강력하다.

가난을 모르고
자랄 수 있었던
이유

여기까지 읽었다면 이 책에 등장하는 숨겨진 영웅들을 움직인 힘이 그들이 선택한 직업뿐만 아니라 그들의 성격에서도 비롯됐음을 깨달았기를 바란다. 그들의 인격 자체가 삶을 살아가는 원동력이고 그들이 정말 되고 싶었던 모습으로 전진할 수 있었던 이유다.

단순히 당신만의 특별함을 발견하도록 자극을 주기 위해서 이 특징들을 수많은 사례로 공유한 것은 아니다. 탄력성, 단순함, 끈기, 믿음, 진취성, 이상, 용기, 그리고 관대함만 있다면 어디서 출발하든 놀라운 일을 해낼 수 있다는 사실을 알려 주고 싶었다. 누구나 충분히 가질 수 있는 특징들이다. 앞서 개인의 성취에 무한한 힘을 실어 주는 기본적인 특징들을 소개했으니 이

부의 역발상

제 이 모든 특징을 가능하게 만드는 마지막 특징을 소개하겠다. 바로 관대함이다.

　사전은 관대함을 '친절하고 너그러운 성질'이라고 정의한다. 그렇다면 '너그러움'은 무엇인가? 너그러움은 사람에게 있는 '필요하거나 요구하는 것보다 더 많은 양의 시간과 돈 등을 기꺼이 베풀 수 있음을 보여 주는 자세'를 뜻한다. 그러나 너그러움에는 이보다 훨씬 더 큰 의미가 있다. 역설적으로 들릴 수도 있지만 인생에는 주면 줄수록 더 많이 돌려받는 것들이 있다.

　돈을 포함해서 우리가 가진 것을 모두 내어 주는 것을 의미한다. 세상 사람들이 나눔의 힘을 완전히 이해하리라고는 생각하지 않는다. 시간, 노력, 선의, 용기, 이상, 끈기, 믿음 모두 나누면 나눌수록 더 많이 돌려받을 수 있는 가치들이다.

　선행과 기부도 결국 더 큰 이익으로 돌아온다. 진정한 관대함은 가슴에서 우러나 대가를 바라지 않고 자연스럽게 드러나는 법이다. 잘 기억하자. 꼭 돈이 많아야 주변을 보살피고 베풀 수 있는 건 아니다. 관대함의 힘을 깨달을 수 있을 만큼 자신의 시간과 노력을 나눌 의지만 있으면 된다.

관대함의 힘

　나의 어머니는 어렸던 내게 관대함의 위력을 절실하게 일깨워 줬다. 아버지가 매장 책임자로 임명되기 전에는 어머니가 식료품점 직원의 적은 봉급으로 5명의 사내아이를 키우기 위해 분투해야 했다. 생활비가 부족하니 당연하게도 사치는커녕 당장 끼니를 걱정할 때가 많았다. 사야 할 것이 있을 땐 항상 굿윌스토어(Goodwill Industries, 기부받은 중고품을 저렴하게 되파는 비영리 단체)에 갔다. 우리 형제들은 굿윌스토어와 일반 상점의 차이점을 모르고 자랐다.

어머니는 돈이 아니더라도 너그러워질 수 있는 다양한 방법을 몸소 보였다. 우리에게 주어진 인생이 어떤 모습이든 언제나 이웃과 나누며 살았다. 어머니가 이웃에게 샌드위치를 권하고 손님들을 배불리 대접했던 날들이 아직도 생생하다. 당시 가난했던 우리 가족은 값싼 체인점 피자마저도 부담스러워 집에서 손수 만든 피자를 먹었다.

하지만 어머니의 무던한 노력 덕분에 우리 형제는 아버지가 겪는 가장으로서의 고충을 알지 못했다. 세상의 기준에는 우리가 '가난'하게 보인다는 사실도, 온 가족이 식료품 가게 점원의 연봉 1만 4,000달러로 생계를 유지한다는 사실도 모르고 자랐다. 우리 형제는 지금도 우리의 어린 시절이 평범했다고 생각한다. 우리는 어머니가 만든 행복하고, 안전하고, 멋진 가정의 울타리 안에서 성장했다. 어머니는 아버지의 목표와 직업을 지지하고, 그가 성공을 위해 주 70시간을 쉬지 않고 일할 때도 온 힘을 다해 가정을 돌봤다. 어머니는 단 한 번도 불평하지 않았다. 말과 행동 모두 관대한 분이셨다.

안면 기형 때문에 수술과 치과 치료로 고통스러웠던 나날을 보내는 내게 어머니는 바위처럼 든든한 사람이었다. 내 곁을 지키고 돌보며 어지러운 마음을 달랬다. 다른 아이들과 다른 내 겉모습이 나의 특별함과 가치, 내가 진심으로 바라는 일을 해낼 수 있는 능력마저 변하게 할 수 없음을 끊임없이 알려 준 것이다. 그 덕분에 나는 나누면서도 풍족한 사람이 됐다.

받은 만큼 베풀면
더 크게
돌아온다

　어머니가 친절하고 따뜻한 사람, 선하고 너그러운 사람이 되는 데 대학은 상관없었다. 어머니는 태생이 너그러운 사람이었다. 어머니는 내가 어렸을 때부터 이미 모든 이가 동등한 기회를 갖고 태어나지는 않는다는 사실을 알려 줬고 세상을 바라보는 새로운 시각과 인정을 가르쳐 줬다. 좋은 일은 몸소 실천해 귀감이 되라고도 말씀하셨다.

　어머니는 강철 같은 인상에 카리스마 넘치는 해군과 결혼했다. 까다로운 아버지의 수발을 드느라 힘들 법도 한데 한 번도 내색하지 않았다. 아버지가 가시라면 어머니는 장미와도 같은 사람이었다. 나는 어머니에게서 성취의 참뜻을 배웠다. 어머니는 우리에게 타인의 기대에 관심을 기울이고 그들의 이야기와 목표에 귀를 기울이라고 가르쳤다. 내가 닮고자 했던 어머니의 초능력이다.

지금까지 많은 사람이 내게 자신의 이상과 목표를 공유해 줬던 것은 내가 그들의 말을 들어 줬기 때문이다. 이 역시 어머니에게 배운 능력이다. 어머니는 항상 나와 다른 이의 말에 귀를 기울였다. 너그러운 사람만이 소중한 시간을 나눠 타인의 말을 경청할 수 있다. 어머니는 항상 나와 도움이 필요한 모두의 곁을 지키곤 했다.

내가 가진 것을 세상과 나누고 싶은 마음은 어릴 적 어머니에게 배운 가르침에서 비롯됐다. 딸아이가 병마와 싸우고 있던 수년 전, 친구의 지인이 우리가 병원을 오갔던 몇 주 동안의 교통비를 모두 지불하겠다고 제안했다. 잘 알지도 못하는 우리를 돕기 위해 큰 비용을 선뜻 내준 것이다.

나는 얼굴만 겨우 아는 나에게 왜 이렇게까지 관대할 수 있는지 물었다. 아이의 진단 결과를 듣고 가슴이 무너져 내렸던 그날 오후, 그가 했던 말은 평생이 가도 잊지 못할 것이다.

"더 가진 사람이 더 베풀어야 하는 법이잖아요."

이 강렬한 말이 두고두고 가슴에 남았다. 그가 보여 준 친절은 어머니가 가르쳐 준 교훈과 함께 오늘날까지도 내가 베푸는 선행의 이유가 됐다. 우리 회사와 직원들은 물질뿐만 아니라 시간을 들여 봉사하며 매년 20여 개가 넘는 자선 행사를 지원하고 참여하고 있다.

부의 역발상

이상을 이상으로만 남길 것인가?

당신 인생의 현주소나 재정적 상황과 상관없이 얼마든지 베풀며 살 수 있다. 물질을 나눌 수 없다면 시간을 나누자. 신께서도 우리가 힘든 삶을 헤쳐 나가기 위해서는 최대한 많은 도움을 받아야 한다는 것을 잘 알고 있다.

조금의 시간이라도 다른 이의 목소리에 귀 기울이는 데 써 보자. 당신의 귀가 타인의 목소리를 듣기 위해 쓰이는 시간에는 돈 이상의 값진 의미가 있다. 나는 수백 번이 넘는 자리에서 사람들의 말에 경청하고 관심을 쏟아 왔다. 이 강렬한 경험에서 오는 기분은 감히 말로 설명할 수 없다.

관대함이 삶에 주는 진정한 의미를 남김없이 보여 주기에는 너무 소수만이 그 진가를 알고 있다. 나는 관대함이 고마움의 또 다른 형태라고 생각한다. 관대함은 고마움의 더 적극적인 형태다. 말로만 '내 인생과 인생을 이루는 모든 것에 감사해'라고 말하는 것에 그쳐서는 안 된다. 인생의 모든 성취는 진심을 담아 세상에 감사의 마음을 전하는 데서 시작한다.

새로운 것을 배우며 거쳐 온 인생의 모든 직업과 순간들, 고난과 장애물에 마음 깊이 감사할 때 크레용으로 그렸던 이상적인 삶은 현실이 될 것이다. 이 고마운 마음을 간직하고 살아간다면 편안함과 평온함과 자유가 찾아오는 순간도 쉽게 알아챌 수 있다. 그리고 감사함에 기쁨을 주체하지 못하리라. 이 기쁨과 재능을 다른 이에게도 선물하고 싶어질 것이다. 나눔은 유익한 삶의 기쁨과도 같다.

모두가 아니라 해도
당신의 특별함을
믿어라

세상에 보탬이 될 수 있는 당신만의 재능을 찾자. 당신의 특별한 재능은 당신이 여행할 강과 같기 때문이다! 그 길을 잘 따라가면 자유에 닿을 수 있으리라. 너무 복잡하게 생각하지 않아도 된다. 이제는 아침에 일어나 눈을 떴을 때 어디로 향하고 무엇을 해야 하는지 분명하게 알 수 있다. 당신의 마음에는 당신을 격려해 주는 놀라운 힘이 있다. 이 마음은 당신을 번쩍 들어 목적지로 데려다줄 것이다. 이를 잘 활용해 보자.

욕망을 좇는 일도 잊지 말자. 당신의 호기심과 재능이 이끄는 대로 따르자. 다른 이와 재능을 나눌 수 있는 유일한 방법이다.

지금쯤 나누면 나눌수록 더 많이 돌려받는 것이 인생사라는 사실을 깨달았기를 바란다. 수백만 달러를 기부해야만 제대로 기부했다고 느낄 수 있는 것이 아니다. 그저 당신이 가진 것 일부를 세상과 나누자. 재능이나 기술도 좋다. 당신의 도움이 필요한 이들을 돕자. 당신에게 뜻깊은 일에 시간을 쓰자. 누군가의 삶에 변화를 가져올 수 있는 일을 하자.

무엇을 해도 좋으니 버스에서 내려라. 인생이라 불리는 보트에 올라 계속 노를 저어라. 아무것도 하지 않고 손 놓고 있어도 최종 목적지에 도착할 수는 있지만 그동안 당신이 도왔던 이들과 함께 가 볼 생각은 없는가? 당신을 인도해 준 가이드에게 감사하고, 하고 싶은 일은 무엇이든 가능하게 만들어 줄 지식을 이용해 가 보지 않겠는가? 자, 마지막으로 더 파헤쳐 보자.

- 당신의 특별한 재능은 무엇인가? 어떻게 하면 그 재능으로 남을 도울 수 있는가?
- 무슨 일을 할 때 가장 살아 있는 기분이 드는가? 그 열정을 누구와 함께 나누고 싶은가?
- 당신의 '하천 가이드'는 누구인지 생각해 보자. 주변인 중 누가 올바른 방향을 제시해 줄 수 있는가? 그에게 감사의 말을 전한 적은 있는가?
- 살면서 누군가를 돕거나 지도해 본 적이 있는가? 그때의 기분은 어땠는가?
- 당신에게 가까운 사람 중 도움이 필요한 이를 찾아보자. 그들이 자신의 특별한 재능을 발견하고 원하는 바를 이루도록 어떤 도움을 줄 수 있는가?

내 안의 능력을 믿어라

마지막으로 지금 처한 상황과 상관없이 내가 당신에게 원하는 건 무엇이든 이룰 수 있는 능력이 충만함을 깨닫는 것이다. 하고 싶은 일이나 원하는 일이 무엇인지 몰랐다면 이 책이 전에는 몰랐던 기회를 배우는 데 좋은 계기가 됐으면 한다. 세상에는 좋은 성적, 대학, 돈을 많이 버는 것 외에도 더 의미 있는 일들이 많다는 것을 깨닫기를 바란다. 대학을 나오지 않아도 남부럽지 않은 자수성가 억만장자가 될 수 있다는 사실을 배웠기를 바란다.

우리 중 몇몇은 대학 학위 없이도 큰돈을 벌 수 있으리라. 대학을 통하지 않아도 편안하고 평온하고 자유로운 삶으로의 기회는 무궁무진하다. 이제는 안심하고 안전지대를 벗어나 온갖 종류의 길로 모험을 떠나길 바란다. 기억하자. 당신에게도 내가 말한 특징들이 있다. 그중 무엇이 가장 강렬하게 느껴지는가?

지금보다 더 여유롭고 더욱 완전한 삶. 당신의 편안하고 평온하고 자유로운 인생으로의 첫 여정을 나와 함께해 줘 고맙다는 말을 전하고 싶다. 내가 수십 년 동안 익혀 온 지식이 당신만의 이상적인 세계를 건설하는 데 쓰일 수 있음을 영광으로 생각한다.

내 이야기가 역할을 다했다면 지금쯤 당신은 세상을 새로운 방식으로 바라볼 수 있으리라. 지금까지의 교훈을 바탕으로 미래를 직시하고, 이상을 기록하고, 성공적인 부의 길을 향해 걸어가자. 이제 당신 앞에 열정적인 삶, 새로운 선택으로 가득 찬 삶이 열렸다. 명예로운 역발상의 주인공이 되는 것도 이 선택지 중 하나다. 당신도 성공할 수 있다. 당신이 마음의 준비를 충분히 했고 확신으로 미래를 건설했으며 당신을 지지하는 이들과 그 여정을 공유했기 때문이다. 이 과정을 거쳐야만 당신의 특별한 재능을 세상과 나눌 수 있다. 나는 당신을 믿는다. 당신은 할 수 있다.

나만의 특별한
원칙을 세워라

최근 반려동물에 대한 흥미로운 사실을 배웠다. 반려동물과 함께 사는 사람은 수명이 24퍼센트 가까이 늘어난다고 한다! 놀라운 사실이다. 수명이 70세였던 사람이 90세 이상까지 살 수 있다는 뜻이다. 사랑하는 반려동물을 보살피는 즐거움이 스트레스를 줄여 준다니 누가 알았겠는가? 나도 개와 고양이의 반려인이다. 이 새로운 정보를 배운 기념으로 동물들이 편안함과 평온함과 자유를 선사할 수 있는 이유를 나누고 싶다. 이 마지막 이야기가 당신에게 잘 전달될 수 있기를.

골든레트리버 맥스와 샌디가 얼마 전 두 달의 시차를 두고 우리 가족 곁을 떠났다. 14년에 가까운 시간 동안 우리를 지켜 준 가족 같은 아이들이었다. 나의 딸 니콜은 아이들에게 옷을 입히고 털을 염색하며 다양한 방법으로 사랑을 표현하곤 했다. 셋은 서로를 남매처럼 아끼며 함께 자랐다. 당연하게도 이별은 모두에게 버거웠다.

세상에서 제일 예쁘고 사랑스러운 샌디가 먼저 떠났다. 멀리 갈 일이 있었던 우리 가족은 간단한 수술을 위해 샌디를 병원에 맡기고 길을 떠났다. 하지만 나이가 많았던 녀석의 상태는 수술 후 악화되기만 했다. 수의사와 괴로운 통화를 마치고 밤새 운전해 병원을 찾았을 땐 이미 샌디를 편하게 보내 주는 것만이 최선이었다.

맥스의 죽음은 샌디와는 달랐다. 녀석은 나이가 많음에도 불구하고 강철같이 강인한 심성의 아이였다. 커다란 덩치에 눈빛이 당당했던 녀석은 암을 이겨 냈으나 고관절도 좋지 않았고 위장에도 문제가 있었으며 먹으면 안되는 것들을 먹어서 여러 차례의 수술도 견뎌야 했다.

샌디가 죽고 맥스의 몸은 아직 온전한 정신을 더 이상 지탱하지 못했다. 한 번도 불평하지 않았지만 점점 심해지는 관절염과 다른 질환들 때문에 나날이 고통스러운 모습을 보였다. 아이가 더는 고통받길 원하지 않았던 우리는 힘든 결정을 내려야만 했다. 맥스와 샌디의 죽음은 두말할 필요 없이 우리 생의 가장 특별하고 강렬한 경험 중 하나였다. 감정의 폭풍이 지진 해일처럼 우리를 덮쳐 왔기 때문이다. 같은 경험이 없다면 말로는 설명하기 힘든 감정이지만 최선을 다해 적어 보겠다.

샌디와 맥스와의 만남과 이별

샌디가 떠났을 때와는 달리 맥스의 임종을 지킬 수 있었다. 서서히 평화로운 잠에 빠져 마지막 안식처로 향하는 맥스를 꼭 껴안았다. 우리는 맥스를 안고 간식을 먹여 주며 함께했던 행복한 시간을 떠올렸다. 마지막 순간까지 남김없이 사랑하는 마음을 전했다. 감사하게도 녀석은 곧 고통에서 해방됐다. 마지막으로 우리를 바라본 맥스는 깊은 숨을 뱉으며 샌디의 곁으로 돌아갔다.

수의사가 처음 진정제를 놓던 순간부터 평화로운 잠에 빠지기까지 15분도 채 걸리지 않았다. 불가능할 것만 같던 일이 순식간에 일어났다. 현실이었다. 샌디는 떠났고, 이제 맥스도 여기 없다. 맥스가 떠나자 녀석과의 모든 추억이 사라진 기분이었다.

그러나 한편으로는 그 어느 때보다 녀석과의 시간이 더 선명하게 느껴졌다. 맥스와 그의 형제를 니콜에게 소개한 것이 바로 어제 일 같았다. 샌디와 맥스는 침착하고, 호기심 가득하고, 친절하고, 장난기 많았지만 잘 훈련된 아름다운 아이들이었다. 녀석들은 우리의 인생에 깊숙이 들어왔고 추억 어디에나 존재했다.

우리가 가는 곳이 어디든 함께였다. 뒤를 졸졸 따라다니고, 발치에서 텔레비전을 보고, 저녁을 먹을 때면 조용히 식탁 밑에서 기다렸다. 밤이 되면 니콜의 방으로 따라가 샌디는 침대의 발치에, 맥스는 니콜 바로 옆에 누워 베개가 되기를 자처했다. 하는 짓만 보면 사람 같은 아이들이었다. 돌이켜 보면 그 순간들이 우리 인생에 가장 귀중한 추억이었음이 분명하다.

그러나 자칫 생기지 않을 수도 있던 추억이다. 나는 이 멋진 녀석들을 만나지 못할 수도 있었다. 니콜이 겨우 너덧 살이었을 때, 낸시와 나는 아이가 반려동물을 보살필 만큼 나이가 들었다고 생각해 우리 가족과 살기 적합한 종의 개를 찾기 시작했다. 낸시와 내가 찾기 시작했지만 실제로는 니콜이 찾은 것이나 다름없다.

아이는 곧바로 두꺼운 강아지 도감을 샀다. 9킬로그램짜리 컬러 백과사전을 들고 다니는 5살 꼬마를 상상해 보라. 얼마 지나지 않아 니콜은 다른 종들의 크기부터 몸무게, 활동 조건, 행동 양식까지 개에 대해 모르는 것이 없게 됐다. 니콜은 과학적인 조사와 메모지 4묶음, 이모의 조언과 여러 차례의 토론 끝에 마침내 결정을 내렸다. 우리는 새 식구로 골든레트리버를 맞기로 했다.

곧 집에서 30분 거리의 평판 좋고 전통 있는 브리더를 찾을 수 있었다. 니콜의 이모 캐시도 이 브리더와 인연이 있었고 마침 암컷 강아지를 찾던 중이었다. 우리 강아지를 데려가는 김에 캐시의 강아지도 대신 데려다주기로 했다. 이제 우리 가족과 캐시까지 2마리의 암컷 강아지를 데려와야 했다. 강아지를 보기 위해 브리더에게 가는 사이에 이미 가족을 찾아 떠난 아이들이 많았다. 우리가 도착했을 땐 3마리밖에 남지 않았다.

새 가족이 될 2마리를 화물차에 태웠다. 출발하려는데 별안간 내 뒤로 작게 낑낑거리는 소리가 들렸다. 뒤를 돌아보자 혼자 남은 강아지가 혼란스러운 표정으로 나를 바라보고 있었다. 녀석의 슬픈 눈이 마치 '저는요? 저만 두고 가실 거예요?' 하고 묻는 것 같았다. 녀석과 똑같은 표정을 한 아내의 얼굴을 보자 가슴이 방망이질하기 시작했다. 여기서부터 무슨 일이 일어났는 지는 다들 짐작했으리라 생각한다.

나는 차 뒤로 돌아가 작은 몸에 커다랗고 네모난 머리를 얹은 듯한 녀석의 어설픈 모습을 확인했다(첫 번째 실수였다). 그리고선 내 얼굴을 핥으려는 녀석을 품에 안고(두 번째 실수였다) 아내를 쳐다봤다(세 번째 실수였다). 마음이 약해졌다. "알았어. 얼른 뒤에 실어." 나는 그렇게 맥스와 가족이 됐다.

지금 생각해 보면 맥스를 우리 삶에 데려다준 이 우연한 사건이 얼마나 큰 행운이었는지 알 수 있다. 녀석이 눈을 감은 날, 우리 가족은 샌디와 맥스가 우리에게 함께 왔음에 감사 기도를 드렸다. 일생을 함께해 준 아이들에게도 감사의 마음을 전했다. 그 둘 덕분에 지난 14년간 편안하고 평온하고 자유로울 수 있었다.

당신이 이 이야기에서 배웠으면 하는 것

당신이 이 이야기와 책에서 배웠으면 하는 것들이 있다. 우선 반려동물과 함께하는 시간이 주는 평온함을 깨달았으면 한다. 화창한 토요일 아침, 공원 산책로로 기분 좋은 산책을 가거나 잠에 빠진 단짝 친구를 옆에 끼고 소파에 누워 영화를 보자. 그보다 더 중요하게는 학력과 직업과 당신의 정체성 따위는 삶의 끝에서 아무 의미도 갖지 못한다는 사실을 깨닫자. 당신이 사랑하고, 사랑받았다는 사실만이 중요하다. 인생의 의미는 전부 거기에 있다.

사랑만이 생의 끝에 선 당신에게 최고의 평온함과 편안함과 자유로움을 선사하리라. 사랑을 느끼고 행하는 데는 대학 학위도 금전적인 성공도 필요 없다. 그저 사랑하고 사랑받기만 하면 된다. 누군가를 자신보다 더 사랑하고 아낌없이 보살피자. 아내, 남편, 자녀, 개, 고양이, 새, 라마, 이웃, 친구, 이모나 삼촌, 부모까지 누구든지 상관없다. 당신의 사랑 그 자체에만 의미가 있다. 당신이 하는 일의 이유를 항상 마음속에 새기며 살아가자. 나는 맥스가 내 품에 안겨 숨을 거둔 순간 이 사실을 깨달았다.

당신도 이미 알겠지만 아직 가슴 깊이 와닿지 않았을 사실 하나가 있다. 인생은 단 한 번뿐이다. 이번 삶이 끝나면 두 번의 기회는 없다. 세월은 눈 깜짝할 새에 흘러간다. 우리는 전혀 상관없는 일들을 걱정하느라 너무나 많은 시간과 돈을 낭비한다. 나와 같은 길을 걸어 온 사람들도 한 번밖에 없는 인생의 소중함에 동의한다.

생각해 보면 우리 인생에 있어 가장 행복하고 평온했던 시간은 우리가 사랑하는 가족과 친구와 반려동물과 보냈던 나날이라 해도 과언이 아니다. 맥스와 샌디는 우리 곁을 떠났지만 새로운 가족이 찾아왔다. 골든레트리버 벨라와 블루, 구조된 고양이 모조도 어엿한 러스크 가의 일원이 됐다.

나는 자신만의 편안함과 평온함과 자유로운 삶을 찾아 헤매는 이들에게 뚜렷한 방향을 제시하기 위해 이 책을 썼다. 지금까지 당신이 온전히 통제할 수 있는 삶, 적은 스트레스와 많은 경제적 보수를 주고 당신이 꿈꾼 삶으로 이끌어 줄 모든 방법을 소개했다. 삶을 헤쳐 나가는 데 필요한 성격적인 특징과 마음가짐과 태도도 자세히 다뤘다.

또한 계획을 세우고 목표를 향해 전진하며 인생에서 마주치는 수많은 문제를 극복하는 데 가장 좋은 방법이 무엇인지 함께 고민했다. 시간을 현명하게 쓰고 받은 만큼 베푸는 법과 인생에서 정말 중요한 것이 무엇인지 판단하는 시간도 가졌다. 당신이 사랑하는 사람들과 동물들도 그중 하나다.

열정적으로 사랑하라

위에 언급한 모든 주제를 한 문장으로 축약해 보자. 평온함과 평화를 바라고, 몸과 마음의 건강을 바라고, 꿈을 이루며, 당신을 얽매는 것에서 진정으로 자유로워지고 싶다면 일과 사람을 열정적으로 사랑하라. 우선 자신부터 시작하자. 스스로에게 자신이 얼마나 가치 있는 사람인지 말해 주자. 당신의 가족과 자녀에게 우리는 모두 좋은 삶을 누릴 자격이 있다고 말해 주자.

천진난만하고 소중한 아이들과 장난꾸러기 반려견들, 꽃, 나무, 지구의 모든 경이로운 자연, 수없이 펼쳐진 길과 골프장을 설계할 수 있는 능력까지. 우리가 이 모든 것에서 즐거움을 찾지 못했다면 신은 애초에 이것들을 내려 주지 않았을 것이다. 우리는 사랑을 하고 기쁨을 찾기 위해 태어났다. 우리의 재능으로 남을 돕기 위해 태어났다. 각자의 역할을 갖고 태어난 우리 모두비할 데 없이 소중하다.

직업에는 경중이 없다. 우리는 자신만의 특별한 길을 찾기 위해 존재한다. 우리의 내면을 살피고 자신만의 목적을 찾기 위해 존재한다. 더 나아가 우리는 자신만의 길을 통해 더 편안하고 평온하고 자유로운 삶으로의 여정을 떠나기 위해 존재한다.

마지막으로 이것만 말해 주고 싶다. 당신에게는 당신이 되고 싶은 모습에 대한 책임과 통제권이 있다. 나를 거쳐 간 수백 명의 사람처럼 당신도 할 수 있다. 미래가 불안하고 두렵고 당신 안의 20리터들이 양동이가 당신을 괴롭힌다면 나와 함께하자. 언제나 찾아볼 수 있는 현재와 미래의 자원이 될 것을 약속하겠다. 내 블로그와 웹 사이트를 통해 당신의 목표와 그 목적지를 위해 어떤 길에 서 있는지 알려 주길 바란다. 항상 응원하겠다.

당신이 하는 일에 성공과 행복과 기쁨이 함께하길. 당신이 편안하고 평온하고 자유로운 삶을 누릴 수 있기를 소망한다. 당신에게는 충분한 자격이 있다.

원칙과 상식을 뒤집는 부자의 10가지 전략

부의 역발상

인쇄일 2020년 8월 13일
발행일 2020년 8월 20일

지은이 켄 러스크
옮긴이 김지현
펴낸이 유경민 노종한
기획마케팅 정세림 금슬기 최지원 현나래
기획편집 1팀 이현정 임지연 **2팀** 김형욱 박익비
책임편집 임지연
디자인 남다희 홍진기
펴낸곳 유노북스
등록번호 제2015-000010호
주소 서울시 마포구 월드컵로20길 5, 4층
전화 02-323-7763 **팩스** 02-323-7764 **이메일** uknowbooks@naver.com

ISBN 979-11-90826-13-6 (03320)